舆论工作领导能力建设

庞宇 著

国家行政学院出版社
NATIONAL ACADEMY OF GOVERNANCE PRESS

图书在版编目（CIP）数据

舆论工作领导能力建设 / 庞宇著 . -- 北京：国家行政学院出版社，2024.7
ISBN 978-7-5150-2852-1

Ⅰ.①舆… Ⅱ.①庞… Ⅲ.①新闻工作—舆论—领导能力 Ⅳ.① G219.2

中国国家版本馆 CIP 数据核字 (2023) 第 229885 号

书　　名	舆论工作领导能力建设 YULUN GONGZUO LINGDAO NENGLI JIANSHE
作　　者	庞　宇 著
责任编辑	陈　科　宋颖倩
责任校对	许海利
责任印制	吴　霞
出版发行	国家行政学院出版社 （北京市海淀区长春桥路 6 号　100089）
综 合 办	（010）68928887
发 行 部	（010）68928866
经　　销	新华书店
印　　刷	北京九州迅驰传媒文化有限公司
版　　次	2024 年 7 月北京第 1 版
印　　次	2024 年 7 月北京第 1 次印刷
开　　本	170 毫米 ×240 毫米　16 开
印　　张	16
字　　数	217 千字
定　　价	48.00 元

本书如有印装问题，可联系调换，联系电话：（010）68929022

特别鸣谢书法家牛耕耘先生题写书名

PREFACE 序言

　　中国共产党的舆论工作是治国理政、定国安邦的大事,是党的工作的重要组成部分,是马克思主义执政党理论和实践的核心问题。中国共产党舆论领导力思想是在中国的革命斗争、政权建设、社会主义国家治理实践中,根据中国不同时期政治、经济和社会状况不同特点,以及中国共产党肩负的历史使命,对党的舆论工作的性质、任务、功能、原则、方法等积累的理论成果,解决了党如何运用舆论手段,创建中国共产党、开展阶级斗争、建立革命根据地、武装夺取政权、创建人民民主专政国家以及进行社会主义建设发展等一系列问题。

　　中国共产党舆论领导力是对舆论基本性质及作用的认识和规律把握。中国共产党运用科学的世界观和方法论对新闻舆论的性质、特点和作用,对党的新闻媒介的性质、作用、政策规定等进行了详细和深刻地论述,形成了中国共产党舆论领导力的内核,并不断践行、丰富和发展。不同时期,中国共产党的主要领袖和代表关于舆论性质、新闻真实、新闻舆论使命等思想体现在领导人著作、手稿、论文、党的文件等历史文献中,是中共长期以来从事新闻实践的规律总结,形成了深刻而丰富的中共舆论领导力思想体系,概括起来有界定媒体性质的党性论、舆论方向的导向论、新闻使命的正义论、舆论功能的监督论和新闻本质的真实论。

　　面对新的历史条件和舆论环境,中共的舆论领导力思想具有旺盛的生命力和广泛的影响力。在发现、阐释、回答舆论工作面临的重大问题时,重新审视媒体与社会、新闻与政治、舆论与意识形态的关系,我们需要把中共舆论领导思想的基本理论、重要观点理解清楚,把握准确，才能在多样化的思想交锋中灵活运用，保持和强化中共舆论领导思想的解释力。

一 研究内容

中国共产党舆论领导力思想继承了无产阶级舆论思想的精髓，既有创新也有发展。本研究向党史学习，遵循着中国共产党建党100多年来，党的舆论工作领导能力是什么（特色优势）、为什么（历史规律）、怎么样（生动实践）的研究逻辑，按照不同时期若干历史阶段，梳理不同时期舆论话语权、领导力的理论来源、变迁过程、实践史迹，提炼分析中共舆论领导力的历史经验、特点规律，呈现中共100多年来舆论领导力体系的整体性和系统性的完整图景。

具体研究内容主要分为六个部分。

第一部分主要研究中国共产党舆论工作领导能力的内涵。中国共产党的舆论领导思想是党的舆论工作的一系列独创性经验的理论概括和科学总结。中国共产党的舆论领导力是宣传力、导向力、引导力和传播力的合力。其中，宣传力是基础、前提，强调主动性；导向力是核心、灵魂，强调方向的正确性、党性、人民性；引导力是关键、重点，强调科学性、规律性、艺术性；传播力是保障、支撑，强调感染力、吸引力、时度效。这"四力"既是舆论领导力的重要内容，也是提升舆论领导力的方法路径，是有机联系、相互促进的整体。

第二部分系统分析中国共产党舆论工作领导能力形成的理论来源。中国共产党舆论思想是古今、中西、理想与现实的多重冲突与融合。中国古代舆论思想中的疏导、纳言、谏诤等核心概念，与党舆论工作的政治要求十分吻合。中国资产阶级对报刊舆论功能的认识和实践，引领了时代发展的潮流。中国民族资产阶级以传播舆论为先声，促使国人兴起一股向西方学习、变法自强的舆论浪潮，对封建专制制度造成了猛烈的冲击，加速了具有资产阶级性质的中国社会变革的进程。中国资产阶级以报刊这种近代大众传播媒介的方式宣传变法、议论时政、影响社会舆论的方式对之后半个多世纪的中国社会生活产生了极大的影响，为推进现代民族国家的建构起到了十分重要的作用。马克思、恩格斯、列宁等报刊舆论大师的新闻舆论思想对于报刊舆论的性质、作用、特点、舆论宣传的根基、体制、动力等都有过重要论述，对中国共产党舆论领导理论的发展具有重要意义。

第三部分主要归纳总结中国共产党舆论工作领导能力建设的发展主线及基本特征。中国共产党在革命战争、政党建设、改革探索中创造性地开展舆论工作，立足中国实践，继承、丰富发展了马克思主义舆论思想。在此过程中，中国共产党不断总结历史经验，在历史发展中把握舆论工作的规律，提出了一系列舆论思想的概念、理念。这些概念内涵不断调整演变，既体现了中国社会发展的变化和时代变迁的特征，也反映了中国共产党根据历史客观条件对舆论工作、意识形态领域工作的深刻理解和认识以及灵活运用和调整能力。综观中国共产党舆论领导力观念发展的进路，"制造舆论""舆论宣传""舆论导向""舆论引导""舆论领导"是党的舆论思想发展历史脉络的一条主线。

第四部分重点阐述中国共产党舆论工作领导能力建设的主要内容。中国共产党运用科学的世界观和方法论阐述新闻舆论的性质、特点和作用；对共产党新闻媒介的性质、作用、政策规定等进行了详细和深刻的论述，形成了中国共产党舆论领导力的内核，即"党性论、导向论、正义论、监督论、真实论"，是一个较为完备的具有中国特色的舆论领导力理论体系。党性原则是新闻舆论工作的基本要求和基本立场，把握正确的舆论导向是坚持党性原则的根本标志，坚守新闻正义是实现党性与人民性统一的重要体现，舆论监督是完善党委和政府工作的重要保障，真实性是新闻舆论观的本质要求。

第五部分着重探讨了中国共产党对外舆论工作领导能力建设的实践探索。中国共产党对外舆论工作既是向世界说明中国，让世界认识和了解中国，让中国融入世界的现实需要，也是传播中国声音和中国共产党声音的迫切需要，是政党公共外交的重要形式。中国共产党在建党之初、革命战争年代、新中国成立以来在对外舆论工作方面进行了有益的尝试和探索，将对外舆论工作放在中国共产党建党百年历史的长河中，透过历史背后的史实逻辑以及整个中华民族历史命运，揭示出对外舆论工作不仅关乎中国革命、建设、改革的时代发展变迁，也承载了在中国对外关系中寻求推动世界对中国共产党和中国理解和尊重，消除偏见和误解的任务。

第六部分主要分析了中国共产党舆论工作领导人才队伍建设。回顾中国共产党的发展历史，历代领导集体高度重视舆论工作的人才队伍建设。人才是富国之本、兴邦大计。中国共产党在舆论工作百年发展历程中，根据国内外不同发展形势和党的工作需要，对新闻舆论队伍建设从组织保障、人才培养等方面进行部署，打造了一支忠诚可靠、专业敬业的人才队伍，为党的革命、建设和改革提供了有力的保障。

二 研究特色

本研究不囿于单一学科背景研究的理论范式，运用传播学、舆论学理论、新闻史的研究方法与历史文本相结合的方式，重在"论"与"史"的结合，突出中国共产党舆论思想的特色与创新，将文献研究与调查研究相结合、制度分析与系统分析相结合、比较研究与案例研究相结合、规范研究与实证研究相结合，构建一个涵盖"势""道""术"的逻辑清晰、体系完整和重点突出的研究框架。按照理论逻辑、历史逻辑、实践逻辑三个维度，坚持唯物史观，将中国共产党的舆论工作放在不同的时代背景和舆论环境中，较为深入和全面地考察100多年来不同历史时期中共舆论领导力的塑造过程、创新实践和理论总结。理论逻辑起点研究中共舆论领导力的理论来源，包括中国古代舆论思想的精华，中国资产阶级的舆论宣传思想，马克思、恩格斯、列宁等的舆论思想；理论重点研究中国共产党从"制造舆论"、"舆论宣传"、"舆论导向"、"舆论引导"到"舆论领导"的理论丰富内涵。历史逻辑重点研究建党初期、革命战争时期、新中国成立初期、改革开放以来等不同时期中共舆论领导力面临的媒介生态与格局、宣传制度与政策、新闻机构与模式、应对策略等演进轨迹、规律特点，关注中共舆论领导与社会变迁、媒介发展的多重关联，发掘和展现百年来中共舆论工作的全景图，解读中共舆论领导力的发展形态、自身规律和未来趋势。实践逻辑主要研究中共对内舆论领导和对外舆论领导的实践探索，总结提炼舆论工作的中国智慧和中国方案。

三 研究价值

本研究对中国共产党舆论领导力思想全景式的分析研究对于向党史学习，以及当前和今后做好舆论思想工作具有重要的理论价值和直接的现实指导意义。

本研究的学术价值在于对建党100多年来党的舆论领导思想进行全面系统的研究，形成全景式的关照；从历史的角度和特色创新的角度，"史""论"结合，不局限于对历史文献的梳理，在此基础上挖掘中国共产党对马克思主义舆论观的发展与创新，形成自身特色并且适应中共领导中国发展的舆论领导模式。从建党百年来党的舆论思想的转变与发展进行基础性的理论研究，形成对当前"新"话题的研究态势，深入研究中国共产党建党、早期执政、局部执政、全面执政舆论工作的历史，从理论上丰富和发展中国共产党舆论思想研究成果。

本研究的实践价值一方面在于回溯中共舆论领导力形成和作用发挥过程，分析舆论领导力诸要素之间的有机联系，建立完善具有中国特色的舆论思想理论体系，有助于塑造良好的政治及舆论生态，为全面建设社会主义现代化国家提供有力支持。另一方面在于总结中国共产党舆论领导思想的精髓，重视对历史的研究，对党的舆论工作历史经验规律的总结，启示现实，有助于新形势下提升舆论领导工作科学性和有效性。

四 基本观点

中国共产党舆论领导思想的理论发展脉络是中国共产党历代领导集体在不同历史阶段形成的关于党的舆论工作实践观点的总结和梳理。"制造舆论"是以毛泽东同志为主要代表的中国共产党人对舆论工作的理解，主要通过舆论进行革命动员、政治教育，巩固思想基础。"舆论宣传"是贯穿于各个历史阶段的舆论工作观点，主要是围绕不同历史阶段党的奋斗目标进行的。建党初期、革命战争阶段，舆论宣传是进一步扩大党的宣传阵地，对国民革命联合阵线的宣传，对打倒封建军阀和帝国主义这两个口号的宣传，对工人、农民的宣传与鼓动等。社会主义建设发展阶段主要立足对人民群众进行宣传和教育的层面，围绕"改革、发展、稳定"的目标对舆论工作提出要求。"舆论导向"是以江泽民同志为核心的党的第三代中央领导集体在国内外形势复杂多变的情况下，提出舆论导向的重要性，形成以"喉舌论""祸福论"为基点的思想；"舆论引导"被以胡锦涛同志为总书记的党中央纳入党的执政能力建设的总体框架，具有战略高度，强调舆论引导的规律性、时效性、艺术性和宣传效果。"舆论领导"是以习近平同志为核心的党中央在互联网信息技术不断创新变革，舆论环境发生颠覆性改变的形势下，提出的新观点、新概念、新论断。全媒体时代下，党要加强网络领域的政治领导、思想引领、群众组织和社会号召四位一体的舆论领导力，牢牢掌握网络时代意识形态工作的领导权、管理权、话语权。从"制造舆论"到"舆论宣传"、"舆论导向"、"舆论引导"，再到"舆论领导"之间的发展与创新是内在承继接续发展的，在中国共产党成长的各个历史阶段具有重要的指导意义和历史地位。

  中国共产党舆论领导力是以对舆论基本性质及作用的认识和规律把握为基础的。不同时期，中国共产党的主要领袖和代表对舆论性质、新闻自由、新闻真实、新闻舆论使命等思想进行了深入阐述，是中共长期以来从事新闻实践的规律总结，形成了深刻而丰富的中共舆论领导力思想体系，概括起来有界定媒体性质的"党性论"、舆论方向的"导向论"、新闻使命的"正义论"、舆论功能的"监督论"和新闻本质的"真实论"。这一系统的舆论思想体系是对马克思主义新闻观的继承与发展，是对新闻舆论传播规律的认识和总结，是无产阶级政党新闻传播的指导原则和基本要求。中国共产党舆论领导力主要内容对党性、导向、正义、监督和真实性进行了深刻的阐述，反映了它们之间是一个联系的、统一的、开放的、有机的整体。

序　言

中国共产党建党100多年来，一直重视舆论工作，形成了自身特色。中共的舆论领导力始终坚持党性原则，这是马克思主义新闻观的核心和精髓，是推动马克思主义中国化的重要贡献。综观不同的历史阶段，加强和改进对内、对外的舆论工作对党和国家的建设与社会的发展具有重要意义。中国共产党在各个历史时期的舆论领导借助媒体，缩小与群众的心理距离，增强民众对党的认同感，运用巧妙的意见把关和舆论引导，使公共意识在"舆论场"的共振作用下呈现"涟漪式"的意见扩散，最终塑造多数人共同意见的公共话语空间，在传受互动中构建起自身的良性舆论话语场，有效地为党开展其他工作创造了良好的舆论氛围。

中国共产党善于应对社会形势和媒介格局的新变化，将舆论工作作为关系党和国家全局的重大工作。党不仅重视舆论领导的理论创新，而且重视舆论领导的方法艺术，强调舆论领导的实际效果，把舆论领导力放在国家治理体系和治理能力的框架下来考量。从历史、现实和未来的视角看，研究中国共产党舆论领导力思想，是总结党的百年舆论历史经验的需要，是解决新时代对内、对外舆论工作现实问题的需求，也是指导舆论工作未来走向的呼唤。

目录 CONTENT

第一章 舆论工作领导能力概述 　1

第一节　舆论工作领导能力内涵、组成要素及形成过程　　2

第二节　中国共产党舆论工作领导能力的内涵　　14

第二章 中国共产党舆论工作领导思想的理论来源 　29

第一节　马克思主义的舆论观　　30

第二节　中华传统文化中的舆论思想　　39

第三节　近代资产阶级引发的舆论思潮　　49

第三章 中国共产党舆论工作领导能力建设的发展历程 　59

第一节　新民主主义革命时期：塑造舆论与舆论宣传　　60

第二节 社会主义革命和建设时期：舆论宣传与价值重塑　73

第三节 改革开放和社会主义现代化建设新时期：舆论导向与舆论引导　77

第四节 中国特色社会主义新时代：舆论领导能力全面建设　93

第四章 中国共产党舆论工作领导能力建设的主要内容　105

第一节 坚守党性观：党性与人民性　106

第二节 把牢政治观：政治方向与价值导向　121

第三节 践行人民观：人民利益高于一切　130

第四节 树立法治观：强化党的权力运行　140

第五节 注重辩证观：尊重新闻传播规律　154

第五章 中国共产党对外舆论工作领导能力建设的实践探索　165

第一节 对外舆论工作领导能力建设的历史条件与实践基础　166

第二节 对外舆论工作领导能力建设的发展历程　171

第三节　对外舆论工作的组织管理体制发展　　190

第六章
中国共产党舆论工作领导人才队伍建设　　203

第一节　思想建设：夯实舆论领导主阵地　　204

第二节　核心要素：明确舆论工作者应具备的素质能力　　209

第三节　队伍培养：提高综合素质的方法与路径　　221

结论与展望　　233

第一章

舆论工作领导能力概述

舆论属于意识形态范畴，正确的舆论对社会发展起推动作用，错误的舆论对社会发展起阻碍甚至破坏作用。2006年2月，习近平总书记在党的新闻舆论工作座谈会上指出："做好党的新闻舆论工作，事关旗帜和道路，事关贯彻落实党的理论和路线方针政策，事关顺利推进党和国家各项事业，事关全党全国各族人民凝聚力和向心力，事关党和国家前途命运。"在中国的革命斗争、政权建设、社会主义国家治理实践中，中国共产党根据中国不同时期政治、经济和社会状况的不同特点，以及中国共产党肩负的使命，对党的舆论工作的性质、任务、功能、原则、方法等进行深入阐述，解决了党如何运用舆论手段，创建共产党、开展阶级斗争、建立革命根据地、武装夺取政权、创建人民民主专政国家以及进行社会主义建设发展等一系列问题，形成了自己独特的舆论领导力的基础性理论和创新实践探索，丰富了马克思主义舆论观，成为中国共产党屡创奇迹的"密码"。

第一节 舆论工作领导能力内涵、组成要素及形成过程

一　舆论与宣传、新闻、舆情的关系

（一）认识舆论

舆论，就是公众的意见。根据《说文解字》，舆，车舆也，原指造车的工匠，后引申为众人。舆论即众人的看法或意见。关于现代西方的舆论（public opinion）概念，首先是 17 世纪的英国哲学家约翰·洛克（John Locke）作出了思想铺垫，他将"舆论法则"（the law of opinion or reputation）与"神法""民法"作为人们判断邪正依据的法律。他认为，舆论法判别的是美德和恶行，而美德完全是根据公众的评价来衡量的。①18 世纪法国大革命的思想先驱、启蒙思想家、哲学家让－雅克·卢梭（Jean-Jacques Rousseau）在《社会契约论》中，首次将公众与意见组成一个概念，即舆论（法文为 Opinino Publique），是人们对于社会性的或者公共事务方面的意见。他对舆论具备的力量给予充分肯定，认为它是正规法律之外的法律，"既不是铭刻在大理石上，也不是铭刻在铜表上，而是铭刻在公民们的内心里；它形成了国家的真正宪法；它每天都在获得新的力量；当其他的法律衰老或消亡的时候，它可以复活那些法律或代替那些法律，它可以保持一个民族的创制精神，而且可以不知不觉地以习惯的力量代替权威的力量。我说的就是风俗、

---

① 洛克：《人类理解论》（上），商务印书馆 1983 年版，第 329—330 页。

习惯，而尤其是舆论"①。卢梭将舆论分为公意和众意。众意着眼于私人的利益，是个别意志的总和。公意是指人们最初自由结为共同体时的协议、约定、公共意愿，它是"普遍的意志"和"有机结合的意志"。他认为，公意永远是公正的，永远以公共利益为依归。人民的考虑并非永远正确，人民也会被腐蚀，也会受骗。②这说明对舆论作用的肯定和对舆论作用的怀疑否定。

19世纪随着报刊的发展，报刊与舆论的关系日益密切，西方国家的报业在民意测验的基础上研究舆论。1922年美国著名记者、政论家沃尔特·李普曼（Walter Lippmann）出版了《舆论》（*Public Opinion*），提出舆论是"民族的意志""集团的意见""社会的意图"等观念。20世纪30年代以来，舆论与意识形态、心理战、大众传播、商业广告、国际政治等结合获得了进一步的发展。例如，奥地利社会心理学家赖希（Reich, W.）在出版的《法西斯主义群众心理学》中指出，在德国长期受到压抑的公众中存在的各种"主义"，其实就是当时德国舆论的主要表现形式之一，希特勒通过宣传，更大地扩张了拥戴法西斯主义的舆论。德国政治学家伊丽莎白·诺埃尔－诺伊曼（Elisabeth Noelle-Neumann）出版《沉默的螺旋：舆论——我们的社会皮肤》，提出沉默的螺旋理论，解释大众舆论如何影响个别意见及行为。与她注意到多数人的舆论对个人意见的发表具有很大制约力一样，捷克作家昆德拉（Kundera, M.）也深刻地意识到这种现象，即个人通常需要考虑大多数人的心态和做法，然后再把自己放到这个既定的思潮之中，而把自己真实的意见隐藏起来，他称这种现象为"kitsch"（媚俗）。马克思把舆论视为"一般关系的实际的体现和鲜显的表露"。③马克思和恩格斯认为："报纸是作为社会舆论的纸币流通的。"④恩格斯年轻的时候说过：

---

① 卢梭：《社会契约论》，何兆武译，商务印书馆1987年版，第73页。
② 卢梭：《社会契约论》，何兆武译，商务印书馆1987年版，第39页。
③ 《马克思恩格斯全集》（第1卷），人民出版社1956年版，第237页。
④ 《马克思恩格斯全集》（第7卷），人民出版社1959年版，第523页。

"世界历史——我们不再怀疑——就在于公众舆论。"①

在我国,"舆论"这个概念出现较早,可以追溯到《三国志》和《梁书》,在当时用于泛指众人的看法,与现代意义的"舆论"概念尚有较大区别。对于舆论的定义有意见说、传播说和效果说三种:(1)"舆论是显示社会整体知觉和集合意识、具有权威性的多数人共同意见"(刘建明,1988);"舆论是社会或社会群体中对近期发生的、为人们普遍关心的某一争议的社会问题的共同意见"(喻国明,1993);"舆论是在特定的时间空间里,公众对于特定的社会公共事务公开表达的基本一致的意见或态度"(李良荣,1995)。(2)"舆论是公众对社会事务所持有的相近意见的显性传播"(邵培仁,叶亚东,1995)。(3)舆论是公众对其关心的人物、事件、现象、问题和观念的信念、态度和意见的总和,具有一定的一致性、强烈程度和持续性,并对有关事态的发展产生影响(孟小平,1989)。

(二)舆论与宣传

舆论是一种能被人们感受到,但又难以准确分析的集合意识。在一些日常表述中,常常出现"舆论认为""新闻舆论""宣传舆论"等用词。新闻、宣传、舆论这几个概念不是一回事:新闻、舆论是社会观念形态的不同表现形式,宣传是一种行为活动。中国古代就有宣传的概念,"宣"常用于传达帝王之命,"传",布也。《三国志》中开始使用"宣传",指宣布传达。宣传的目的是"治"和教化。宣传的手段有口头、文字和图像。宣传的思想是"信""实""磬"(形象感人)。② 西方的宣传(propaganda)概念来自宗教,有播种、繁殖之义。后兴起于法国大革命和美国反对殖民主义统治的革命时期。第一次世界大战中,宣传引起人们高度关注。当时美国负责宣传的乔治·克里尔(George Greel)出版《我们如何出售美国》,介绍战时宣传的成果。20世纪初

---

① 《马克思恩格斯全集》(第41卷),人民出版社1982年版,第515页。
② 郭志坤:《先秦诸子宣传思想论稿》,福建人民出版社1985年版,第15页。

兴起的广告、公关等活动以宣传自居，将宣传引向商业领域并发扬光大，政治宣传反过来向商业宣传学习。"公共关系之父"爱德华·伯内斯（Edward Bernays）在《宣传》一书中提到，国家的真正权力掌握在"隐形政府"的手中，宣传是它们的权力，政治家要学习商业宣传术才能提高自己对社会秩序的控制。①从宗教到政治再到商业，宣传概念的演变也折射出社会权力的转移。

舆论和宣传是国家治理过程中非常重要的手段，这是因为治理与人民和政府息息相关。虽然舆论从字面上看是人民的声音，但在西方通常被认为是神的声音。宣传是"政府的喇叭"，用于告知政策利益、意图、目的和目标以获得民众对政府计划的支持。值得注意的是，舆论和宣传在国内和国际政策问题上都起作用。舆论在多大程度上反映了政治的现实，取决于宣传如何打动人们的观念。宣传和公众舆论是政治上的"双胞胎"，它们塑造着治理的过程。

（三）舆论与新闻

新闻界常常被称为舆论界，媒介也往往被称为舆论工具。舆论与新闻不能等同。新闻的内容以信息为主，价值是满足受众的需求，强调时间性、客观性和传播规律，是有组织地反映媒体报道倾向的事实。舆论是公众的意见，大多数人的看法，是自发的、无序的、变化的。新闻可以反映和代表舆论，引发舆论或引导舆论。

（四）舆论与舆情

舆情，是民众的意愿，指社会各阶层民众对社会存在和发展所持有的情绪、看法、意见和态度。舆情也可被称为"社情民意"。②"舆情"从字面上看是"舆论"和"情报"两个概念的简称，在网络时代它成

---

① Edward L. Bernays, *Propaganda*（New York: Horace Liveright, 1928）, p.110.
② 中共中央宣传部舆情信息局：《舆情信息工作概论》，学习出版社2006年版，第6页。

为具有中国特色的宣传话语。由于信息技术的发展和网络社群的崛起，网络民意独立于党报党刊、国家新闻机构等构成了"舆论"，以网络为载体的民意与官方大众媒体为载体的官方舆论形成了"两个舆论场"。2006年"彭宇案"，2007年"山西黑砖窑案""华南虎照案"，2008年"瓮安事件""三鹿奶粉事件"等通过网络民意不断升温，最终演化为全国性的重大公共事件。社交媒体的广泛使用使得政府部门经常被网络举报、批评并陷入危机，在一定程度上影响了政权的稳定和权力的正当性。这些现象引起宣传部门和管理部门的重视，为了监测和回应这个新的政治空间，不同于传统"舆论"概念的"舆情"应运而生。

二　舆论工作领导能力的内涵

领导力是影响他人以促进实现与组织相关目标的过程。[①] 领导力在组织或情境中产生有意义的影响力，并对组织或情境产生直接影响，完成具有挑战性的目标。领导力是一种影响他人的方式，通过使用所拥有的资源并控制局势来实现目标。舆论是人们在一定时期对社会问题、社会现象、社会事件持有的相对一致的态度、意见、情绪的集合。舆论会产生巨大的社会压力，与其持相反意见的群体形成对抗，可能会引起法律、政策、措施的调整，甚至社会变革。黑格尔认为："公共舆论中有一切种类的错误和真理，找出其中的真理乃是伟大人物的事。谁道出了他那个时代的意志，把它告诉他那个时代并使之实现，他就是那个时代的伟大人物。"[②] 因此，舆论领导力是通过一定的形式主动影响和引领群体意见、看法和情绪的过程。

舆论领导力是主动通过系统议程设置，直接引领舆论热点，掌控舆论走向的过程。不同于舆论引导，主要是舆情爆发后的疏导和应急

---

① Ivancevich, Konopaske & Matteson, *Organizational Behavior and Management* (New York: McGraw-Hill International, 2008), p.43.
② 黑格尔：《法哲学原理》，范扬、张企泰译，商务印书馆1961年版，第334页。

处理，舆论领导力更多的是具有前瞻性的、目标明确的主动设置议题，主导舆论发展方向，影响舆论场中不同意见，凝聚共识，使公众形成对社会现实的正确评价，树立正确价值观。舆论领导力内涵丰富，可以从静态和动态两个维度理解。静态上，从舆论领导力的内在结构和组成要素来分析；动态上，从舆论领导力的形成过程来把握。

三、舆论工作领导能力的组成要素及形成过程

（一）舆论领导力的主体

舆论领导力的主体是指特定的政党、组织、群体或团体、个人或媒体，它们按照一定的规则、价值观、意识形态有意识地组织起来传播代表自身理念、方针政策的信息，对舆论客体的性质、发展趋势和走向起到引领作用。舆论领导力主体的力量就在于它能够对舆论客体产生影响，使客体思想或行动发生改变，心甘情愿地追随其实现群体目标，这种影响可能是正面的，也可能是负面的，直接或间接、明显或隐蔽地影响着舆论客体。当一个政党、组织、媒体或个人具备影响力，其他人愿意认同、追随，便具有了领导力。

舆论领导力的主体呈现多样性，通常所说的"新闻舆论工作"让人误以为新闻机构是舆论领导的唯一主体。正如传播学者罗杰斯所说："美国总统和《纽约时报》在为全国性问题设置媒介议程时具有重要作用；美国国会也能在稍次要的程度上参与媒介议程设置。"[①] 可见，掌握议题设置权的还包括政党、政府、媒体以及各类"舆论意见领袖"等。"新闻媒介只是社会主导者引导公共舆论的工具和手段。"[②] 在网络社会环境中，传播权力去中心化，不是所谓的关系传播，而是关注传播。

---

① 迪林、罗杰斯：《传播概念》，倪建平译，复旦大学出版社2009年版，第33页。

② 程世寿：《公共舆论学》，华中科技大学出版社2003年版，第317页。

例如，微博独特的"单向跟随机制"允许用户任意关注他人，这就使得舆论领导力主体不囿于传统媒体时代的行政权力和级别，任何人或组织都可能产生影响力，被跨阶层、跨圈群、大范围的跟随，从而瞬间产生广泛的社会动员和参与效果。

（二）舆论领导力的客体

舆论领导力的客体分为显性和隐性两部分。显性的客体是指舆论本身，即公众对各种现实社会现象、问题公开表达或表现出观点、情绪、态度，它是舆论领导力的客体之一。它来自不同利益、文化背景、社会阶层公众对某个社会问题、现象持有共同一致或较为相近的群体意见，在较大范围内产生了一定的社会影响，舆论或正确或错误，或理智或盲目，就是我们通常所说的"引导舆论"，即舆论领导力的客体之一。隐性的客体是指尚未对外界信息有所感知、引起何种反应和表现的公众，正如向公众宣传某种观念，即"向公众进行宣传"或"引导公众"；或是在争议问题上"沉默的大多数"也成为舆论领导力的客体。可以看出，舆论领导力的显性的客体具有主动性、自发性，非理性与理性并存，隐性的客体往往是被动的、模糊的、不稳定的，可能会受到显性客体的影响并在一定程度上实现转化。舆论领导的客体构成是变动的，会随着某些社会现象和问题的发生、发展、变化、消失，而不断重新组合。

> 舆论者，多数人之意见结合而成者也。夫所谓多数者，非谓雷同附和、纷然为一哄之市也。一事之生，必各竭一己之智识与其经历而有得者，以研求事理之真相，然后本其心之所自信，确见为是者而是之，确见为非者而非之。故大多数之确见为是者则曰公是，大多数之确见为非者则曰公非。盖合多数人之判断，所求是否之真，虽不中，庶不至于背谬也。我国今日之舆论，其果皆处于精密审判者乎？今日而争回路矿也，哄而应者千万人。明日而曰商办铁路也，哄而应者亦千万人。彼其所主张者，固非必

谬误也，然应声而来，盲从而去，其能深察此事真相与其主张之理由者，则士无二三焉。舆论之初起，飙举雾集，不及数月，则已音沉响寂，消灭于无何有之乡矣。若是之舆论，是曰浮议。①

（三）舆论领导力的情境

1. 历史环境

马克思认为："人们是自己的观念、思想等的生产者，因而受自己的生产力的一定发展以及与这种发展相适应的交往的制约。"②舆论传播受到社会发展条件的制约，概括起来，制约因素有三个方面。一是生产力水平和物质发展条件。这一因素制约着舆论传播的载体发展，比如文字印刷术、广播电视、互联网等，同时传播的内容也限于当时社会条件下的生产生活信息。二是政治因素。这主要是指社会的政治、经济制度、政党执政方式、社会阶层或社会力量等因素影响舆论传播水平和方式。三是精神与文化因素。其主要是指一定社会或国家的价值观念、民族精神、文化传统、教育程度等因素，这些因素必然在舆论传播上有所体现。

舆论传播离不开社会发展的客观需求，又受到各种社会发展条件的制约，同时对社会发展有着巨大影响。即使是精英阶层的舆论，也是自在的形态，同样会受到各种现实和历史的政治制度、经济制度、文化环境、自身利益的影响。舆论领导力就是使得舆论朝着有利于社会进步的方向发展，其作用的发挥受到当时客观社会环境发展水平和社会需要的影响，不能也不可能凌驾于社会其他条件之上而独立发展。

2. 媒介环境

"媒介是赋予事物以意义，将体验转换为知识传播载体。"③加拿

---

① 长舆：《立宪政治与舆论》，《国风报》1910年第13期，转引自刘建明《舆论传播》，清华大学出版社2001年版，第32页。
② 《马克思恩格斯选集》（第1卷），人民出版社1996年版，第30页。
③ 佐藤卓己：《现代传媒史》，诸葛蔚东译，北京大学出版社2004年版，第3页。

大传播学者麦克卢汉称"媒介是人的延伸",文字是眼睛的延伸,广播是耳朵的延伸,电视是视听感官系统的延伸。电子媒介的出现,通过现代技术手段恢复和扩大了传统的传播方式,形成了现代相互补充的传播体系。"任何媒介对个人和社会的任何影响,都是由于新的尺度产生的。"① 在他看来,媒介的演进扩大了传播的方式,增加了传播内容。恩格斯指出:"技术在很大程度上依赖于科学状况,那么,科学则在更大得多的程度上依赖于技术的状况和需要。社会一旦有技术上的需要,这种需要就会比十所大学更能把科学推向前进。"② 广播迅速发展的主要推动力是第二次世界大战时期思想动员和舆论战。罗斯福、丘吉尔等将广播作为动员和宣传群众的重要工具。20世纪五六十年代,电视蓬勃发展,从总统竞选的辩论到越南战争的动员,舆论传播借助电视更具现场感、直观性和表现力。电子媒介为舆论传播提供了新的工具,改变了传播方式,提高了传播速度,扩大了受众范围。此时,政府开始对媒介实行越来越严格的控制,大多数国家的广播电视体制是国家政治体制的一个重要组成部分。

舆论作为媒介内容与信息的重要组成部分,本身受到所依附媒介的影响,不同媒介舆论生成方式与传播方式不同,媒介在变,舆论在变,舆论观也在变,对舆论现象与舆论规律产生了不同角度的认识与解读。

(四)舆论领导力的载体

"在没有中介的情况下,一切物质的、能量的和信息的变换与转移,一切空间上、时间上的联系与变化,都不可能发生。"③ 舆论传播需要传播载体,包括称为"硬媒介"的物质性工具和称为"软媒介"的精神性工具。在舆论传播发展历史上,每一种载体的诞生和使用都为

---

① 马歇尔·麦克卢汉:《理解媒介——论人的延伸》,何道宽译,商务印书馆2001年版,第33页。
② 《马克思恩格斯选集》(第4卷),人民出版社2012年版,第648页。
③ 夏甄陶:《认识的主—客体相关原理》,湖北教育出版社1996年版,第186页。

我们通向新的传播领域打开了一扇门。相对于物质媒介来说，舆论领导主体和接受主体也在运用精神的"软媒介"，主要是指符号系统。"符号是对象的标志，是信息的载体，是外在对象向人的主观映象转化的中介、工具和手段。"① 符号系统包括语言符号和非语言符号。除了语言、图像之外，其他可视、可听的符号也是传播的工具。相比传统的舆论传播载体，借助现代技术压缩时空的大众传媒成为舆论的主要载体。报纸、通讯社、期刊、书籍等以书面语言、照片、图画、图表为传播工具；广播以口语为主，辅以音乐、现场音效等；电视、电影、网络以语言、连续动态的图像和声音等综合表现为主。"正是传播媒介在形式上的特性——它在多种多样的物质条件下一再重现——而不是特定的讯息内容，构成了传播媒介的历史行为功效。"② 托克维尔曾指出："在民主国家，往往是大多数人希望联合和需要联合，但是办不到，因为他们每个人都微不足道，分散于各地，互不认识，不知道到哪里去找志同道合者。但是，有了报纸，就使他们当中的每一个人可以知道他人在同一时期，但却是分别地产生的想法和感受。于是，大家马上便会驱向这一曙光。"③

针对舆论传播不同的载体平台，舆论领导力通过口头语言载体、活动载体、大众传媒等发挥引领、推动、引导、转变舆论发展的主导性作用。其中口头语言载体如口号、流行语、民谣等；活动载体包括社会活动、群众活动、会议活动等；大众传媒包括报纸、广播、电视、电影、网络、新媒体等。舆论领导力不同的载体在不同的历史环境中发挥不同的作用。总的来说，大众传媒媒介作为舆论传播的主要载体，也成为舆论领导力的重要载体。"大众传媒经常影响着舆论的形成和发展方向。每个人能够感触到的周围的精神环境是非常有限的，人们感

---

① 陶富源：《实践主导论——哲学的前沿探索》，安徽人民出版社2001年版，第372页。

② D.J. 切特罗姆：《传播媒介与美国人的思想》，中国广播电视出版社1991年版，第185页。

③ 托克维尔：《论美国的民主》，董果良译，商务印书馆1991年版，第642页。

觉社会上存在某种舆论，主要通过接触大众传媒的文字、声像或多媒体传播的内容。凭借大众传媒提供的信息和话题去认识世界，勾勒、修改头脑里的关于现实世界的图像。"①舆论领导力的主体利用大众传播媒介制造舆论、组织舆论、引导舆论、控制舆论。

（五）舆论领导力的形成过程

舆论领导力的形成过程根据不同的历史环境、媒介环境、公众心理以及舆论客体的差异，大致分为三种类型：制造型、渐发型和突发型（见图1）。

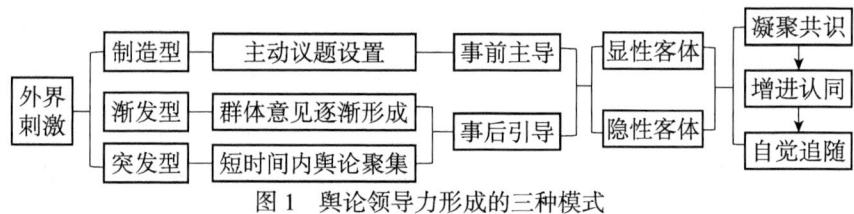

图1 舆论领导力形成的三种模式

舆论领导力形成前的外界刺激主要是社会变动、制度变革、政策调整、观念冲突、突发事件等，这些刺激因素像是"燃点"，引起人们脑中已有的价值观念、既定信念、历史记忆、物质利益、心理因素等反应，激起公众某种情绪和议论。"人类的思维是了解和有效应对环境的有力工具。"②当社会环境发生变化时，人们立即在大脑中进行判断。"除非教育赋予我们敏锐的觉悟力，否则这些预设的信息就会深刻地影响我们的认知过程。"③这些预设的信息就是李普曼所说的"刻板印象"，即人们会习惯用原有的认知图景去主导当前的认知过程，将记忆中被唤起的经验投射到当前的现实世界中。外界的刺激引起公众何种反应，不仅仅取决于信息本身，还要通过接受者已有的既定信念、习惯、偏

---

① 陈力丹：《试论大众传媒与舆论的互动》，《北京理工大学学报》（社会科学版）2003年第4期。

② 班杜拉：《思想和行动的社会基础》，华东师范大学出版社2001年版，第455页。

③ 沃尔特·李普曼：《舆论》，常江译，北京大学出版社2018年版，第73页。

好、能力、心理舒适度、内心期待等进行判断。由于每个人观念体系的不同，同样的变化会在不同人当中形成不同的情绪和意见。

一是制造型。舆论领导力的主体对社会环境的判断、客体的认知以及自身目标的实现，基于某种目的主动进行系统性议题设置，采用解释、说服、鼓动等方式去影响接受对象的心理，使其思想感情甚至行为按照舆论领导力主体的愿望变化，是一种事前的主导活动。制造型舆论领导力主体具有一定的目的性：或解释以消除误解；或期望理解其所代表的阶级、政党、国家、组织的所作所为；或说服接受者赞同其观点、主张，信服其宣扬的理念和道德规范；或鼓动接受者按其意图积极行动。

二是渐发型。针对外界的刺激，舆论的形成经历了一个漫长的过程，由社会现象、社会问题引发形成的意见逐渐在公众中传播、讨论，最后逐渐演化成群体意见。舆论领导力主体通过对环境和公众情绪与意见同步觉察，在其意见倾向不稳定时，进行解释性说明和阐释，进行正确有力的引导，在公众中形成理性的思考，防止公众对事情产生激烈的反应，形成错误的认知理念，从而导致社会和民心的不稳定、不和谐。

三是突发型。外界环境突然变化引发公众注意力快速聚焦，公众纷纷发表看法、表达情绪，在短时间内形成声势浩大的舆论。此时，舆论中非理性成分较多，需要迅速引导，避免舆论产生巨大的爆发力，影响社会稳定。尤其是新媒体传播舆论容易引起群体认知的一致性。公众在利用网络和手机进行交流互动时，情绪很容易相互感染，产生非理性、情绪化的心理，并由此激发出过激的认知思维，以至于将这种虚拟行为转变成现实应对行动，给社会带来强烈的冲击。从长远看，需要在舆论的潜伏期、意见的积蓄期采取行动，化解社会矛盾，由突发型向渐发型转变，防止产生负面影响和大范围破坏作用。

综上三种舆论领导力的形成模式，其客体是显性的群体意见和隐形的"沉默大多数"，无论哪种模式，最终舆论领导力要实现凝聚共识，增进认同，最后自觉追随舆论领导力主体的目的。其中凝聚共识是以公共利益为基础，意见统一实际上关系到每一个人的利益，而不是简单的从众心理，是在众多的个人利益上找到能够被多数人接受的平衡点。增进认同是舆论领导力形成过程中，群体内成员由不能达成一致意见到有相当程度被接受和认可，它能够代表公众的整体利益，同时兼顾整个社会环境的认可程度。自觉追随是舆论领导力形成过程中主体具备了影响力，显示出了它的精神力量。没有追随就没有领导，没有追随者和追随行为就没有领导力。①

第二节　中国共产党舆论工作领导能力的内涵

中国共产党舆论领导思想是中国长期革命和建设实践中一系列独创性经验的理论概括和科学总结，历史和实践证明，在中国革命和建设中发挥了重要的积极作用，是一套完整科学的体系，是马克思主义舆论理论与中国革命和建设具体实践相结合的产物，深刻揭示了党的舆论工作的基本规律和工作方法等关键问题，丰富和完善了马克思主义舆论思想体系。"新闻舆论工作是党的意识形态工作的重要方面，是最前沿、最直接、最有影响力的意识形态工作，是党的工作的重要组成部分，直接服务于党的工作全局。"②马克思和恩格斯在《德意志意识形态》中说："统治阶级的思想在每一时代都是占统治地位的思想。这就是说，一个阶级是社会上占统治地位的物质力量，同时也是社会上占统治地位的精神力量。支配着物质生产资料的阶级，同时也支配着

---

① DERUE D S, "Adaptive Leadership Theory: Leading and Following as a Complex Adaptive Process," *Research in Organizational Behavior* 31（2011）.

② 《习近平新闻思想讲义》，人民出版社、学习出版社2018年版，第34页。

精神生产的资料。"① 可见，如果丧失了意识形态的领导权，统治阶级政权的稳固性就很难保证。

在领导中国革命和建设的过程中，中国共产党始终将舆论工作放在十分突出的位置，认为其事关党的前途和命运，事关国家长治久安，事关民族凝聚力和向心力，是方向性、根本性、全局性、战略性的重大问题。总结分析建党 100 多年来党的舆论工作取得历史性成就、发生历史性变革的原因，关键是在党的全面领导下加强舆论工作，坚持以人民为中心，旗帜鲜明地坚持党管宣传、党管意识形态、党管媒体，始终以党的政治建设为统领，坚决维护党中央权威和集中统一领导，牢牢把握正确的政治方向。同时，把握时代发展趋势，正确判断舆论生态、媒体格局以及传播方式的变化，使得舆论工作更具感染力、号召力。概括起来就是中国共产党舆论领导力发挥了至关重要的核心作用，具体包括宣传力、引导力、导向力和传播力：宣传力是基础、是前提，强调主动性；导向力是核心、是灵魂，强调方向的正确性、党性、人民性；引导力是关键、是重点，强调科学性、规律性、艺术性；传播力是保障、是支撑，强调感染力、吸引力、时度效。这"四力"既是构成舆论领导力的重要内容，也是提升舆论领导力的方法路径，是有机联系、相互促进的整体（见图 2）。

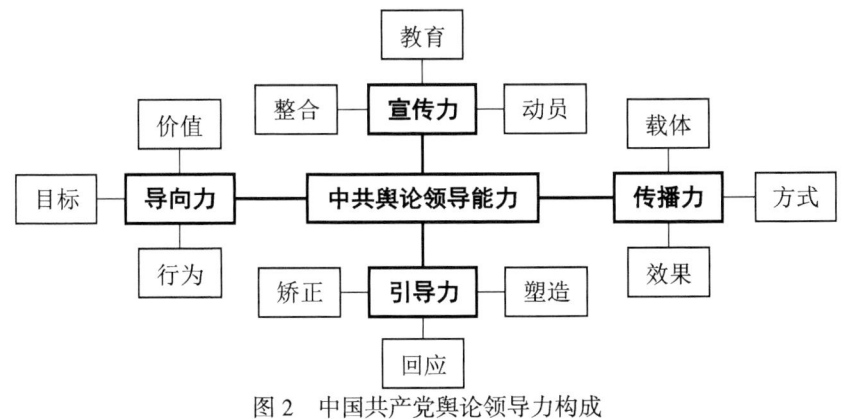

图 2　中国共产党舆论领导力构成

---

① 《马克思恩格斯全集》（第 3 卷），人民出版社 1960 年版，第 52 页。

一　宣传力

舆论领导力最重要的特征之一就是主动进行议题设置，使得舆论工作具有前瞻性、主动性、针对性和时效性。宣传力是中国共产党舆论领导力的主要组成部分，是主动把握议题设置权的重要体现。"宣传工作就是一切革命工作的粮草，革命工作没有宣传是不行的。"[1] 持续的宣传运动可以影响公共议程，甚至可以通过提出一些比其他问题更突出的问题来改变议程。[2] "宣传就是有意地把某种意见、态度情绪以及风俗信仰等传播于社会的一种努力。"[3] 党在革命和社会主义建设中通过媒体实施议程设置，主动向媒体提供信息，巧妙地影响国内外舆论来设置议程，加强党的执政能力建设。同时，坚持党管宣传、党管意识形态、党管媒体的原则，确保媒体的领导权掌握在忠于马克思主义、忠于党、忠于人民的手里。

"许多思想家观察到，思想灌输是民主制度的精髓。在一个军事国家里或是一个封建国家里，或者我们今天称之为集权国家里，人民想什么无所谓，因为你手中有一根大棒子挥舞在人民的头上，你可以用大棒控制人民。但是，当国家失去了大棒子，当你无法用武力控制人民……因此，你必须控制人民的思想。最通常的办法就是宣传。通过制造同意，创造幻想，使公众对一些事情感兴趣，而对另一些事情表示冷漠。"[4] 著名政治学家哈罗德·拉斯韦尔指出，最广义的宣传是通过操纵表象来影响人类行为的技术。他认为的宣传是所有旨在影响人类行为的传播。英国政治学家卡特林（1936）赞同拉斯韦尔的宣传思想，认为宣传是一种方式，通过这种方式，让人们在没有任何政治或道德压力的感觉下接受宣传者的观点。

---

[1]《邓小平文集（1949—1974）》（上卷），人民出版社2014年版，第190页。
[2] Curnalia, R. M. L., " A Retrospective on Early Studies of Propaganda and Suggestions for Reviving the Paradigm," *Review of Communication* 4（2005）.
[3] 林秉贤：《社会心理学》，群众出版社1985年版，第336页。
[4] 李希光：《变形的新闻屋》，四川人民出版社2000年版，第265页。

宣传是"一种成体系的说服形式，为了意识形态、政治性或商业性目的，试图影响人们的情感、态度、见解和行为。通过大众媒体或者自有渠道传递单方面信息（可能是事实，也可能不是事实）来影响目标受众"[①]。中国共产党的宣传力将党要传达的（政策议程）、媒体感兴趣的（媒体议程）、公众关心的（公共议程）三者结合起来，使党的权威性与媒体的影响力相结合，在公众中形成广泛讨论议题，提高驾驭舆论的执政能力，让议程设置所塑造的舆论民意在社会成员中获得强烈的政治认同感，同时对外塑造良好的国际形象。中国共产党在新民主主义革命时期、社会主义革命和建设时期、改革开放和社会主义现代化建设新时期、中国特色社会主义新时代，先后采取以"革命""党建""发展""正义"为核心，建立"政党－革命""政党－政权""政党－国家""政党－社会"的宣传策略，发挥宣传力的教育、整合和动员的功能。

（一）教育

党的宣传工作的使命就是要教育人民。无论是在新民主主义革命时期，还是在社会主义革命、建设和改革时期，中共结合不同阶段党的历史使命，对党的理论信念、政策方针、时代任务通过群众乐于、能够接受的形式进行宣传，教育和启发群众。中共始终把宣传马克思列宁主义作为宣传工作的首要任务，作为立党立业的根本。在革命战争时期，中共重视通过创办刊物、举办夜校宣传马克思主义，启发工人的阶级觉悟，鼓动工人为本阶级及其所代表的全体劳动群众的利益斗争。毛泽东同志曾指出："我们应当努力在工人阶级中宣传社会主义和共产主义，并适当地有步骤地用社会主义教育农民及其他群众。"[②]党的四大通过的《对于宣传工作之议决案》指出，宣传上的政治教育在

---

① Richard Alan Nelson, *A Chronology and Glossary of Propaganda in the United States*（Westport, Conn. and London: Greenwood Press, 1996）, p.232.
② 《毛泽东选集》（第 2 卷），人民出版社 1991 年版，第 704 页。

现时已经非常重要，必须在工人群众中解释中国政治状况及时局变化的意义，说明工人阶级必须有自己阶级的政党——共产党，宣传中国共产党的纲领和策略。面对时代和形势的新发展，习近平总书记指出："在新的时代条件下，党的新闻舆论工作的职责和使命是：高举旗帜、引领导向，围绕中心、服务大局，团结人民、鼓舞士气，成风化人、凝心聚力，澄清谬误、明辨是非，联接中外、沟通世界。"①其中"成风化人、凝心聚力"就是要积极培育和践行社会主义核心价值观，扬社会之善、褒正气之举、鞭丑恶之行，教育人、感化人、影响人，推动形成良好的党风政风民风家风，汇聚起向善、改革发展的强大力量。

（二）整合

宣传工作是意识形态工作，意识形态具有社会整合功能。在外界环境发生变化时，党对某一议题的宣传能起到连接协调社会各成员应对这种突如其来的变化，这种功能被称为"社会整合"。在社会深刻变革条件下，各种社会矛盾和问题相互叠加、集中呈现，各种思想文化相互激荡，人们思想观念的独立性、差异性、多样性、多变性日益增强，西方敌对势力对我们意识形态的渗透不断加大，各种思潮交锋更加活跃，争夺人心的较量越发激烈，中国共产党始终坚持以马克思主义为指导，围绕党的中心工作，服务党和国家工作大局，有利于推动改革发展，有利于全国各族人民团结，有利于维护社会和谐稳定，通过媒体向公众提供信息服务和公众话语表达平台，引发公众参与互动，把无序杂乱的公众整合为有序的群体，并且通过议程设置来影响公众的想法和行动，将积极正面的行为凝聚成强大的力量，形成社会成员的共识，凝聚民族情结，共同完善和优化社会秩序。

---

① 《习近平总书记党的新闻舆论工作座谈会重要讲话精神学习辅助材料》，学习出版社2016年版，第5—6页。

（三）动员

"一个政党要获得人民群众的支持，就必须想方设法进行组织动员和宣传鼓动，并与敌对阶级的意识形态作斗争。"[①] 马克思、恩格斯指出："历史活动是群众的事业，随着历史活动的深入，必将是群众队伍的扩大。"[②] 政治动员是中国共产党的政治优势，无论是在革命时期还是在建设时期根据党的中心工作和主要任务，通过舆论工作都产生了巨大的动员效应，使党的社会动员在极广范围内行之有效，依托强化意识形态统一思想来促成一致的行动。利用大众媒体，统一宣传口径，提出动员口号，以思想教育、文化熏陶、媒体宣传、树立典型等多样化方式，调动广大群众积极参与革命和建设。毛泽东同志在《中国共产党红军第四军第九次代表大会决议案》的讲话中强调："红军的打仗，不是单纯地为了打仗而打仗，而是为了宣传群众、组织群众、武装群众，并帮助群众建设革命政权才去打仗的，离了对群众的宣传、组织、武装和建设革命政权等项目标，就是失去了打仗的意义，也就是失去了红军存在的意义。"[③] 他指出："什么是政治动员呢？首先是把战争的政治目的告诉军队和人民。必须使每个士兵每个人民都明白为什么要打仗，打仗和他们有什么关系。抗日战争的政治目的是'驱逐日本帝国主义，建立自由平等的新中国'，必须把这个目的告诉一切军民人等，方能造成抗日的热潮，使几万万人齐心一致，贡献一切给战争。"[④] 列宁认为："社会主义革命就要几千万人积极地、直接地、实际地参加国家管理才能完成。"[⑤] 当中国共产党由革命党转变为执政党，通过宣传动员，号召群众集中力量办大事，在短时间内汇集资源取得了党和国家事业历史性成就，破解了新时代发展的难题，实现了经济快

---

① 杨小明：《新中国成立以来中国共产党的政治动员研究》，中国社会科学出版社 2014 年版，第 65 页。
② 《马克思恩格斯全集》（第 2 卷），人民出版社 1957 年版，第 104 页。
③ 《毛泽东文集》（第 1 卷），人民出版社 1993 年版，第 79 页。
④ 《毛泽东选集》（第 2 卷），人民出版社 1991 年版，第 481 页。
⑤ 《列宁全集》（第 28 卷），人民出版社 1956 年版，第 404 页。

速发展和社会长期稳定的奇迹。

二 导向力

导向力是要使舆论向着社会主体所需要的思想意识发展，它是新闻宣传、舆论传播、舆论引导所持有的政治方向。任何舆论工作都是有方向性的，或鲜明或隐晦，或正确或错误。"舆论导向正确，是党和人民之福；舆论导向错误，是党和人民之祸。"[①] 积极的、正确的舆论导向引导社会舆论向正确方向发展，使人们形成正确的世界观、价值观和行为方式；错误的、消极的舆论导向会误导舆论、混淆是非，阻碍社会进步或引发信仰危机。习近平总书记指出："必须把政治方向摆在第一位。""第一"就是首要，就是前提，就是统领。方向问题带有根本性，没有根本一切无从谈起，方向错了就会南辕北辙，就会犯颠覆性错误。舆论工作本质上是党的政治工作，必须把坚持正确的政治方向作为全部工作的"生命线"，找准"定盘星"，坚定"主心骨"，弘扬主旋律、传播正能量，统一思想、凝聚力量。以马克思主义为指导的社会主义意识形态是中国共产党舆论导向的核心内容。党的十六届四中全会提出"牢牢把握舆论导向"，把"坚持党管媒体的原则，增强引导舆论的本领掌握舆论工作的主动权"纳入党的执政能力建设的总体框架。

（一）目标导向

舆论导向是思想引领、意识形态问题。坚持正确的舆论导向，最根本的就是坚持党对舆论工作的领导，坚持党管媒体，坚持政治家办报。党的舆论工作要引导广大人民群众认识了解党在不同历史时期的奋斗目标，有利于坚持马克思主义的指导地位，有利于坚持中国共产党领导和巩固社会主义制度，推动改革发展，有利于增进全国各族人

---

① 《江泽民文选》（第1卷），人民出版社2006年版，第564页。

民团结,有利于维护社会和谐稳定。无论舆论环境、媒体格局、传播方式发生怎样的变化,始终坚持马克思主义科学理论在意识形态领域的指导地位,努力使人民群众将党的目标转化为个人的自觉行动。毛泽东同志曾指出:"报纸的作用和力量,就在它能使党的纲领路线,方针政策,工作任务和工作方法,最迅速最广泛地同群众见面……在报纸上正确地宣传党的方针政策,通过报纸加强党和群众的联系,这是党的工作中的一项不可小看的、有重大原则意义的问题。"[①] 不断解决好"为了谁、依靠谁、我是谁"这个根本问题。

(二)价值导向

中国共产党舆论领导力的价值导向是"人民性"。马克思说:"报刊按其使命来说,是社会的捍卫者,是针对当权者的孜孜不倦的揭露者,是无处不在的耳目,是热情维护自己自由的人民精神的千呼万应的喉舌。"[②] "人民的信任是报刊赖以生存的条件,没有这种条件,报刊就会完全萎靡不振。"[③] 习近平总书记指出,坚持人民性,就是要把实现好、维护好、发展好最广大人民根本利益作为出发点和落脚点,坚持以民为本、以人为本。中国共产党是最广大人民利益的忠实代表,党的利益与人民的根本利益是一致的。全心全意为人民服务既是中国共产党的根本宗旨,也是党的舆论工作的唯一宗旨。党的新闻舆论工作,从根本上说就是维护好党和人民的利益,反映人民期盼,营造有利于改革发展、社会政治稳定的舆论环境。

在各个历史时期,面对复杂多面的客观现实,人们的利益诉求和心理期待多元化,思想观念和价值取向呈现多样化。党的舆论领导力的价值导向依据我国社会意识形态决定,要求坚持人民性的政治立场与价值取向,建构主流价值观,凝聚社会共识,引领舆论的正确方向。

---

① 《毛泽东选集》(第4卷),人民出版社1991年版,第1318—1319页。
② 《马克思恩格斯全集》(第6卷),人民出版社1961年版,第275页。
③ 《马克思恩格斯全集》(第1卷),人民出版社1956年版,第234页。

马克思曾指出："报刊最适当的使命就是向公众介绍当前形势、研究变革的条件、讨论改良的方法、形成舆论、给共同的意志指出一个正确的方向。"[①]党的舆论工作要自觉以各种形式宣传马克思主义和中国特色社会主义以及党和国家的路线方针政策，努力促进社会和谐有序健康发展。

（三）行为导向

中国共产党建党100多年来，社会结构深刻变革，利益格局不断调整，人们的思想观念深刻变化，社会矛盾问题此起彼伏，思想意识多元复杂，各种思潮交流、冲突、交锋、融合频繁，人们的思想独立性、选择性、变化性、差异性不断分化、重新组合，中国的舆论场丰富而多变。党的舆论工作树立高度的政治责任感，对党和人民负责，对历史负责，通过激浊扬清、弘扬主旋律、传播正能量，敢于发声亮剑，立场鲜明地同错误思想作斗争，为党和国家工作大局服务，营造积极健康向上的社会舆论氛围、对群众的行为进行引领，帮助群众划清是非界限、明确模糊认识，发挥正面宣传、先进人物典型宣传教育的作用，扬社会之善、褒正义之举、鞭丑恶之行，温暖人、教育人、鼓舞人、激励人，塑造人们的信念，规范人们的行为。

三　引导力

引导力就是舆论引导，是通过对信息的选择、分析、判断、评价等，影响公众对社会问题或社会现象的意见、观点、情绪的关注和倾向，进而规范人们的认识和行为，使得舆论向符合社会规范和道德价值观标准的方向发展，能够引导群众言行符合社会主流意识形态，有利于提高党的执政能力，巩固党的执政地位。引导力是在导向正确的前提下，主要针对受众的主观判断，增强舆论指导公众形成正确的公

---

① 《马克思恩格斯全集》（第43卷），人民出版社1982年版，第489页。

共利益共识、社会信念等，引领公众把握方向，使其朝着预期的方向发展，并且纠偏舆论的能力，是党的软实力的重要体现。

舆论的形成过程是从较为分散、个性、多样化的个人意见，到意见在群体中互动趋同达成大致一致的意见，最终形成主流舆论。在此过程中，舆论的要素处于动态变化之中，要素之间互相影响，并且伴随流言、谣言，舆论引导者需要快速、有针对性地找到引导的方向和目标，采取相应的策略。舆论直接表现为公开的意见，但在意见背后还暗含着公众的情绪、态度和信念。表层的舆论为情绪释放型舆论，由于外界信息、事件刺激或社会变动带来的压力突破了临界点，公众情绪突然爆发，在情感宣泄过程中形成舆论。中层的舆论为意见表达型舆论，公众针对社会问题、社会现象表达出理性的、建设性的意见。意见表达型舆论出现在情绪型之后，有时也单独出现。深层的舆论表现为理想信念型，公众对外部刺激、社会现象不加以观察分析，而是直接根据内心价值判断作出接受或拒绝的反应，是自身内驱力的外在表现。党发挥好引导力主要是从矫正、回应和塑造三个方面来引导舆论。

（一）矫正

舆论引导的内容是公众对社会问题、社会现象、公共事务的评价，这些评价中有些是正确的，有些是错误的。习近平总书记在省部级主要领导干部学习贯彻十八届三中全会精神全面深化改革专题研讨班上强调："对认识不清的，要加强教育引导。对故意曲解和诋毁的言论，要坚决予以驳斥，发出我们的声音，以正视听。"引导力的矫正功能就是要通过传播特定的意见型信息进行引导，使之朝着主流意识形态方向发展。同时，对舆论引导方向进行校准，处理好正面宣传与舆论监督的关系，正确把握"歌颂"与"揭露"的关系。习近平总书记在党的新闻舆论工作座谈会上指出："舆论监督和正面宣传是统一的。新闻媒体要直面工作中存在的问题，直面社会丑恶现象，激浊扬清、针砭时弊,同时发表批评性报道要事实准确、分析客观。"舆论监督是党舆论工作的重要内容和职责,是社会建设的重要调控手段,是一种建设性的力量。积极的舆论监督,针砭时弊,曝光问题,弘扬正气,是为了推动问题解决。

(二)回应

对公众关切的回应,对突发事件中舆情的回应是引导力的重点与难点。任何政党要获得执政党地位,或者稳固已经获得的执政党地位,民意的支持和民心向背至关重要,是执政党政治合法性的重要来源。中国共产党的执政地位是历史的选择、人民的选择,党顺应时代的要求和人民的重托,关注群众的根本利益诉求,积极回应民众的重大关切、社会主义革命和建设的重大理论实践问题,揣摩人民群众的心理,把握群众所思、所想、所盼,提出一系列有针对性的政策方针,通过真实、客观、全面的事实去阐释党的路线方针政策,以理性、公正、严肃、审慎的观点影响、回应群众的观点,获得民众的支持。

进入社会主义高速发展时期,各类突发事件频繁发生。公开、顺畅、权威的信息发布与舆情回应,及时、准确地告知真相,有效引导舆论是安抚民众情绪、稳定秩序及有效处置事件的前提。2015年中宣部发布《关于规范重特大事故信息发布工作的意见》,要求在向上级报告重特大事故信息的同时,要向社会发布,且原则上不超过1小时。2016年发布的《关于全面推进政务公开工作的意见》《〈关于全面推进政务公开工作的意见〉实施细则》,要求加强突发事件、公共安全、重大疫情等信息发布,要快速反应、及时发声,根据处置进展动态发布信息,回应社会关切。

(三)塑造

引导力的重要功能之一是形象塑造,也被称为形象管理,包括政治领袖个人的形象塑造以及政治组织的形象塑造。政党形象是政党行为活动的外在显现与客观反映，以及公众对其表现形成的比较稳固的综合性评价。良好的政党形象是宝贵的政治资源，是政党内在本质的外在反映，体现了公众对党的认可和支持。引导力驾驭着舆论传播的整个过程，分配着公众的信息注意力资源，通过议程设置来影响公众的关注点，塑造着政党在公众心中的形象。

中国共产党的舆论工作对党的形象塑造起着巨大作用。它虽然不能决定党的形象的本质，但是影响国内外公众对党的形象的认知和评价。党的舆论工作整体上能够反映党的面貌和本质，但在一些历史时期，由于没有及时宣传引导，使得外界对真实情况不能全面了解，对党的形象造成不利影响；还有对党的成绩、优点进行机械宣传，没有考虑受众接受心理，也给党的形象打了折扣。

总体来说，中国共产党的形象在不同的历史时期，引导党内成员和全社会成员形成了党的良好的形象。在民主主义革命时期，毛泽东同志提出："中国共产党以自己艰苦奋斗的经历，以几十万英勇党员和几万英勇干部的流血牺牲，在全民族几万万人中间起了伟大的教育作用。"①当时的新闻、文艺作品等反映出中国共产党是中华民族的栋梁，工人阶级的先锋队，在人民群众中树立了良好的形象和威望，赢得了信赖、拥护和支持。社会主义建设时期，广大群众通过媒体对党的认识进入新高度，坚定地认为中国共产党是中国特色社会主义事业的领导核心，只有中国共产党才能领导中国实现中华民族伟大复兴。

四　传播力

传播力是前提，舆论离不开传播，传播是舆论形成的内在机制，传播力是把舆论信息传递出去，被有效接收的能力。传播力不仅体现为传播范围广，也体现为传播内容精、传播效果好。传播力的构成要素可以从三个方面考察：从传播者的角度看，包括传播者的党的舆论

---

① 《毛泽东选集》（第1卷），人民出版社1991年版，第184—185页。

工作者的能力水平、技术装备、管理能力等；从传播方式的角度看，包括信息的载体、传播速度、到达率等；从受众的角度看，包括受众结构、反馈、效果等。党在舆论工作中提高传播力，从传播载体选择与运用、传播方式的整合与调整以及传播效果的考量与评估等方面作了很多成功的尝试，并且一以贯之到各个时期的工作中，转化为党的政治优势。

（一）载体

传播力是一种硬实力，传播载体的规模、方式影响着舆论的形成速度、强度和效果。中国共产党除了运用西方公认的诸如报纸、杂志、广播、电视等大众传播媒体，还开辟了中国特色的传播载体和渠道，如黑板报、墙报、大字报、街头剧、民间歌舞、诗词、谈心等。在民主主义革命时期，党使用过的舆论领导工作方式方法多达几十种。除了常见的印发传单、小册子，张贴标语、布告，召开报告会、演讲会、读书会，创办各种类型的墙报、油印小报、铅印大报，组织各种形式的宣传队（宣讲队、演剧队、蓝衫团、秧歌队、歌咏队、巡回展览队、孩子剧团等），还通过放幻灯片、印鼓动画、写街头诗、贴"壁上新闻"、演活报剧、寄年帖、写慰问信、赠纪念品、放孔明灯等形式进行宣传。对于不同的受众对象或火线喊话，或上门谈心，或登台辩论，或即兴演说，或激昂慷慨的鼓动，或对宣传观点进行严密的逻辑论证，或将宣传内容寓于各种生动活泼的文化娱乐活动中。进入互联网时代，舆论传播的载体发生了颠覆性的变化，党的舆论工作不断创新手段，舆论载体探索媒体融合，适应社会信息化的新情况，充分运用新技术、新应用占领舆论传播的制高点。

（二）方式

党采取了党管媒体、政治家办报、改进文风等方式来提高传播力。首先，坚持党管媒体是党全面领导舆论工作的必然要求。马克思、恩格斯明确无产阶级报刊"根据我们党的精神进行编辑工作"。无论是在革命战争时期还是在媒体格局发生深刻变革的今天，党刊党报是党的舆论宣传阵地，党的一大决议指出："任何出版物，无论是中央的或地方的，均不得刊登违背党的原则、政策和决议的文章。"① 习近平总书记强调："要把党管媒体原则贯彻到新媒体领域，所有从事新闻信息服务、具有媒体属性和舆论动员功能的传播平台都要纳入依法管理范围，所有新闻信息服务和相关业务从业人员都要实行准入管理。"确保党的舆论工作朝着正确的方向发展。其次，政治家办报是1957年毛泽东同志提出的思想，"提倡政治家办报，办报要多谋闪断，既不要独断，也不要多谋寡断，要抓住要害，要一眼看准，形势一变，要转得快"②。马克思、恩格斯、列宁也主张机关报要由政治可靠、立场坚定的共产党人来办，才能保证从事党的新闻舆论工作的领导者有政治家的胸襟和见识，服务全党和全国的工作大局。最后，改文风是舆论的基石。毛泽东同志针对舆论、宣传工作中存在的问题，探讨改进文风。1957年在同新闻出版界代表的谈话中指出，报上的文章，要简短一些，不能太硬，"文章写得通俗、亲切，由小讲到大，由近讲到远，引人入胜，这就很好。板起面孔办报不好"③。这一理念成为中国共产党人开展舆论工作所秉持的理念。2010年5月，习近平同志在中央党校2010年春季学期第二批入学学员开学典礼上的讲话提出，文风不是小事，党风决定着文风，文风体现出党风，他号召"大力纠正不良文风，积极倡导优良文风"，提倡"短、实、新"的文风。运用通俗的语言和群众喜闻乐见的形式，使宣传生动化、形象化、生活化、简明化，让党的理念被群众认同理解并转化为行动的指南。

---

① 《中国共产党重要文献汇编》（第1卷），人民出版社2022年版，第5页。
② 吴冷西：《忆毛主席》，新华出版社1995年版，第140—141页。
③ 《毛泽东文集》（第7卷），人民出版社1999年版，第263页。

（三）效果

舆论工作不仅是把想要传播的内容、信息通过各种媒介传达给受众，更是要看舆论传播的效果，舆论领导力是否发挥了作用，舆论工作是否达到了预期的目的，受众是否认同、接受舆论主体的要求和愿望，成为传播力的重要体现。如果没有达到舆论主体的目的，还需要调整传播策略，随着新问题、新情况、新事物、新变化的出现，舆论工作作出创新和改变。毛泽东同志说："共产党员如果真想做宣传，就要看对象，就要想一想自己的文章、演说、谈话、写字是给什么人看、给什么人听的，否则就等于下决心不要人看，不要人听。许多人常常以为自己写的讲的人家都看得很懂，听得很懂，其实完全不是那么一回事，因为他写的和讲的是党八股，人家哪里会懂呢？……简直是老鸦声调，却偏要向人民群众哇哇地叫。射箭要看靶子，弹琴要看听众，写文章做演说倒可以不看读者不看听众吗？"[①]党的舆论工作重视舆论传播的实效性和针对性，破除传播过程千篇一律和公式化问题，不仅强调传播的覆盖率，同时也重视到达率、好评率和接受度。

---

① 《毛泽东选集》(第3卷)，人民出版社1991年版，第836页。

第二章

中国共产党舆论工作领导思想的理论来源

中国共产党舆论领导思想是古今、中西、理想与现实的多重冲突与融合。中国古代舆论思想中的疏导、纳言、谏诤等核心概念，在当代仍具有生命力，与党舆论工作的政治要求十分吻合。虽然当代政治生活的运行机制与古代已经大为不同，但是其内核价值中充分体现了当代与古代传统文化的自觉传承，积极借鉴古今中外一切有价值的文明成果，也是中国共产党历史唯物主义观在实践中的生动体现。中国资产阶级对报刊舆论功能的认识和实践，引领了时代发展的潮流。中国民族资产阶级以传播舆论为先声，促使国人兴起一股向西方学习、变法自强的舆论浪潮，对封建专制制度形成了猛烈的冲击，加速了具有资产阶级性质的中国社会变革的进程。中国资产阶级以报刊这种近代大众传播媒介的方式宣传变法、议论时政、影响社会舆论的方式对之后半个多世纪的中国社会生活产生了极大的影响，为推进现代民族国家的建构起到了十分重要的作用。马克思、恩格斯、列宁等报刊舆论大师的新闻舆论思想虽然没有展开专门论述，但散见于他们的光辉著作中，对于报刊舆论的性质、作用、特点，舆论宣传的根基、体制、动力等都有过重要论述，对于深刻把握中国共产党舆论领导思想的发展脉络具有重要意义。

第一节 马克思主义的舆论观

马克思主义传入中国后，马克思主义新闻舆论思想成为社会主义新闻舆论工作的指导方针。中国共产党在长期的革命和建设实践中不断继承发展完善，面对新情况、新经验、新问题，中国共产党不断去探索、去分析、去研究、去鉴别，运用马克思主义新闻舆论思想指导舆论工作破除旧意识、旧传统、旧模式、旧习惯，开创新方法、新路子、新模式和新格局。全面梳理和分析马克思主义舆论思想内涵，为深刻把握和理解中国共产党的舆论领导思想的发展脉络提供理论依据。

一、舆论领导与建党的关系

舆论工作是党的建设的重要组成部分，是无产阶级政党动员组织基层力量，让党的思想、方针、政策为人民知晓，赢得人民信任，加强党与人民群众血肉联系的基础和保障。马克思、恩格斯是无产阶级政党学说的奠基者，列宁捍卫和发展了马克思恩格斯建党学说，成功建立了一个新型的无产阶级政党。他们在长期创建无产阶级政党的过程中，不断总结建党经验，将舆论思想工作视为对建党具有重要意义的基础工作。

（一）舆论工作必须坚持以马克思主义为指导思想

马克思、恩格斯运用阶级分析的方法，确立了党的无产阶级性质，论述了党的先进性。列宁强调无产阶级政党必须以马克思主义为指导思想，"没有理论，革命派别就会失去生存的权利，而且不可避免地迟早注定要在政治上遭到破产"①。无产阶级政党的领导者要发挥党对舆论工作的领导作用,用马克思主义理论统一全党共识,同非无产阶级思想作斗争。同时,让广大无产阶级了解掌握党的性质、纲领、原则。"一个新的纲领毕竟总是一面公开树立起来的旗帜,而外界就根据它来判断这个党。"②《共产党宣言》中指出:"在实践方面,共产党人是各国工人政党中最坚决的、始终起推动作用的部分;在理论方面,他们胜过其余无产阶级群众的地方在于他们了解无产阶级运动的条件、进程和一般结果。"③这深刻阐明了无产阶级与其他政党的本质区别,强调整个无产阶级的共同利益。列宁认为,党的舆论阵地便是党的报刊,必须旗帜鲜明地按马克思主义方针办报,"全俄政治报"是列宁为建党时期规定的党报工作的纲,他通过创办《火星报》表明了他不仅忠实地继承了马克思主义新闻舆论思想,而且根据俄国的特殊国情和俄国工人运动的特殊条件,丰富和发展了这一思想。他认为,党报具有"宣传员""鼓动员""组织者"三种作用,是党组织的有机组成部分,党报的长期任务是以党的原则和章程统一全党的思想,确保党的集中之思想这一"唯一的原则性思想"在全党得以贯彻执行。之后的无产阶级革命家继承了马克思和恩格斯关于党报舆论工作对工人进行政治训练,传播革命理论,成为革命运动中心的思想,发展了他们以党报为中心建党,推进马克思主义新闻舆论思想,使工人阶级党报在建立和巩固党组织,领导工人群众进行革命斗争中,发挥了更大的战斗作用。

(二)舆论领导对各个阶级思想灌输的重要作用

无产阶级运动是从自发斗争到自觉斗争的过程,工人阶级、农民阶级的社会主义意识、科学社会主义理论不会自然而然地产生,需要党的各级组织宣传马克思主义理论,使底层社会民众的认知不断达到

---

① 《列宁全集》(第6卷),人民出版社1986年版,第367页。
② 《马克思恩格斯选集》(第3卷),人民出版社1995年版,第325—326页。
③ 《马克思恩格斯选集》(第1卷),人民出版社1995年版,第285页。

自觉的程度。"为了向工人灌输政治知识,社会民主党人应当到居民的一切阶级中去,应当派出自己的队伍分赴各个方面。"①列宁在《论工会、目前局势及托洛茨基的错误》一文中指出:"党是直接执政的无产阶级先锋队,是领导者。"②"马克思主义教育工人的党,也就是教育无产阶级的先锋队,使它能够夺取政权并引导全体人民走向社会主义,指导并组织新制度,成为所有被剥削劳动者在不要资产阶级并反对资产阶级而建设自己社会生活的事业中的导师、领导者和领袖。"③在列宁看来,建立无产阶级专政后,党要实现对国家的全面领导,把马克思的科学社会主义通过舆论"灌输"的方式深入无产阶级意识中。在工人阶级中"应该使自己的每一个支部都变成工人协会的中心和核心,在这种工人协会中,无产阶级的立场和利益问题应该能够进行独立讨论而不受资产阶级影响"④。在农民阶级中考虑到农民虽然有革命的热情和要求,但是"由于分散于广大地区,由于难以达到大多数的意见一致,所以他们永远不能胜利地从事独立的运动。……他们需要更集中、更开化、更活跃的城市居民的富有首创精神的推动"⑤。无产阶级必须建立巩固工农联盟,让党的纲领反映工人和农民的要求,制定正确的政策,让党的纲领和政策通过舆论宣传取得工人和农民的信任和支持。

(三)舆论工作应密切联系群众

无产阶级政党的舆论工作的鲜明特色之一是群众性,它是马克思主义的群众观点和群众路线在新闻工作中的体现。马克思认为:"人民的信任是报刊赖以生存的条件,没有这种条件,报刊就会完全萎靡不振。"他指出,报刊生活在人民中,真诚地和人民共患难、同甘苦,人民的信任是报刊永葆生命力的前提条件。列宁曾说:"劳动人民是革命

---

① 《列宁全集》(第6卷),人民出版社1986年版,第76页。
② 《列宁全集》(第40卷),人民出版社1986年版,第296页。
③ 《列宁全集》(第31卷),人民出版社1985年版,第24页。
④ 《马克思恩格斯选集》(第1卷),人民出版社1995年版,第369页。
⑤ 《马克思恩格斯选集》(第1卷),人民出版社1995年版,第489页。

力量的源泉，党脱离人民群众将一事无成。劳动群众拥护我们，我们的力量就在这里。全世界共产主义运动不可战胜的根源就在这里。"① 毛泽东同志继承发展了马克思、恩格斯、列宁的相关思想，认为马克思列宁主义的基本原则，就是要使群众认识自己的利益，并且团结起来为自己的利益而奋斗。办好报纸，把报纸办得引人入胜，在报纸上正确地、迅速地、广泛地宣传党的方针政策，通过报纸加强党和群众的联系，是贯彻上述基本原则，引导群众自求解放的重要途径。1942年4月1日，中共中央机关报《解放日报》（延安）在题为《致读者》的关于改版的社论中写道："密切地与群众联系，反映群众的情、生活需求和要求，记载他们的可歌可泣的英勇奋斗的事迹，反映他们身受的苦难和惨痛，宣达他们的意见和呼声。报纸的任务不仅要充实群众的知识，扩大他们的眼界，启发他们的觉悟，教导他们，组织他们，而且要成为他们的反映者、喉舌，与他们共患难的朋友。"

二 舆论工作与宣传体制的关系

（一）舆论工作的阶级性

马克思认为："支配着物质生产资料的阶级，同时也支配着精神生产的资料，因此，那些没有精神生产资料的人的思想，一般地是受统治阶级支配的。"② 马克思、恩格斯揭示了舆论工作的阶级性，占有物质生产资料的阶级要对精神意识形态层面的舆论宣传起主导作用。他们强调报刊在舆论工作中的引领作用。"报纸最大的好处，就是它每日都能干预运动，能够成为运动的喉舌。"③ 无产阶级的报刊应该宣传无产阶级的主张、任务和使命，应该把握舆论导向，树立和维护党在人民群众中的权威和形象。恩格斯说："党刊的任务是什么呢？首先是组织讨

---

① 《列宁全集》（第37卷），人民出版社1986年版，第217页。
② 《马克思恩格斯全集》（第3卷），人民出版社1960年版，第52页。
③ 《马克思恩格斯全集》（第7卷），人民出版社1959年版，第3页。

论，论证、阐发和捍卫党的要求，驳斥和推翻敌对党的妄想和论断。"①舆论工作必须讲政治，"放弃政治是不可能的。报纸的政治态度也是政治；主张放弃政治的一切报纸都在攻击政府。问题只在于怎样干预政治和干预到什么程度"②。这说明党的新闻舆论工作必须为无产阶级政党服务，在思想上、政治上、行动上与党的要求保持一致。

（二）发挥党对舆论工作的集中领导

马克思、恩格斯在创建无产阶级政党过程中，强调党对党员以及广大群众的领导，尤其是无产阶级政党必须广泛地、坚持不懈地向人民群众宣传科学社会主义理论。党的领导机构有责任领导党的机关报刊，党的宣传工作应该围绕党的精神开展，有责任在党的纲领、策略范围内，监督和批评党的领导机构和领导人。恩格斯提倡"党内同志根据管用的'自由发表意见'的原则"，"每一个党的生存和发展通常伴随着党内的温和派和极端派的发展和相互斗争"。③在这种情况下，"绝对服从"是不能解决问题的，只能通过交换意见达到思想的统一。他指出，"党已经很大，在党内绝对自由地交换意见是必要的。否则，简直不能同化和教育最近三年来入党的数目很大的新成分"④。这种交换意见的目的，是党内舆论的交锋，纠正党内的错误思想，保持党坚持马克思主义方向和保持党的共产主义纯洁性。十月革命后，列宁意识到面对红色政权的建立，帝国主义纷纷起来对布尔什维克发起攻击，国内形势异常严峻，新生的红色政权随时都有被颠覆的危险。党的一切事业，新闻宣传出版工作就应当为了事业的利益而加以集中。⑤

---

① 《马克思恩格斯全集》（第4卷），人民出版社1958年版，第300页。
② 《马克思恩格斯全集》（第17卷），人民出版社1963年版，第445页。
③ 《马克思恩格斯全集》（第37卷），人民出版社1971年版，第323—324页。
④ 《马克思恩格斯全集》（第37卷），人民出版社1971年版，第435页。
⑤ 《苏联共产党代表大会、代表会议和中央全会决议汇编》（第一分册），人民出版社1964年版，第567—568页。

三 舆论思想与传播手段的关系

（一）注重传播对象

列宁结合当时俄国工人运动实际与布尔什维克党宣传工作的实践提出"灌输理论"，从方法论层面提出"灌输"的有效性，但是强调注意研究传播对象的特点和诉求，"灌输"要有针对性。要善于利用每一件小事来向大家说明自己的社会主义信念和自己的民主主义要求，向大家解释无产阶级解放斗争的世界历史意义。他认为确立人民群众应该为之奋斗的目标和使命，有目的地开展舆论工作，认真分析每个行业、每个阶层的关注点，立足现实，将抽象的观念理论以及党的方针政策结合人民群众的关注点和诉求，以有力的论据征服群众的心，撼动他们固有的思想基础，才是党宣传工作的基本策略。

（二）讲究传播话语

马克思主义理论只有让工人、农民这些普通大众接受才能焕发生命力。如何把马克思主义理论普及给广大人民群众，实现马克思主义大众化传播？列宁认为，"应当善于用简单、明了、群众易懂的语言讲话，坚决抛弃难懂的术语，外来语，背得烂熟的、现成的但是群众还不懂、还不熟悉的口号"[1]。他强调：报刊不要进行政治喧嚷，少谈些政治，多谈些经济，责怪对新生活建设方面种种的事实的报道占得篇幅太少。[2] 马克思说："少发些不着边际的空论，少唱些高调，少来些自我欣赏，多说些明确的意见，多注意一些具体的现实，多提供一些实际的知识。"[3] 这充分体现了马克思主义新闻观的基本原则，即以事实为根据，舆论宣传工作要贴近实际、贴近生活、贴近群众，选择用群众看得懂、听得懂的语言进行思想、政策传播。

---

[1]《列宁全集》（第14卷），人民出版社1988年版，第89页。
[2]《列宁全集》（第35卷），人民出版社1985年版，第91页。
[3]《马克思恩格斯全集》（第27卷），人民出版社1972年版，第436页。

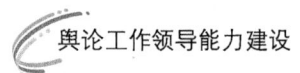

（三）运用报刊载体

马克思、恩格斯注重报刊在社会中的地位和职责。马克思从 24 岁开始任《莱茵报》主编，后与恩格斯一起创办世界上第一份无产阶级机关报《新莱茵报》，他先后创办十多家报刊。报刊成为马克思传播思想、组织号召群众斗争和指导工农运动的有力武器。马克思说："使报刊变成人民的文化和精神教育的强大杠杆的，正是报刊可使物质斗争变成思想斗争，使血肉斗争变成精神斗争，使需求、欲望和经验的斗争变成理论、理性和形式的斗争。"① 他们指出，报刊，特别是政治性报刊，总要或强或弱地传播自己的观点，把影响舆论作为自己的目的。报刊应该履行社会监督的职责，自由报刊是人民精神的洞察一切的眼睛。"只要报刊有机地运动着，全部事实就会完整地被揭示出来。"②

四　舆论工作与队伍建设的关系

（一）舆论工作者的素质

马克思和恩格斯对舆论（报刊）工作者的队伍建设极为关心。他们提出，从事报刊尤其是工人报刊事业的工作人员必须具有良好的素质，因为"工人比资产者客观，比资产者容易摆脱传统的陈腐的原则和先入之见的束缚"③。因此，他们要求报刊工作者首先应该成为"自由的思想工作者"，消除对地位和利益的任何顾虑，消除乞求上司庇护的念头。工人报刊的工作人员"愈是毫无顾忌和大公无私，它就愈加符合于工人的利益和愿望"④。他们指出，对于工人报刊来说，工作者仅仅具有坚定、勇敢、诚实等政治品质还不够，他们"需要更多的智慧，

---

① 《马克思恩格斯全集》（第 40 卷），人民出版社 1982 年版，第 329 页。
② 《马克思恩格斯全集》（第 1 卷），人民出版社 1956 年版，第 211 页。
③ 《马克思恩格斯全集》（第 2 卷），人民出版社 1957 年版，第 412 页。
④ 《马克思恩格斯全集》（第 21 卷），人民出版社 1965 年版，第 353 页。

思想要更加明确,风格要更好一些,知识也要更丰富一些"①。他们对那些工人报刊工作者队伍中的害群之马恨之入骨,常常进行严厉的鞭笞和无情的揭露,告诫和教育工人报刊工作者要保持头脑清醒,加强修养,不要沽名钓誉,奴颜婢膝,要加强修养,防止被腐蚀和拉拢。

(二)党报工作者的要求

马克思、恩格斯认为党报具有健康的无产阶级特色,必须委派或任命优秀的战士占据党报这个重要的岗位,并警惕和防止机会主义分子乃至资产阶级、小资产阶级分子,"动用一切有组织的宣传手段,以便把自己的人员安插到党报编辑的位置上并通过党的刊物来指挥党"②。为此,党报工作者在政治上,具有鲜明的无产阶级立场,坚定地站在党的纲领和政策的立场上,对工人和工人事业具有最真挚的感情和高度的责任感,这样面对复杂尖锐的阶级斗争和党内斗争才能坚定立场,把握舆论方向。在纪律上,他们认为党报工作者应该有铁的纪律,按党的纪律和规定工作。马克思对德国早期工人运动领导人费迪南德·拉萨尔到处以"党的名义讲话",实际传播与共产主义者相悖的错误东西的行为进行了严厉的批评,指出:"我们现在必须绝对保持党的纪律,否则将一事无成。"③在方法上,马克思、恩格斯认为,要注意工作方法,懂得斗争的策略,坚持原则性与灵活性统一,掌握调查研究、观察和分析实际问题的能力。恩格斯对法国党报工作者拉法格说:"我认为,只要这一切还继续发展,您就应当在巴黎,在议院,在新闻的中心,以便可以时刻了解发生的事情,特别是每天揭发出来的事情。每件新揭发出来的丑事对我们来说都是武器。"④

---

① 《马克思恩格斯全集》(第 4 卷),人民出版社 1958 年版,第 304 页。
② 《马克思恩格斯全集》(第 22 卷),人民出版社 1965 年版,第 99 页。
③ 《马克思恩格斯全集》(第 29 卷),人民出版社 1972 年版,第 413 页。
④ 《马克思恩格斯全集》(第 38 卷),人民出版社 1972 年版,第 520—521 页。

(三) 报刊的语言与文风

马克思和恩格斯十分注重文风建设,看重"写作荣誉",同时他们以自己的亲身实践为报刊工作者树立了榜样。恩格斯在说到德国记者的作风时曾说:"在这里新闻工作者的自命不凡必定支配一切,而结果也正好与此相称。这些先生们往往以为一切东西对工人来说都是足够好的。他们竟不知道马克思认为自己的最好的东西对工人来说也还不够好,他认为给工人提供不是最好的东西,那就是犯罪!"①他们要求给工人报刊提供的作品是"艺术的整体""独特的作品",而不是"拙劣的东拼西凑的东西"。他们倡导嘲笑和讽刺的手法。他们认为,同工人报刊对立的全是卑鄙的敌人,对他们全然不需要采取庄严、严肃或激烈,而只采取极端鄙视的态度,只需要用嘲讽对待。工人报刊的这种特殊风格,成为日后包括党报在内的无产阶级报刊的独特文风,被称为"嘲笑敌人的艺术",成为无产阶级党报特有的、无比犀利的武器。恩格斯给《社会民主党人报》编辑伯恩施坦建议时指出,"在一切可行的地方采用早已行之有效的讽刺笔调",因为"德国历届政府、警察和法官对我的人所采取的手段越来越卑鄙无耻,就是用最厉害的字眼来评论它们还显得太软弱无力。但是,既然单——些厉害的字眼不一定使语言具有足够的力量,并且经常重复象坏蛋之类的字眼,其效力就逐渐减弱,因而只得使用越来越'厉害'的字眼,而这样就有陷入莫斯特-施奈特文风的危险,那末,最好是采用其他办法,不要厉害的字眼而又能保证有力量和富于表达力。这种办法是有的,即主要是利用讽刺、讥笑、挖苦,这要比最粗暴的愤怒语言更能刺痛敌人"②。当时,在这样的思想指导下,报刊成为革命的匕首和投枪。

此外,马克思、恩格斯强调,语言必须准确表达思想,同时党报工作者不能"阉割"语言,不要拘泥于现代语法,不必搞学究式的语

---

① 《马克思恩格斯全集》(第37卷),人民出版社1971年版,第433页。
② 《马克思恩格斯全集》(第35卷),人民出版社1971年版,第336页。

句重新排列，否则会使叙述失去鲜明性和生动性。他们二人言传身教，恩格斯评价马克思"精于使用日常生活用语和各地方言中的成语；他创造新词，他举例时涉及一切科学部门，他援引十几种文字的书刊；要理解他的著作，必须彻底精通德国——口语语和标准语，另外还要知道一些德国人的生活"，"马克思是当代具有最简洁最有力的风格的作家之一"。① 马克思、恩格斯认为，好的文风是靠扎实钻研和刻苦训练培养起来的。他们一再要求，文章应该仔细地加以研究，最认真地反复思考，同时要善于否定自己，改正那些不太令人满意的地方。

第二节　中华传统文化中的舆论思想

从舆论思想史上看，传统是一个流动的连续性过程，历史上对舆论思想的总结和适用性是人类丰富精神活动连续性的累积，对中国共产党舆论思想的形成与发展有现实性意义和影响，中华传统文化中的舆论思想仍然发挥着新旧融合的延续功能。社会主义实践证明，古人的舆论思想主张和实践经验，对提高当代政治决策的民主性和科学性大有裨益。正如诺夫乔伊（Arthur O.Lovejoy）用"链条"来隐喻观念史上的连续性，知识、思想和信仰的传承与连续，往往像锁链互相环扣一样，前一链与后一链互相扣住，任意一链的松动和开口，都有使连续中断的可能。传统的思想在选择性的历史回忆中成为新知识和新思想的资源，在新的环境和时代下被重新诠释。传统舆论思想的延续功能主要体现在四个方面：疏导舆论、提倡谏诤、主动纳言和舆论教化。

---

① 《马克思恩格斯全集》（第21卷），人民出版社1965年版，第266、267页。

一　疏导舆论

舆论被认为是社会的晴雨表，可预测政策发展的方向，能规约社会行为。"尽管舆论不可替代实际权力，但舆论站在哪一边，无疑标志着一种道义上的胜利。"①古代统治者通过疏导不利舆论，引导舆论向有利于统治的方向发展，维护其统治合法性。疏导舆论成为中国舆论思想的精华，主张君主能听取臣子之言和人民之声，了解社会现实，沟通社会上下、朝廷内外的思想，减少统治阶层消息壅塞与朝野对立，维护巩固统治。

（一）民本思想——载舟论

民本思想，发端于原始公社民主制，张玉霞以尧舜时代为例，认为此时期"舆论决定社会管理"②，最早载于《尚书·五子之歌》："民可近，不可下；民为邦本，本固邦宁。"民本思想的落实要求统治者施德正、顺民意、恤民苦、惜民力才能保国安民。《尚书·洪范》"汝则有大疑，谋及乃心，谋及卿士，谋及庶人，谋及卜筮"，说明古代君王在做决策时，老百姓在其中所占的重要地位。荀子以"舟""水"关系来比喻"君""民"关系，"君者，舟也；庶人者，水也。水则载舟，水则覆舟"。荀子借鲁哀公与孔子的对话强调载舟覆舟。《荀子·哀公》："鲁哀公问于孔子曰：'寡人生于深宫之中，长于妇人之手，寡人未尝知哀也，未尝知忧也，未尝知劳也，未尝知惧也，未尝知危也。'"孔子赞赏哀公有圣明君主之志，劝其察民情，听民声，解民忧。孟子的民本思想中也体现舆论发挥的影响力。"国君进贤，如不得已，将使卑逾尊，疏逾戚，可不慎与？左右皆曰贤，未可也；诸大夫皆曰贤，未可也；国人皆曰贤，然后察之；见贤焉，然后用之。左右皆曰不可，

---

① 陈力丹：《马克思恩格斯论舆论的力量和对舆论的控制》，《新闻研究资料》1991年第3期。

② 张玉霞：《中国古代的舆论与政治》，《新闻爱好者》2006年第12期。

勿听；诸大夫皆曰不可，勿听；国人皆曰不可，然后察之；见不可焉，然后去之。左右皆曰可杀，勿听；诸大夫皆曰可杀，勿听；国人皆曰可杀，然后察之；见可杀焉，然后杀之。故曰，国人杀之也。如此，然后可以为民父母。"孔孟之道的"仁政"理念，盼望出现明君与清官，体察民情，倾听呼声，这些都体现在近现代舆论思想的演变过程中。

（二）重视民意——防川论

"民，天之生也。知天，必知民矣。"民众的快乐与痛苦可以通达上天，被上天所感知，民意即为天意，民愿即为天愿。管仲曰："所谓天者，非谓苍苍莽莽之天也。君人者，以百姓为天。百姓与之则安，辅之则强，非之则危，背之则亡。"他直接把民众视为天。在古代"天意"无论是对于上层统治者还是对于民众都具有足够的权威性和号召力，在古代舆论中发挥了重要作用。《尚书》提出"人无于水监，当于民监"，指出人民是统治者的一面镜子；"天聪明，自我民聪明；天明畏，自我民明威"，强调民意反映天意。疏导舆论最早见于周厉王时期的邵公谏言："防民之口，甚于防川，川壅而溃，伤人必多，民亦如之。是故为川者，决之使导；为民者，宣之使言。"他主张疏导舆论，不赞成强制压服。《吕氏春秋·达郁》将阻塞言路称为国之壅郁，主张以谏诤或其他进言的方式，构建有效的言论渠道，疏导民情。"水郁则为污，树郁则为蠹，草郁则为蒉，国亦有郁，主德不通，民欲不达，此国之郁也。"古代舆论思想体现出对民意的重视，民心即圣心，孟子提出"得民心者得天下"。这与西方民主思想具有相似之处，是中华传统文化与民主主义的衔接点，民本思想为西方舆论思想传入近代中国奠定了思想基础，提供了本土化适用性的进路。同时，民意代表天意的原则经儒家学派的发挥，成为中国古代民间言论自由的道德依据，更是百姓向官方建言的自然的道德基础，古代舆论与古代道德秩序深度关联。当违背民意时，暴力革命推翻暴君的行为具有高尚的伦理基础，因而成为中国容易发生底层革命的道德根基。

二、提倡谏诤

谏诤是古代文化的思想成果，谏诤制度作为一种合法的舆论形式，是"专制时代不可多得的舆论力量"。[①] 它体现了社会不同阶层的声音，某种文化浸染的投射；既有反映官方塑造的君臣"廷议制度"，也包括"微服私访"。总的来看，可以视为一种自上而下设置的社会"安全阀"。

（一）谏诤是一种传播

《周礼·司谏》曰："谏，犹正也。以道正人行。"意指对君主尊长指正过失。在中国古代君主专制政治体系中，胸怀圣贤政治理想的古圣先贤们一直孜孜以求的是建立一套有序的、可控的朝廷进言规范，设置合法言论的有效管控措施，以消弭臣子和平民对统治者不利的言论及负面评价，减少君主的统治和施政压力。

古代谏诤是为政治统治服务的，作为谏诤的主体——谏官，向统治阶级的帝王进言来规劝过失的言论行为，是人际（君臣间）的意见交流和思想传播。谏官反映的意见大多是民间舆论的焦点，谏诤中表达的意见在一定程度上是民意的体现，成为民意的代言人，构成了公共意见流向统治阶层的重要途径。《国语·邵公谏厉王弭谤》："厉王虐，国人谤王。邵公告曰：'民不堪命矣！'"邵公向周厉王反映暴政导致的民怨沸腾，但是周厉王不听。可以看出谏诤的舆论特征，其虽成为影响统治者决策的意见，然而本身没有形成一种制度，没有强制性，全凭统治者的好恶态度、开明程度来决定是否采用，从听到从、听到不从、不听到不从反映了特定历史条件下的民意舆论的关注点以及传

[①] 邱红波：《从舆论学角度看中国古代谏诤现象》，《社会科学家》1991 年第 3 期。

播过程。

（二）谏诤的舆论环境

古代舆论环境的塑造是由不同社会力量共同造就的。一方面是封建集权体制下，君主执政的开明程度对社会舆论影响显著；另一方面是传统士大夫、地主、乡绅等不同社会阶层的介入与迭代发展，给舆论生态环境带来深远影响。尧舜时代的舆论环境被后世所推崇。《淮南子·主术训》曰："尧置敢谏之鼓，舜立诽谤之木。""敢谏之鼓"和"诽谤之木"，鼓励民众对朝政进行批评和监督，成为民意采集的场所。春秋战国时代，"国人在政治生活中占有重要地位，国人的舆论'谤言'具有相当的威信，很像古希腊罗马城邦中自由民的议论，相对地表现出了古代社会的民主主义"[①]。《左传》中《卫懿公好鹤》曰："冬十二月，狄人伐卫。卫懿公好鹤，鹤有乘轩者。将战，国人受甲者皆曰：'使鹤，鹤实有禄位，余焉能战？'"讲的是卫懿公玩鹤丧国的故事，狄人进攻卫国，卫懿公因喜欢鹤，让鹤乘坐车子，给各种鹤封官加爵。双方马上开战，将士纷纷议论，应该让鹤去打仗。当时百姓可以通过舆论公然抵抗国君的昏庸行为，可见舆论环境比较自由开放。

"百家争鸣"作为中国历史思想文化的进步社会思潮，展现了上层建筑与士大夫群体之间的多元舆论生态，涌现出的儒、道、墨、法、兵、农、纵横等各类学术流派，互相驳难，堪称思想领域的盛况，其学术主张为后世舆论传播奠定了学理基础。汉代的谏诤氛围为知识分子自由地开展政治批评创造了良好的舆论环境，正如朱传誉所言，"承六国之例，设谏议之官及博士"，"常不定期地举召直言进谏之人"[②]。后来的"清议""清谈"，知识分子或通过学理对话影射政见、社会观点，发挥着社会舆论的功能；或通过诗词歌赋抒发胸臆，其内容上都包含对时政的议论，体现了早期公共传播的雏形。

---

① 程世涛：《公共舆论学》，华中科技大学出版社2003年版，第39页。
② 朱传誉：《中国民意与新闻自由发展史》，正中书局1974年版，第98页。

中国古代提倡谏诤，这一思想成果在中国共产党建立人民政权后仍然被传承下来。1954年天安门广场扩建时，保留了华表——华表的用意旨在传承"诽谤之木"的优良传统，倾听人民的声音，尤其是批评的声音。《中华人民共和国宪法》第四十一条规定："中华人民共和国公民对于任何国家机关和国家工作人员，有提出批评和建议的权利。"这一规定，用制度保障全体公民有权提出负责的、有益的言论，影响人民政权的决策者和执行者，以匡正失误，巩固党的执政地位。

（三）谏官制度

中国古代谏官相传设立于舜帝时。《尚书·舜典》："纳言，喉舌之官，听下言纳于上。"纳言直接向君主反映下情。据史料记载，宋朝设立的谏院是最早设置的纳言、采集民情和舆情的专门机构。由于中央集权君主专制的政治体制，帝王不受法律的制衡，权力集中于君主一人，为了降低帝王独断专行带来决策失误的可能性，谏官制度逐渐发展成熟，平衡了统治阶级内部政治生活的管与放。谏官的职责与使命非常明确，正如司马光在《谏院题名记》中说："夫以天下之政，四海之众，得失利病，萃于一官使言之，其为任亦重矣。居是官者，常志其大，舍其细；先其急，后其缓；专利国家而不为身谋。"谏官的职责主要是向君主进言、掌谏王恶，修正君主的作为与言行，使得君主的形象少受负面评价，能够站在国家利益的立场上，在分析国家社稷得失利弊的前提下，帮助君主作出治国安邦的正确决断，而不是为一己私利或小团体利益错误影响君主，导致政策方向错误，祸国殃民。史料称，宋代谏院的职责，不限于监督君主的文书，亦可对各级官员的文书进行监督，尤其可对宰相的政务活动进行监督，因为宰相是为君主出谋划策的人。①

---

① 刁忠民：《关于北宋前期谏官制度的几个问题》，《中国史研究》2000年第4期。

三　主动纳言

主动纳言是古代谏诤制度思想中的一种重要的价值判断。仅仅有人进言，而没有人接受有益的建议，是无法实现舆论传播的效果的，只有有益的言论被采纳和接受，才能发挥正面舆论的功效。在古代思想家看来，封建统治者是否愿意主动纳言是衡量统治开明与专制、朝政兴旺与衰败的重要标志。

（一）纳言思想的发展

纳言思想可以追溯至战国时代，《邹忌讽齐王纳谏》中讲述了齐国臣子邹忌以"自知之明"的故事使得齐威王认识到其地位特殊造成的"王之蔽甚矣"。于是齐威王下令："群臣吏民能面刺寡人之过者，受上赏；上书谏寡人者，受中赏；能谤讥于市朝，闻寡人之耳者，受下赏。"最终，善于纳言的齐威王称霸中原。荀子把主动纳言的君主称为"圣君"。《淮南子》说，古代圣王不仅"能听"，而且"善听""好听"。《吕氏春秋·仲冬纪·至忠》说："至忠逆于耳、倒于心，非贤主其孰能听之？故贤主之所说，不肖主之所诛也。人主无不恶暴劫者，而日致之，恶之何益？今有树于此，而欲其美也，人时灌之，则恶之，而日伐其根，则必无树活矣。夫恶闻忠言，乃自伐之精也。"[①] 对待不顺耳、不合己意的意见，采纳还是厌恶忠言是君主圣明与否的表现。《诸葛亮集·纳言》专门论述纳言对政治的重要性。"纳言之政，谓为谏诤，所以采众下之谋也。故君有诤臣，父有诤子。当其不义则诤之，将顺其美，匡救其恶。恶不可顺，美不可逆；顺恶逆美，其国必危。夫人君拒谏，则忠臣不敢进其谋，而邪臣专行其政，此为国之害也。故有道之国，危言危行；无道之国，危行言孙，上无所闻，下无所说。故孔子不耻下问，周公不耻下贱，故行成名著，后世以为圣。是以屋漏

[①] 陈奇猷：《吕氏春秋新校释》，上海古籍出版社2002年版，第584页。

在下，止之在上，上漏不止，下不可居矣。"他告诫君主要采言纳谏，纳言善听，使得忠臣敢于进言献策，奸佞小人不敢肆意妄为，从而成为政治上清明的国家。

纳言在唐朝得到极大的发展和丰富。唐太宗善于纳谏，《贞观政要》中记载了贞观元年（627年）谏臣王珪对答太宗："臣闻木从绳则正，后从谏则圣。是故古者圣主必有争臣七人，言而不用，则相继以死。陛下开圣虑，纳刍荛，愚臣处不讳之朝，实愿罄其狂瞽。"贞观十六年（642年），太宗曰："人君须得诋谏之臣，举其愆过。一日万机，一人听断，虽复忧劳，安能尽善？常念魏徵随事谏正，多中朕失，如明镜鉴形，美恶必见。"①唐代的纳言论鼓励忠谏，采纳忠言，知错即改，直接运用到当朝的政策和制度实践，成为舆论思想的重要成就。

（二）纳言的方法论

古人对"纳言"的方法有一定讲究，随着进言的价值取向以及纳言者的态度的不同，会对表述形式、表达内容、表达尺度加以斟酌和选择。

有些人为了维护君主的颜面用曲谏的表述方式进言。"曲谏就是正话反说，反话正说，直话绕着圈子说，实事当作故事说，真的说得像做梦，严肃的说得像笑话，讽刺的说得像唱赞歌，质朴的说得天花乱坠，明白的说得玄乎玄等。""曲谏是一种从战战兢兢、窘迫的境地里开放出的智慧技巧之花，一种在个体生存欲望和社会责任之间走钢丝的文化。"②例如，邹忌以自身为例，采用设喻说理委婉规劝的方式，由己及人，由家事推及国事。"臣诚知不如徐公美。臣之妻私臣，臣之妾畏臣，臣之客欲有求于臣，皆以美于徐公。今齐地方千里，百二十城，宫妇左右莫不私王，朝廷之臣莫不畏王，四境之内莫不有求于王：由

---

① 吴兢：《贞观政要》，上海古籍出版社1978年版，第47页。
② 吴予敏：《无形的网络——从传播学的角度看中国的传统文化》，国际文化出版公司1988年版，第55页。

此观之，王之蔽甚矣。"劝说君主广开言路，兴利除弊。

还有一种常见的纳谏方式是直谏，即以胆量、赤城和才能敢于冒犯权威极力相劝。《韩非子·外储说左下》："犯颜极谏，臣不如东郭牙，请立以为谏臣。"三国时曹魏官员桓范《谏争》："今正言直谏，则近死辱而远荣宠，人情何好焉，此乃欲忠于主耳！"他为了稳固江山，不惜冒着杀头、免职、流放的危险，为君主传达民意民怨，修正君主的过失。孔子曰："忠臣之谏君，有五义焉：一曰谲谏，二曰戆谏，三曰降谏，四曰直谏，五曰风谏。唯度主而行之。"

一些思想家主张，先察言，辨别进言的立场，分清进言的目的以及进言者的特点；再辩言，即开放"意见的市场"让朝臣共同讨论，形成比较可行的施政意见；最后是从言，即认可采纳。这三步的尺度和分寸没有严格的标准，主要视纳言者的态度而定。唐代进一步对纳言的方法进行了补充，即"兼听思想"。"兼"听就是多方面听取意见，全面了解情况，明辨是非，作出正确的判断。魏徵说："君之所以明者，兼听也；其所以暗者，偏信也……是故人君兼听纳下，则贵臣不得壅蔽，而下情必得上通也。"[1]

（三）纳言的价值内核

中国古代官员主动纳言背后蕴含着"忠"的价值理念。《说文解字》："忠，敬也，尽心曰忠。"孔子曾提出，君子行事，以忠信为主。中国古代以"忠"为臣子的首要道德准则。忠的第一层含义是指狭义的"忠"，是要求臣子对君主的绝对忠诚，这种忠诚是主动纳言的官员对君主的忠诚，纳言内容是以皇帝的根本利益为出发点和落脚点的，还要求表达的方式与态度能够被接受；当纳言与尽忠发生冲突时，谏官为了尽忠要犯颜直谏，舍生取义。忠的第二层含义是忠于自身的职务、职责，尽职尽责，忠于职守，不作政治上的"两面人"。忠的第三

---

[1] 吴兢：《贞观政要》，上海古籍出版社1978年版，第2页。

层含义是广义的"忠",忠于使命,忠于时代与人民。以天下为公,以苍生为念,舍弃小我,成就大义。这种对上忠诚、诚实,对职业、职责的坚守,对下体恤、担当的道德要求,正是当代中国共产党政治生活中,无论是人民公仆,还是代表民意的舆论喉舌都应继承的精华内涵:忠于党和人民。

四 舆论教化

中国古代,舆论就已经运用在对人民的教化当中,用"风"来比喻。《诗·大序》:"风,风也,教也;风以动之,教以化之。""上以风化下,下以风刺上,主文而谲谏,言之者无罪,闻之者足以戒,故曰风。"[①]《诗经》中"风"字具有风化性质,《论语》中把风化的主体中心,君子的风化形成的风俗潜意识地进入人民生活中,通过官方舆论和民间舆论形成社会约守。孔子用"风行草偃"来指仁德教化人民。《论语·颜渊》中有"君子之德风,小人之德草,草上之风必偃",意思是君子的道德像风,小人的道德像草,草会随风倒伏。也就是说,施政者以仁德教化人民,人民就会服从。孔子提出以"德"对"民"进行引导,从而维持和谐的社会秩序。孔子认为通过"君子"正向、积极的言行,影响"小人",就好比"草"与"风"的关系,风向决定草的倒伏方向。这就是为政的上行下效,上层的风化主体构建良好的品行,下层仿效。古代封建社会君主等上层阶级的风化导向控制着舆论的方向,在社会上形成了传播闭环,即君主等上层为人民树立舆论引导思想,以经典为指向,在经典中为统治阶级正名。"以舆论教化使公众具有理性头脑。理性舆论是推进历史的意识,社会每前进一步都需要正确的理论指导,理论只掌握在少数人手里,只能是束之高阁的抽象观

---

① 《十三经注疏》整理委员会:《毛诗正义注疏(十三经注疏)》(下),北京大学出版社2000年版,第14页。

念,通过宣传让理论走向群众,才能成为理性舆论。"①

第三节 近代资产阶级引发的舆论思潮

舆论从传统向现代的演变转型过程中,现代报刊不断涌现,数量逐渐增多且颇具影响力,突破了传统结构中"向上进言"的朝堂之议,但其意义结构中的建言献策、反映民意、政治批评、舆论监督等传统含义仍然持续被强化。1895—1912年中国资本主义经济发展,资产阶级力量不断成长壮大,成为这一时期民主主义革命的领导阶级。但是这个新兴阶级的力量还较为薄弱,急需破旧立新,用新的思想组织和动员民众,进行民主主义革命斗争。此时,报刊成为实现这一目的的重要手段。无论是资产阶级维新派还是革命派都提倡利用报刊这种反应灵敏、传播迅速、信息量大、覆盖面广、影响力大的大众传播方式大力宣传新思想,形成新风气,出现了"报馆之盛为四千年来未有之事"的局面。此时"报纸工具论"思维模式集中呈现,对报刊赋予实现救亡图存、富强民主等一系列政治目标与社会目标的使命,对报刊与舆论持正面的肯定。

一 舆论的传播方式:对报刊功能认识的深化

随着现代报刊的大量出现,报刊成为一种具有现代性特征的舆论传播媒介。当时报刊被认为是舆论的代言机关,在民国创始过程中,"舆论之势力与军队之势力相辅而行","此次革命事业,数十年间,屡起屡仆,而卒睹成于今日者,实报纸鼓吹之力。报纸所以能居鼓吹之

---

① 刘建明:《舆论传播》,清华大学出版社2001年版,第184页。

地位者，因能以一种之理想普及于人人之心中"①。此时，对报刊的功能有了进一步的深刻认识。

（一）报刊的舆论喉舌功能

梁启超的《论报馆有益于国事》较为系统地论述了报刊的功能，将报刊理解为舆论的代言。"舆论无形，而发挥之代表之者，莫若报馆。""夫舆论之所自出，虽不一途，而报馆则其造之机关之最有力者也。"对于革命时期的政党而言，机关报的职责与国家政权紧密相连，成为"耳目喉舌"。资产阶级维新派借助报刊营造舆论，将自己的观念和主张迅速、广泛地传递给社会各个阶层，充分利用舆论的力量影响政局，以实现自己的政治理想。

辛亥革命爆发后，民国政府在政党制度框架内对党报刊进行了整合，明确报纸发挥政治宣传功能与舆论统一，传播"党的宗旨和作用"，为政党与政治服务。随着革命深入，报刊深度融入政治，成为政党意识形态的主要载体，由此走向广泛动员式的政治解决与社会革命。

（二）报刊的舆论监督功能

中国传统社会实现文化专制，加之缺乏先进的传播媒介，因此，现代意义上通过舆论来影响国家权力运行的监督机制是鸦片战争后，随着报刊等大众传播工具的发展而形成国家权力系统之外的舆论监督力量的思想。1902年梁启超在《敬告我同业诸君》中，认为政府的权力除了通过立法、司法和"政党对峙"来监督限制，报纸的舆论力量作为"第四种力量"可以参与政治，"以言论易天下"。他提出，"报馆有两大天职：一曰，对于政府而为其监督，二曰，对于国民而为其向导也。……一国之业报馆者，苟认定此天职而实践之，则良治必于是出焉……我国之百事未举，惟恃报馆为独一无二之政监者乎？故今日

---

① 《孙中山全集》（第2卷），中华书局1981年版，第336—337页。

吾国政治之或进化,或堕落,其功罪不可不专属诸报馆"①。新闻学者徐宝璜指出了舆论监督的对象,"世如有营私舞弊或拍卖国家权利之人,新闻纸只须标其劣绩,振笔直书,和盘托出,则舆论比起而攻之,不待新闻纸之鼓动"②。

(三)报刊的舆论动员功能

报刊作为大众传播媒介之一,既是社会舆论形成的渠道,又是社会舆论的重要载体。处于报纸时代的托克维尔曾论述道:"在民主国家,往往是大多数人希望联合、需要联合,但是办不到,因为他们每个人都是微不足道,分散于各地,互不认识,不知道哪里可以找到志同道合者。报纸是黑暗中的曙光,使他们结合起来了。"③报纸具有强大的组织舆论和动员民众的功能。1900年创刊的《中国报》,作为革命舆论先声,是资产阶级革命团体的舆论宣传阵地。通过创办《中国报》,"以开中国人之风气、识力,祛中国人之萎靡颓庸,增中国人奋兴之热心,研中国人拘泥之旧习,而欲使中国维新之机勃然以来,莫之能御也"④。该报倡导、动员国人只要奋发努力,中国完全可以崛起。1905年同盟会成立,孙中山在其机关报《民报》发刊词中指出,报刊是"舆论之母","夫缮群之道,与群俱进,而择别取舍,惟其最宜。此群之历史既与彼群殊,则所以掖而进之阶级,不无后先进止之别。由之不贰,此所以为舆论之母也"。革命派创办《民报》的目的在于利用报刊进行革命思想宣传,教育和组织民众一起进行反清革命。"惟夫一群之中,有少数最良之心理,能策其群而进之,使最宜之治法,适应于吾群,吾群之进步,适应于世界,此先知先觉之天职,而吾'民报'所为作也。"通过报刊宣传,政治动员大众参与社会革命,为辛亥革命作

---

① 梁启超:《敬告我同业诸君》,《新民丛报》1902年10月2日。
② 徐宝璜:《新闻学》,国立北京大学新闻研究会1919年版,第5页。
③ 托克维尔:《论美国的民主》,董果良译,商务印书馆1991年版,第642页。
④ 陈少白:《〈中国报〉序》,《中国旬报》1900年1月25日。

了充分的思想舆论准备。

二 舆论的传播内容：变法与革命

资产阶级以办报救国的指导思想积极投身报界，利用报刊发动舆论攻势，将资产阶级的新思想、新理念传播出去，通过报刊的舆论宣传作用揭露清朝政府对内暴政残酷镇压人民，对外出卖民族主权，深刻揭示民间疾苦，呼唤民主政治，号召变法革命，在当时中国掀起救亡图存的思潮。谭嗣同认为，报纸"可谓古今，可审中外，可瞻风俗，可察物理，可谙事变，可稽敌情，可新学述，可强智慧"。①

（一）开民智，阐释理论

甲午战争惨败和《马关条约》的签订，使中国陷入被列强瓜分之势，基于"国民智则国强，国民愚则国弱。国民之智何以智？国民之愚何以愚？无他，有报馆则民智，无报馆则民愚"的认识，以康有为、梁启超为首的维新派积极创办报纸以启迪民智，开通风气，推动社会和政治变革。资产阶级思想家严复提出向西方学习"开民智"，他在《救亡决论》中说："不容不以西学为要图。此理不明，丧心而已。救亡之道在此，自强之谋亦在此。"②他用西方资产阶级的社会政治学说反对封建意识形态和政治制度，在中国近代史上第一次鲜明地把资产阶级文化同封建文化对立起来，明确提出进行维新变法，用西方的民主科学来挽救民族危亡。他还抨击科举制度"牢笼天下"，"民智因之以日窳，民力因之以日衰"③。革命派通过报纸的政论文章阐述民族革命思想，宣传孙中山的三民主义。严复《天演论》的发表也对革命起了极大的影响。"自严氏之书出，而物竞天择之理，厘然当于人心，中国民

---

① 翦伯赞：《戊戌变法》，上海人民出版社1961年版，第375页。
② 严复：《天演之声：严复文选》，百花文艺出版社2002年版，第67页。
③ 王轼主编《严复集》，中华书局1986年版，第32页。

气为之一变。即所谓言合群言排外排满者，固为风潮所激发者多，而严氏之功，盖亦匪细。"①

（二）鼓民力，变法革命

资产阶级维新派和革命派一开始都注重创办报刊，利用报刊联系集结社会力量，这些报刊出版地区遍及全国各大城市，形成了天津、长沙、上海三个舆论中心，以鲜明的时代性、新颖的思想性和丰富的知识性打破了当时的舆论格局，在舆论场占有一定的话语权力，积极推动维新变法运动和辛亥革命。在国人自办的报刊中有维新派鼓吹变法的政治性报刊，如《中外纪闻》《强学报》《时务报》等，宣传资产阶级民主思想，鼓吹维新变法，主张向西方学习，附有号召力和感染力，成为维新派舆论的主战场；还有革命派为民主革命呐喊助威的《中国报》《民报》《民立报》等，宣传排清，鼓吹三民主义，提倡反清革命，宣传资产阶级的民权思想，有力推动了资产阶级民主革命运动。孙中山多次提到报刊舆论对辛亥革命事业的推动之功。"革命成功，全仗报界鼓吹之力。今民国成立，尤赖报界有言责诸君，示政府以建设之方针，促国民一致之进行，而建设始可收美满之效果。"②

（三）育人才，壮大队伍

随着大量报刊的诞生和发展，全国兴起新学风气。资产阶级领导者通过学会、学校、报刊把更多的社会力量卷入政治运动中，使得支持变法革命的人越来越多。据统计，在19世纪最后五年间，全国兴办新式学堂约150所，学生达万余人。③这些学堂倡导兼学中西，政艺之学，培育了一批变法人才。资产阶级第一个革命团体兴中会成立后，《兴中会章程》中明确提出"本会拟办之事务，须利国益民者，方能行

---

① 梁启超：《清代学术概论》，中国人民大学出版社2004年版，第124页。
② 《孙中山全集》（第2卷），中华书局1982年版，第495页。
③ 桑兵：《晚清学堂学生与社会变迁》，学林出版社1995年版，第40页。

之。如设报馆以开风气,立学校以育人才,兴大利以厚民生,除积弊以培国脉等事,皆当惟力是视,逐渐举行"①主张。

三 舆论的传播价值:把握社会思潮公共话语权力

资产阶级在甲午战后迅速成长起来,在严重的民族危机面前,通过报刊舆论介绍西方先进经验,唤醒国人救亡图存,疏通壅塞的社会风气,开启愚陋的民智,鼓吹他们的政治主张,号召社会不同阶层进行社会变革。

(一)满足知识分子的参政愿望

在民族危机下,社会中上层的官绅焦虑和渴求新知识和新思想,资产阶级的报刊恰逢其时,唤醒国人实行救亡图存,政治革新,满足了此时知识分子的政治心理需求,将参与办报与政治活动视为一体,实现知识分子的参政愿望。梁启超撰文《论报馆有益于国事》说:"随蚊虻之力,无取负山,而精禽之心,未忘填海。上循不非大夫之义,下附庶人市谏之条,私怀救火弗趋之愚,迫为大声疾呼之举,见知见罪,悉凭当愤,提倡保护以成区区,则顾亭林所谓天下兴亡,匹夫之贱,与有责焉己耳。"梁启超揭示了中国受侮辱数十年,原因在于"上下不通,内外不通",创办报馆,印发报刊是全新的救国途径,反映了刚刚由地主阶级向资产阶级上层转化的知识分子冲破封建禁言的要求,希望在国家政权中取得合法正当地位的想法以及实现国家自强的爱国热情。这种以报为政的政治参与方式得到了广大知识分子的认同和参与。

(二)启蒙教育广大民众

资产阶级不仅认识到报刊对于国家政治的重要性,而且看到了报

---

① 《孙中山全集》(第1卷),中华书局1981年版,第20页。

刊对于民间社会广大民众的重要性。"阅报愈多者，其人愈智，报馆愈多者，其国愈强"，浸以时日，"则风气渐开，百废渐举，国体渐立，人才渐出"。① 改良派报刊舆论发出了"叱咤英俄，鞭笞欧美，振我夏声，昌我华种"②的号召，向广大读者进行资产阶级思想启蒙和救亡图存的宣传教育，自此以后社会上大规模公开议论国事和公共事务。正如费正清在《剑桥中国晚清史》中说："它们（报刊、新式学堂、学会）创造了一种引起思想激动的气氛，这在受过教育的中国人中间广泛地起着作用，这就是现代的公共舆论在中国的开端。……因此，这些新的渠道经沟通，能够很快地把分散体系中的个人观点集中起来并加以鼓吹，创造了类似现代的社会舆论的事物——这是1895年以后的重要的新发展。"③

资产阶级革命派孙中山强调报刊在对民众开智鼓气方面发挥了重要作用，"余深望报界诸君，将悲观之心理打除，生出一极大之希望，造一进取之乐观，唤起国民勇猛真诚之志气，则于民国建设前途，实有莫大之利。而使全国俱焕发一种新气象，厥维报界诸君是赖"④！

（三）助推改良和革命运动

"有效的传播媒介是一种能动的倍增器，可以大大加快社会变革的速率。"⑤资产阶级维新派、革命派利用报刊对革命运动的发起、组织、实施起了极其重要的作用。维新派创办的《万国公报》："报开两月，舆论渐明，初则骇之，继亦渐知新法之益。"⑥维新派创办的报刊，冲破

---

① 梁启超：《论报馆有益于国事》，《时务报》创刊号，1896年8月。
② 梁启超：《论中国之将强》，《时务报》第31册，光绪二十三年六月初一日。
③ 费正清：《剑桥中国晚清史》，中国社会科学出版社1985年版，第379—380页。
④ 《孙中山全集》（第2卷），中华书局1982年版，第496页。
⑤ 闾小波：《中国早期现代化中国的传播媒介》，三联书店1995年版，第1页。
⑥ 中国近代史资料丛刊：《康南海自编年谱》，神州国光社1953年版，第130页。

了封建统治者的"言禁",打破了对传播权利的限制,为维新运动和后来改革派的活动奠定了良好的开端。在戊戌变法之前,维新派在《时务报》宣传自己的主张及百日维新时期推行的政策,促进了维新运动的高涨。梁启超著名的《变法通议》发表在《时务报》上,系统阐述了维新派的变法主张,成为资产阶级改良派的纲领性文件。

革命派通过报刊鼓动民主革命,指出梁启超提出要建立君主立宪政体,实际是"害怕革命","迫于忠爱而忘理势之所趣"。年轻的革命家邹容撰写的《革命军》系统、明确地突出了革命的必要性和重要性,倡导通过文明革命手段来改造社会,实现社会变革。在革命报刊舆论的鼓吹下,社会舆论发生转向,进步青年都以"不言革命为耻",使得革命情绪不断高涨,成为引发革命行动的关键情绪。

四 中国资产阶级舆论领导的局限性

资产阶级有效地利用报刊舆论鼓动民众、推进改良、革命运动,在一定程度上引领了时代思潮,促进公众舆论形成,使得影响社会舆论的方式对后来的中国社会生活产生了极大的影响,为推进现代民族国家的构建过程起了重要作用。但在这个过程中也暴露出资产阶级舆论思想先天性的缺陷。

(一)改良派舆论与维新运动的局限

改良派报刊舆论自身存在的不足,使得维新运动缺乏必要的广泛的群众基础。维新派认为,变法活动中主要依靠官绅群体,普通民众智识太低,因此政论报刊的发行以及报刊题材的选择以上流社会的受众群体为主,其影响仅限于没有地位、权力、声望但怀抱救国安民理想的青年知识分子、中下级官员和士大夫层面。因害怕自下而上的革命推翻君主专制,脱离了广大人民群众。同时,维新派意识到群体的力量,组织了不少团体学会,但是缺乏坚强的领导,没有明确的政治纲领和组织原则，没有严格的组织纪律，因此沦为成分复杂、组织松懈的政治团体，难以起到领导和组织的作用。

（二）革命派舆论与辛亥革命的局限

辛亥革命推翻了中国2000多年的封建君主专制制度，使民主共和观念深入人心，资产阶级舆论功不可没，但在革命过程中革命派领导舆论存在的不足也得到了不同程度的显现。第一，舆论宣传中过分强调反清、反满，革命方向不明确。第二，三民主义的宣传没有结合中国国情并落到实处。孙中山等宣传的西方倡导的自由、平等、博爱对于当时大多数中国人来说太遥远、太陌生。倡导的"平均地权"没有解决土地问题的措施，不会给农民带来任何实际利益，也不敢发动农民彻底摧毁封建土地制度。这些反映了资产阶级革命派反帝反封建的不彻底性，限制了他们同改良派在思想上的决裂，因此革命失败也是在所难免。

第三章

中国共产党舆论工作领导能力建设的发展历程

中国共产党在革命、建设、改革中创造性地开展舆论工作，立足中国实践，继承、丰富和发展了马克思主义舆论思想。在此过程中，中国共产党不断总结历史经验，在历史发展中把握舆论工作的规律，提出了一系列舆论领导思想的概念、理念。这些概念内涵不断调整演变，体现了中国社会发展的变化和时代变换的特征，也反映了中国共产党根据历史客观条件对舆论工作、意识形态领域工作的深刻理解和认识以及灵活运用和调整。综观中国共产党舆论工作领导能力建设的进路，"制造舆论""舆论宣传""舆论导向""舆论引导""舆论领导"是中国共产党舆论工作领导能力建设的一条主线。

第一节　新民主主义革命时期：塑造舆论与舆论宣传

"制造舆论"是以毛泽东同志为核心的党的第一代中央领导集体对舆论工作理论的理解。毛泽东在1962年总结历史经验时提出："凡是要推翻一个政权，总要先造舆论，总要先做意识形态方面的工作，革命的阶级是这样，反革命的阶级也是这样。"① 同时，他还指出："首先制造舆论，夺取政权，然后解决所有制问题，再大大发展生产力，这是一般规律。"② 这一论述反映了舆论发挥作用的客观规律，通过制造舆论形成社会压力，可以推动社会治理改革甚至促使其发生转向。

关于"舆论宣传"，马克思与恩格斯在1847年起草的《共产主义者同盟章程》中首次明确提出了"宣传"的概念，他们意识到宣传对无产阶级革命运动的重要性，提出无产阶级党员需要"具有革命毅力并努力进行宣传工作"。宣传是为了特定议题通过信息传播方式影响接受者的观点、态度、行为的手法和过程。"宣传就是有意地把某种意见、态度、情绪以及风俗信仰等传播于社会的一种努力。"宣传者是抱有一定目的，带有一定倾向，借助一定的物质技术媒介进行人与人、人与社会之间信息、情绪、观念、思想的传递，希望被宣传者接受、支持自己的观点、立场，使其思想和行为能按照宣传者期望的方向转化和发展。从这个意义上讲，宣传是一种舆论手段、舆论方法和舆论行为。马克思和恩格斯强调，宣传是从思想上指导和引导，进行社会主义和无产阶级政治思想宣传，唤醒工人阶级。中国共产党从创建时期就非

---

① 《建国以来毛泽东文稿》（第10册），中央文献出版社1996年版，第194页。
② 《毛泽东文集》（第8卷），人民出版社1999年版，第132页。

常重视宣传，以马克思主义为舆论工作指南，在长期的革命斗争中积累了成功的经验。

一　塑造舆论，传播革命思想

（一）开展政治教育

"党要实现自己的一切任务，最重要的条件是要能获得广大的工农群众，在党的口号之下，形成伟大的争斗力量。以宣传工作说服群众，争取广大群众到自己的政治影响之下，使自己的口号成为群众争斗的目标。"[1]制造舆论的目的之一是通过舆论工作开展政治教育，提高无产阶级的阶级意识，把马克思主义理论灌输到工人阶级，使他们对革命性质有所觉悟。中共在成立之初意识到只有加强舆论的政治教育功能，才能巩固党对工人阶级斗争的指导地位、对民族革命的领袖的指导地位。党的一大明确党的奋斗目标是："1. 以无产阶级革命军队推翻资产阶级，由劳动阶级重建国家直至消灭阶级差别；2. 采用无产阶级专政，以达到阶级斗争的目的——消灭阶级；3. 废除资本私有制，没收一切生产资料。"[2]为了达到这个目标，"共产党的任务是要组织和集中这阶级斗争的势力，使那攻打资本主义的势力日增雄厚。这一定要向工人、农民、兵士、水手和学生宣传，才成功的"[3]。为此，中共制定和实施了一系列相关政策决议，如《中国共产党中央局通告——关于建立与发展党团工会组织及宣传工作的决议》（1921年）、《教育宣传委员会组织法》（1923年）、《教育宣传问题议决案》（1922年）、《党内组织及宣传教育问题议决案》（1924年）、《对于宣传工作之议决案》（1925年）、《宣

---

[1] 中国社会科学院新闻研究所：《中国共产党新闻工作文件汇编》（第1卷），学习出版社1996年版，第878页。

[2] 中国社会科学院现代史研究室：《"一大"前后》，人民出版社1980年版，第9页。

[3] 中国社会科学院现代史研究室：《"一大"前后》，人民出版社1980年版，第3页。

传部工作之进行计划》(1925年)、《宣传问题议决案》(1925年)、《职工运动中之宣传问题草案》(1926年)、《关于宣传部工作议决案》(1926年7月)等。①

在通过舆论进行政治教育的过程中党内有些同志认为党须依靠群众有组织的力量,来决定革命斗争的胜利,所以以为党要降低自己的宣传口号来接近组织群众。针对这种情况,《中共六届二中全会宣传工作决议案》指出这种观念是错误的。"党只有扩大自己的政治宣传,才能组织广大的工农群众在自己的旗帜之下,而且才能影响一切有组织的群众,甚至于黄色的官办的工会下的群众,使倾向到我们一方面。降低自己的宣传口号,只是淆乱了自己的政治旗帜,减弱党在群众中的影响。若是我们有正确的政治口号,而群众不接受,这显然是我们宣传的方法不通俗,不能深入群众,要改正我们的宣传路线,而不是降低党的政治口号。"②中共积极利用已有的《工人周刊》《劳动周报》在工人及党员之间推广。要求凡能与工人接触的党员尽力运用《前锋》《新青年》《向导》《社会科学讲义》材料,使用口语,力求通俗化。对于农民间的宣传教育与工人中相等,材料取之于农民生活。"指明农民与政治的关系,为具体的经济改良建议之宣传,只求实质能推广农民运动。"③毛泽东在《湖南农民运动考察报告》中称赞"普及政治宣传"的作用,强调很简单的一些标语、图画和讲演,都可以使农民如同进政治学校一样受到教育。④为了更好地宣传贯彻党的主张和纲领,党集中主力在各地组建各种形式的工人文化组织,把工人的文化学习与宣传教育有机结合起来,提高了工人的阶级觉悟,使他

---

① 王树荫:《中国共产党民主革命时期宣传工作思想述论》,《马克思主义研究》2005年第5期。

② 中国社会科学院新闻研究所:《中国共产党新闻工作文件汇编》(上),新华出版社1980年版,第43页。

③ 中国社会科学院新闻研究所:《中国共产党新闻工作文件汇编》(上),新华出版社1980年版,第3页。

④ 毕耕:《党领导农村宣传工作的历史经验》,《光明日报》2017年2月10日。

们认识到自己贫困的根源和解放全人类的历史使命。在农村有可能的地方设贫民学校，一些党员与农民一起劳动、生活，与农民建立感情，扫除在向农民进行宣传时的感情障碍。1922年10月到1923年7月，中国共产党员彭湃等领导农民先后组织赤山农会、广东省农会，采取定期演讲、轮回宣传、话剧歌谣等向农民进行革命宣传，提高农民阶级觉悟，建筑党在农民群众中的基础。

（二）夯实思想基础

为了壮大主流舆论，巩固思想基础，扩大马克思列宁主义革命思想深入群众，中国共产党通过舆论工作在工人、学生、农民中加强对中国革命的指导地位。第一，针对职工运动的舆论工作。利用政治机关报在工人群众中解释中国政治状况及时局变化的意义，详细说明国民党及民族革命的意义，国民党右、中、左三派的性质及其对于工人阶级的关系，说明工人阶级须有自己阶级的政党——中国共产党，宣传党纲及策略，以具体的事实证明拥护工人阶级利益的只有共产党；浅显地解释工人阶级及职工运动的世界性及中国工人阶级与世界社会革命的关系。同时，在工厂组织共产党支部，在工人群众中吸收党员，通过支部指导工会工作。"在职工运动中，必须充分宣传工作，才算是共产党的职工运动，而免得工会主义运动的危险。"[①]第二，针对青年学生的舆论工作。各国先例证明，在无产阶级运动刚开始的时候，青年学生常常占重要地位。五四运动在一定程度上扫除学生的旧社会观念，但是远远不够，五四运动之后对旧社会思想的攻击几乎停顿。1925年张太雷发表了《中国革命运动和中国学生》一文，指出："只有把青年的一切旧思想和迷信都打破了，才能把我们的革命主义灌输给他们，使他们到革命的旗子下面来。我们须给青年学生明白我们所主张的革命主义是什么，使不致无所适从。只有以各种他们能见到的事实，来

---

① 《中国共产党宣传工作文献选编》（1915—1937），学习出版社1996年版，第609页。

证明我们的主义，才能使他们明白我们的主义。"① 为了使党的舆论工作到达青年学生中间，党不断发展壮大学生会，通过作为团结学生的学生会报的宣传鼓励和吸引学生发表意见，通过演讲会、俱乐部、音乐会和戏剧团等引导学生聚集到学生会，让青年学生参加到国民运动中来。第三，针对农民的舆论工作。农民问题在民族革命时代的中国，占有重要地位。中国共产党之所以领导中国革命取得成功，其中一个重要原因是系统地鼓动并组织各地农民从事经济和政治的斗争。共产党以各地农会支部为中心，将各地农民特派员委派地委指导，在农民反抗右派官僚军阀和地主争斗中进行宣传或发布宣言，使农民体会到共产党才是真正为他们利益而奋斗的党。在农民运动中，共产党随时随地注意启发农民的阶级觉悟。当农民对国民党产生怀疑时，向他们解释国民党的右、中、左派的派别关系，向他们解释共产党的性质、纲领和策略。恽代英在《农民中的宣传组织工作》中指出："若用描述故事的态度为农民解说各种世界以及中国的大事，他们是很愿意听的。除了过于枯燥无味的材料以外，农民是易于接受的；在叙述一件事情的中间，剖述帝国主义残暴压迫，宦商绅董名流学者之不足恃，与人民团结活动之有力量，亦很容易使农民知道怎样才可以救中国与救他们自己。而且农民能多收政治的宣传，他自然比较能了解世界及中国的大势，政治觉悟的程度自然提高了。"②

二　社会动员，扩大宣传阵地

舆论往往能够把人们凝聚起来，促进认知交流和情感沟通，使得人们对特定社会、特定政党、特定事件拥有认同感和归属感。中共通过舆论工作最大限度将工人、农民、爱国人士、地方民团等整个社会

---

① 《中国共产党宣传工作文献选编》（1915—1937），学习出版社1996年版，第605页。

② 《中国共产党宣传工作文献选编》（1915—1937），学习出版社1996年版，第676页。

阶层引导到革命队伍中来，使他们从被动的、分散的、零星的斗争转向积极的、集中的、有组织的革命。"红军宣传工作的任务，就是扩大政治影响争取广大群众。由这个宣传任务之实现，才可以达到组织群众、武装群众、建立政权、消灭反动势力、促进革命高潮等红军的总任务。所以红军的宣传工作是红军第一个重大工作。若忽视了这个工作，就是放弃了红军的主要任务，实际上就等于帮助统治阶级削弱红军的势力。"①张闻天在《关于党的宣传鼓动工作提纲》中指出："宣传鼓动工作和组织工作对于我们整个党的工作正如鸟之两翼，车之两轮，不可缺一。"②

（一）加强宣传阵地建设

中共成立初期，宣传工作面临的任务是，"怎样使工人和贫民阶级对政治感兴趣，怎样用暴动精神教育他们，怎样组织他们和促使群众从事革命工作"③。党的第一次全国代表大会规定了党的奋斗目标，即"以无产阶级革命军队推翻资产阶级；采取无产阶级专政；废除资本私有制"④。为了达到这个目标，"共产党的任务是要组织和集中阶级斗争的势力，使攻打资本主义的势力日增雄厚。这一定要向工人、农民、士兵、水手和学生宣传，才成功"⑤。党的一大决定设立党的宣传局，宣传局由《共产党》主编李达担任主任，主持党的宣传工作。党的宣传局成立后，创办了党的第一个出版机构——人民出版社。作为党的宣传机构，人民出版社在成立一年之内出版了《共产党宣言》《国家与

---

① 《毛泽东文集》（第1卷），人民出版社1996年版，第45页。
② 《中国共产党宣传工作文献选编（1937—1949）》，学习出版社1996年版，第258页。
③ 中央档案馆编《中国共产党第一次代表大会档案资料（增订本）》，人民出版社1984年版，第17页。
④ 中国社会科学院现代史研究室：《"一大"前后》，人民出版社1980年版，第9页。
⑤ 中国社会科学院现代史研究室：《"一大"前后》，人民出版社1980年版，第3页。

革命》等书，用来进行革命宣传，扩大马克思主义的影响。这一时期，除了《新青年》《共产党》继续编辑出版外，还出版了新的宣传刊物，包括1922年9月13日蔡和森在上海创办的中共中央机关报《向导》、1922年在北京创刊的中国社会主义青年团机关报《先驱》、1922年毛泽东创办的《新时代》等。在报刊出版之外，党还散发大量的政治宣传品，召开政治宣传会，号召和动员革命群众进行反帝、反军阀的革命斗争。1931年11月7日，红色中华通讯社在江西瑞金成立；同年12月，中华苏维埃共和国临时中央政府机关报《红色中华》在瑞金创刊，宣传组织指导革命斗争。抗日战争时期，党的舆论宣传阵地，有力宣传了党的路线、方针和政策。1937年，红色中华通讯社在延安改名为新中华社，简称新华社。1940年底，延安新华广播电台建成。解放战争时期的1946年8月17日，根据毛泽东"一切反动派都是纸老虎"的重要论断，中央宣传部发出通知，要求报纸、杂志、广播、剧团等都要动员起来进行宣传，形成了强大的宣传攻势，为解放全中国发挥不可磨灭的作用。

（二）对工人的宣传

"党要实现自己的一切任务，最重要的条件是要能获得广大的工农群众，在党的口号之下，形成伟大的争斗的力量。"[①] "共产党是工人的政党，他的基础应该完全建筑在工人阶级上面，他的力量应该集中在工人宣传及组织上面。"[②] 1928年中央明确提出"工人统一战线"。通过工人统一战线打入群众中，以舆论工作说服群众，争取广大群众到自己的政治影响之下，使自己的口号成为群众斗争的目标。中国共产党发布了大量的宣言，散发了大量的传单。党作出的宣言、纲领、决议是对工人群众宣传的指南，散发的传单直接推动了工人运动的深入

[①] 中国社会科学院新闻研究所：《中国共产党新闻工作文件汇编》，新华出版社1980年版，第41页。

[②] 《"二大"和"三大"》，中国社会科学院出版社1985年版，第143页。

开展。中国共产党在工人中宣传马克思主义和党的路线、方针、政策，不仅扩大了党在人民群众中的影响，而且提高了工人阶级的觉悟，工人阶级被有效地组织和动员起来，工人运动在党的领导下，从1922年1月到1923年2月，在全国爆发了100多次罢工斗争，出现了中国现代史上第一次工人运动的高潮。

在列宁看来，科学社会主义思想不可能产生于自发的工人运动中，"阶级政治意识只能从外面灌输给工人"。"工人阶级在组织上还没有发展到足以对统治阶级的集体权力即政治权力进行决定性攻击的地方，工人阶级无论如何必须不断地进行反对统治阶级政策的鼓动（并对这种政策采取敌视态度），从而使自己在这方面受到训练。否则，工人阶级仍将是统治阶级手中的玩物。"① 中国共产党在1921年7月建立后，就立即成立了领导全国工人运动的机构——中国劳动组合书记部，把向工人进行革命宣传作为自己的重要任务之一。《中国劳动组合书记部宣言》指出："他的事业是要发达劳动组合，向劳动者宣传组合之必要，要联合或改组已成的劳动团体，使劳动者有阶级的自觉，并要建立中国工人们与外国工人们的密切联系。"② 从党的一大到三大，中国共产党通过出版《劳动周刊》《工人周刊》等普及刊物向工人群众宣传马克思主义和党的纲领。在工人比较集中的地方举办工人补习学校、工人俱乐部、研究会、图书馆等各种形式的工人文化组织，向工人阶级系统地宣传马列主义，提高他们的阶级觉悟。

（三）对农民的宣传

中国共产党成立后，在理论上重视农民运动，在《中国共产党第二次全国代表大会宣言》中提出："大量的贫苦农民能和工人握手革命，可以保证中国革命的成功。"但对于如何去宣传农民、组织农民，

---

① 戴维·麦克莱伦编著《卡尔·马克思传》，中国人民大学出版社2005年版，第146页。

② 中国社会科学院现代史研究室：《"一大"前后》，人民出版社1980年版，第19页。

还没有成熟考虑和解决。一些党员主动在所在地区对农民开展革命的宣传工作。如中共党员彭湃在广东海陆丰地区组织"社会主义研究社""劳动者同情会""海丰总农会"等向农民宣传演讲,号召农民起来革命,建立社会主义社会。还有浙江萧山地区、湖北黄冈、咸宁等地领导的农民运动。1930年10月,毛泽东在江西新余罗坊作了一个大型的农村调查——《兴国调查》,发现农民要求革命的主要原因是土地分配不均,得出了无产阶级革命是能"获得百分之八十以上人民的拥护和赞助"[①]的结论。中国共产党领导人意识到,无产阶级革命要得到农民群众的支持,必须注意农民群众与物质利益的关系,综合发挥经济、政治、军事、大众传媒等因素相互促进的作用。

在这一时期的宣传中,中国共产党进一步宣传了马克思列宁主义和中国共产党的革命主张,很多党的领导人成为卓越的宣传家,积极从事宣传理论的探索和经验总结,促使更多的人自觉地投入革命运动,提高了人民群众的革命觉悟。中共通过建党初期的宣传,逐步在群众中树立了自己的伟大形象。

三 宣传鼓动,培养革命热情

中国共产党通过革命斗争来建立新民主主义国家。在革命夺取政权时期,党深切体会到宣传鼓动工作的重要性,"宣传鼓动就是集中全国各阶级的注意于某一件事件或问题。这种宣传动员必须要征调全党的力量及一切势力"[②]。只有大力进行马克思主义的革命宣传,最大限度地争取、动员和团结群众参加斗争,才能取得革命的最终胜利。战争宣传,用的武器不是枪炮,而是精神的控制。[③]此时的舆论宣传思想工作在新民主主义革命时期紧紧围绕革命的中心任务,也体现出战斗

---

① 《毛泽东农村调查文集》,人民出版社1982年版,第26页。
② 《中国共产党宣传工作文献选编》(1915—1937),学习出版社1996年版,第609页。
③ 齐前进:《公众外交:政府决策与公众参与》,《世界知识》2003年第15期。

精神。党的四大总结了过去的宣传经验，指出在宣传战略上要注意对共产主义理论的宣传和引导。土地革命时期，党中央决定建立"灰色刊物"以提高党对中间阶级、阶层的宣传效果；抗日战争时期党巧妙地组织和利用"在华日人反战同盟"对日军进行宣传，收到了直接对日宣传所不能取得的宣传效果。这一时期动用宣传武器打退蒋介石发动的三次反共高潮；这一时期，张闻天系统地总结了建党以来的宣传经验，写出了《党的宣传鼓动工作提纲》并作为中央宣传部文件下发。该提纲提出了正确的宣传战略和策略，即在战略上宣传马列主义理论，党的纲领与主张，在策略上要把对共同思想进行联合与对敌对思想进行斗争结合起来。这个提纲标志着中共对宣传工作认识的成熟。中国共产党在《党的宣传鼓动工作提纲》中总结："报纸、刊物、书籍是党的宣传鼓动工作最锐利的武器。党应当善于充分地利用这些武器。办报、办刊物、出书籍应当成为党的宣传鼓动工作中的最重要任务。"这一纲领为党在抗日战争、解放战争中正确处理复杂的敌、我、友关系创造了良好的舆论环境。

《党的宣传鼓动工作提纲》总结党的宣传工作历史经验，详细解释了宣传鼓动工作的概念，对宣传鼓动工作的任务与范围、性质与特点、原则与方法、组织与领导作了全面、系统的概括，是党的宣传工作思想系统化、理论化的标志，在党的宣传工作思想发展史上具有特殊重要的地位。第一，首次科学、准确地阐述了宣传、鼓动与宣传鼓动工作的概念。该提纲指出，"宣传与鼓动是组成我党整个宣传鼓动工作的两个部分"，在任务、内容、对象、方式上是有区别的。宣传工作主要是文字上的，带有更多的经常性，"在于把一个问题从理论上解说得明白，使比较少数的人了解这个问题的原因、结果、前途和发展规律，给比较少数的人以许多观念"；鼓动工作则主要是口头上的，并多带临时性，"在于从一个问题中抓住人人都知道的事实，给广大群众以一个观念，极力激起群众的感情"。第二，宣传鼓动在实际工作中的具体方法。宣传工作应做到内容必须是充实的，而不是空洞的；语句应当简单、明了、清楚、透彻；事实应当是真实的、生动的，恳切而带有说服性的；过程要由具体到抽象，由近到远，由中国到外国；鼓动工作要注意抓住为广大群众所熟悉的事实、广大群众最切身的，最迫切的，最易感动的事实；讲话要生动，富于情感，富于煽动性。总之，鼓动工作为宣传工作开拓了更广泛的基础，宣传工作又帮助巩固鼓动工作中已经取得的地盘；鼓动工作做得越好，则宣传工作越容易进行；宣传工作做得越好，则越容易扩大鼓动工作的范围。因此，在工作中要善于适应情况，应当使用鼓动时就使用鼓动，应当使用宣传时就使用宣传。在革命战争不同时期，党的宣传工作配合军事斗争，以强大的宣传攻势对内鼓舞士气，对外争取同盟，为革命取得胜利创造了极为有利的条件。

（一）民主革命统一战线的宣传

党的三大主要讨论国共合作，决定全体共产党员以个人名义加入国民党，通过了《关于国民运动及国民党问题的决议》和《中国共产党党纲草案》，提出了建立国共合作的统一战线，进行国民革命的中心任务，明确党在这一时期宣传工作的基本任务和方针、政策。首先，全面宣传。向党内外宣传建立国共合作的民主统一战线的意义，统一认识，以奠定统一战线的思想基础和群众基础。加入国民党后，仍宣传共产国际的指示精神，耐心向共产党员解释加入国民党后，仍"保持自己的组织和报纸，并应继续在工人中建立自己的活动和组织中心"。其次，分类宣传。建立国共合作统一战线，是中国共产党根据共产国际的指示作出的符合中国当时情况的正确方针，但是一开始遭到了国民党右派的反对和攻击。中共针对国民党内部各派进行不同的宣传活动，采取团结左派，打击右派，争取中间派的策略。最后，宣传新三民主义。共产党通过自己的宣传工具，发动全体共产党党员和青年团员，运用各种形式和通过各种途径，向广大人民群众宣传孙中山的新三民主义；同时利用国民党的组织和宣传工具进行宣传，敦促国民党坚持执行一大纲领。

(二)武装斗争中的宣传鼓动

从南昌起义开始,党就非常重视武装斗争中的宣传鼓动工作。在南昌起义中成立了宣传委员会,宣传党对土地革命和武装斗争的决心和政策。继南昌起义,毛泽东领导的秋收起义也大力开展宣传活动,贴布告,刷标语,沿途张贴和书写"打倒土豪劣绅""打倒蒋介石、汪精卫""暴动一定能胜利"等革命标语,有的起义部队召开小型会议或深入群众家中宣传秋收起义的意义和党的主张。1927年9月21日,毛泽东为了鼓舞士气,消除部队悲观情绪,进行著名的三湾改编。他说:"敌人只在我们后面放冷枪,这有什么了不起!大家都是娘生的,敌人有两只脚,我们也有两只脚。贺龙两把菜刀起家,现在当军长,带了一军人,我们现在还不止两把菜刀,我们有两营人,还怕干不起来吗?我们都是起义出来的,1个人可以当敌人10个,10个可以当他100。我们现在这样几百人的队伍,还怕什么?"①三湾改编使得部队对革命的方向、前途和胜利充满信心,斗争情绪高涨起来。中共在开辟、保卫、巩固、扩大革命根据地的过程中非常重视舆论的宣传鼓动作用。在开创井冈山革命根据地的斗争中建立了宣传兵制度。凡是军队机关,安排5人分成两组负责宣传工作。一组为演讲队,进行口头宣传;一组为文字宣传组,负责部队所到之处的红军标语。高效的宣传工作为开辟一个又一个革命根据地奠定了坚实的基础。

(三)抗日精神总动员的宣传

抗日战争时期,日本政府曾对国民党采取"政治诱降为主,军事打击为辅"的方针。使国民党统治集团的投降活动和分裂活动日益加剧。1939年1月,国民党五届五中全会制定了一整套"溶共、防共、

---

① 朱成甲:《中共党史研究论文选》,湖南人民出版社1983年版,第76—79页。

限共、反共"的具体政策，抗日民族统一战线面临重大危险。在这种形势下，为动员一切力量争取抗战的最后胜利。中国共产党中央书记处在1939年4月5日和27日分别作了两次关于精神动员的指示，提出了与国民党精神总动员纲领针锋相对的宣传策略。一是利用这一合法宣传机会，选取积极方面来解释、宣传中共的抗战路线，让此次动员成为中共巩固抗日民族统一战线、坚持抗战、反对分裂、反对防共的武器。二是指出国民党精神动员纲领的两面性，其中抗日一面是中共主张和践行的，防共一面是违背团结抗战国策和违背纲领精神的。三是在国统区和党内采取不同的宣传方式。遵循这种宣传策略，中共中央宣传部拟出了精神动员宣传大纲，发表了《中央为开展国民精神总动员运动告全党同志书》，在中央宣传部统一指导和组织下，各根据地纷纷举行了国民精神总动员宣传周，召集各种群众大会，进行宣传鼓动，通过这些宣传把国民党限制中共的活动变成了反投降、反分裂、反倒退的动员一切力量争取抗战最后胜利的宣传。

（四）全国解放战争时期的宣传策略

全国解放战争时期，党的总的战略目标是打倒蒋介石，建立新中国。毛泽东在党的七大闭幕词中提出了党在抗日战争后的宣传任务："使全党和全国人民建立起一个信心，即革命一定要胜利。首先要使先锋队觉悟，下定决心，不怕牺牲，排除万难，去争取胜利。但这还不够，还必须使全国广大人民群众觉悟，甘心情愿和我们一起奋斗，去争取胜利。"[①]毛泽东的这一论述，揭示了宣传的目的、任务和宣传对人民群众的重要作用。这一时期的宣传策略是"宣传无产阶级联合一切劳动人民、受压迫的民族资产阶级、知识分子和其他爱国分子（其中包括不反对土地改革的开明绅士）"[②]。这一宣传策略是统一战线策略的具体化和对其的重大发展。为保证宣传策略目标的实现，一是用辩证

---

① 《毛泽东选集》（第3卷），人民出版社1991年版，第1101—1102页。
② 《毛泽东选集》（第4卷），人民出版社1991年版，第1280页。

法指导宣传。在解放战争时期出现了"左"的、右的倾向,党为了防止宣传的片面性,将辩证法、一分为二的观点运用到宣传实践中。如宣传党的政权建设时,既宣传无产阶级的领导作用,宣传工农联盟,又宣传与小资产阶级、中等资产阶级、工商业者和知识分子的联合;在土地改革宣传中,既反对观望不前,又反对"急性病"。二是因时施策。党的宣传服从政治斗争和军事斗争,同一宣传内容在不同形势下基于不同的政治和军事目的实施不同的宣传策略。毛泽东在这一时期针对国民党进攻的宣传,在不到半年的时间里适时调整了三次宣传策略。1946年5月22日,毛泽东规划出了严格的时间界限,"从23日起,摩擦消息暂时停止广播"[①];6月30日毛泽东指示改变策略,"从现时起,凡各地蒋军向我进攻之消息,均请发表,并广播;因蒋口头说停战,实际在作战";9月29日,形势发生了新的变化,毛泽东又提出:"文章的写法宜改变……向军民描写美蒋怎么厉害,怎么凶,这在7月以前是必要的,7月以后则不但不必要,且有副作用了。"[②]

第二节 社会主义革命和建设时期:舆论宣传与价值重塑

新中国成立后,中国共产党从领导革命的党转变为领导人民掌握全国政权并长期执政的党,领导全体社会成员建立新的社会秩序。任何社会制度需要建立一种价值,社会主义制度的建立需要社会主义价值体系作为支撑。"统治阶级的思想在每一时代都是占统治地位的思想。这就是说,一个阶级是社会上占统治地位的物质力量,同时也是社

---

① 《毛泽东新闻工作文选》,新华出版社1983年版,第133页。
② 《毛泽东新闻工作文选》,新华出版社1983年版,第164页。

上占统治地位的精神力量。"①只有具有价值理念的共同追求，才可能达到集体的心理共振。"要让一个人产生自我牺牲精神，必须撕去他的自我同一性和特殊性。不能再让他是个乔治、汉斯、伊凡，也就是不能让他是个由生与死两端所限制住的一个人类原子。达成这个目标最激烈的方法，是把自己或别人视为人类。"②

新中国成立后，为了建立和巩固社会主义制度，必须使全体社会成员目标一致地认同社会主义价值。在这种历史背景下，党的舆论工作以"社会主义价值"为主要宣传内容，通过宣传使广大人民群众认识到社会主义价值的历史选择必然性和科学性，从而对其理解和认同，为社会主义制度建立和完善奠定思想基础。为此，舆论宣传工作被赋予了新的内涵，创新了新的形式，建立了新的宣传体系，更好地为建设社会主义国家服务。

一　舆论宣传的新内涵：理论教育

马克思说："理论在一个国家的实现程度，决定于理论满足这个国家的需要的程度。"人类没有理论，就不会有行动的指南，人民的思维就变成真空地带。没有正确理论而只有错误理论的宣传，人民的思维空间就充满瘴气，一片昏暗。在任何历史时期，特别是在历史转折关头，人们都热烈呼唤新的理论，迫切寻求新理论的支持和指导。公众通过理论传播产生的强烈理论意识，反映出时代的理性思考和追求。③社会是个历史过程，每个阶段的转换都给人类的前进带来迷茫。物质生产与观念的冲突，经济关系与政治制度的错位，引起一部分人探索和思考，力图从理论上解释社会矛盾，产生了理论探讨和争鸣，在社会思想、政治、经济领域，理论争鸣的舆论形态成为社会舆论的主力，

---

① 《马克思恩格斯文集》(第1卷)，人民出版社2009年版，第550页。
② 埃里克·霍弗：《狂热分子：群众运动圣经》，梁永安译，广西师范大学出版社2011年版，第89页。
③ 刘建明：《舆论传播》，清华大学出版社2001年版，第185页。

影响和制约其他舆论形态的发展，许多理论观点成为推动中国现代化建设和强国富民的治国方略，产生了巨大的动力。

中国共产党第一次全国宣传工作会议1951年5月7日至25日在北京举行，这是新中国成立后党中央为研究和制定宣传工作方针政策召开的首次全国性宣传工作会议。刘少奇在《党的宣传战线上的任务》的报告中指出："现在广大人民对于马列主义这个新思想的学习和接受，正在广大范围内展开，这是我们进行马列主义、毛泽东思想宣传的空前有利的条件。我们的宣传工作者，就要利用这种条件来加强马列主义的宣传，继续努力提高劳动人民的觉悟和理论水平，使我们中华民族在世界上成为有最高理论水平的民族之一。"① 这次会议通过的《中国共产党第一次全国宣传工作会议关于加强党的宣传教育工作的决议（草案）》也指出："各级党委必须把向党内外进行马克思列宁主义的宣传教育工作，当作头等重要的任务，并把这一任务和各个时期的中心任务结合起来。"② 毛泽东在《论人民民主专政》一文中强调，在全国范围内和全体规模上，用民主的方法和自愿的方式教育人民，用强迫的方法对反动派进行教育。在新形势、新条件下，宣传马列主义的基本理论，始终用马列主义的观点和方法教育人民。

二　舆论宣传的新形式：思想改造

"宣传工作也就是思想工作。思想斗争是一切革命斗争的前提。不做思想斗争，不宣传马列主义，就不能有真正的自觉的革命斗争。"③ 此时，舆论工作被视为思想工作，为后来党明确提出"思想政治工作始终

---

① 中央宣传部办公厅编《党的宣传工作会议概况和文献（1952—1992年）》，中共中央党校出版社1994年版，第7页。
② 中央宣传部办公厅：《党的宣传工作会议概况和文献（1951—1992年）》，中共中央党校出版社2011年版，第33页。
③ 中央宣传部办公厅：《党的宣传工作会议概况和文献（1951—1992年）》，中共中央党校出版社2011年版，第9页。

是党在宣传思想领域的一项基础性工作"①提供了有力的支持。毛泽东提出:"在建设社会主义社会的过程中,人人需要改造,剥削者要改造,劳动者也要改造。"②思想改造就是根除、肃清旧思想、旧作风,解决好社会主义建设为谁服务的问题,用马克思列宁主义思想、社会主义思想来代替各种旧思想。思想改造是人民的自我教育工作,提倡根据完全自愿与结合具体需要的原则进行。在具体的实施过程中,对各种知识分子进行思想改造,"提高了思想理论水平,端正了为人民服务的立场,整个知识分子阶层的精神面貌为之一新,焕发了建设社会主义的劳动积极性"③;对剥削阶级进行强迫性思想改造,使他们认识到中国走社会主义道路是不可抗拒的历史规律;对于党员干部的思想改造,采取整风的形式对全党及其干部进行思想改造,纯洁了党的组织,改进了党的作风;对于工农群众的改造,"灌输以拥护工人阶级和共产党领导的思想,灌输以农民的个人利益国家的整体利益相结合的思想,灌输以集体主义的思想",使他们能够适应社会主义改造和建设的新形势。

三 舆论宣传的新体系:全面整合

新中国成立后,中国共产党全面整合宣传工具和媒介,逐步将各类新闻媒介清理、整顿、改造并纳入统一的管理体系中,形成了以《人民日报》为主导,各级各类机关报、人民广播电台和国家通讯社构成的新闻宣传网络。中共中央宣传部直接领导各地方宣传部,在党的第一次全国宣传会议上明确宣传部应当作为一个计划机关、指挥机关、领导机关来推动全党做宣传工作。1949年11月成立中央人民政府政务院新闻总署,陆续制定颁布了《全国报纸杂志登记暂行办法草案》《关

---

① 中共中央宣传部干部局:《新时期宣传思想工作》,学习出版社2006年版,第125页。
② 《毛泽东文集》(第7卷),人民出版社1999年版,第223页。
③ 石云霞:《新中国思想理论教育60年(1949—2009)》,华中科技大学出版社2009年版,第76页。

于建立广播收音网的决定》《关于统一新华通讯社组织和工作的决定》《关于改进报纸工作的决定》等政策，对各种新闻媒体统一领导。1949年12月，中共中央发布《关于中央政府成立后党的文化教育工作问题的指示》，规定全国的文化教育事务由中央人民政府政务院"文化教育委员会"负责，其所属的新华通讯社、新闻总署、出版总署、文化部、教育部等都担负着重要的宣传工作任务。1950年3月28日，中共中央发出《关于改新华社为统一集中的国家通讯社的指示》，指出："使新华社成为统一的集中的国家通讯社的条件，现已成熟。过去新华社的各总分社、分社、支社是带有浓厚的地方性的，他们在工作上是以地方为主，组织上是受地方负责机关的支配。这种分散性，在战争与地区被分割的条件下是正确的和必需的。但现在全国已基本解放，这种分散性已不需要，而且已成为一种落后和有害的现象。现在新华社所需要的是强有力的统一和集中。"[①] 同年4月《关于统一新华通讯社组织和工作的决定》指出："新华社必须从组织上、工作上完全统一起来，彻底改变分散的情况，加强对全国和全世界的报道工作，能充分发挥其为国家通讯社的作用，真正成为代表国家发布新闻的机关。"[②]

第三节　改革开放和社会主义现代化建设新时期：舆论导向与舆论引导

党的十一届三中全会后，党重新确立解放思想、实事求是的思想路线，摒弃了"以阶级斗争为纲"，作出了把党和国家的工作重心转移

---

① 中国社会科学院新闻研究所编《中国共产党新闻工作文件汇编》（中），新华出版社1980年版，第1页。
② 方汉奇、陈昌凤：《正在发生的历史：中国当代新闻事业》（下），福建人民出版社2002年版，第870页。

到经济建设上来的重大决策。"以经济建设为中心"重大决策的确立，要求党的宣传思想工作必须服务和服从于这个工作大局。胡乔木在全国宣传工作会议上指出，"三中全会提出把党的工作重点转移到经济建设方面来，我们宣传工作的重点是否也应同时实行这种转移。当然宣传工作的转变，它的中心仍然是思想政治工作。党的工作着重点转到经济建设方面，经济建设方面的思想政治工作就是我们宣传工作的中心任务。经济建设中有很多问题，党的宣传机关需要了解研究经济工作，但它不是经济建设的组织者，不是管理人员，他所要研究的仍然是经济建设方面的群众、干部、党员的思想政治情况"[1]。中宣部《1983年宣传工作要点》指出，"各级宣传部门都要围绕治理经济环境、整顿经济秩序、全面深化改革的指导方针想问题、办事情，并在这个过程中，坚持不懈地执行中央有关新闻、文艺、理论及思想政治工作、党员教育、对外宣传等方面的文件和指示，继续推进宣传工作自身的改革，继续完善有关的方针、政策、法律、法规。宣传部门的各项具体工作，都必须有利于稳定经济，稳定人心，稳定社会，有助于增强人们克服困难的信心，增强党和政府的权威，增强全民族的凝聚力，保证建设和改革的顺利进行"[2]。

在改革开放初期，党的宣传工作不再过分依赖固有经验，而是注重舆论宣传工作的科学性、规律性、时代性和公共性。中宣部《1983年宣传工作要点》中指出："当前，宣传文教战线的各个部门，不论在思想上，还是在领导体制、经营管理体制、事业体制以及宣传的手段和方式方法等方面，都远远不能适应形势的要求……要有计划地逐步解决宣传手段的现代化问题。"新闻出版署1990年颁布的《报纸管理暂行规定》第七条规定："我国报纸事业是中国共产党领导的社会主义新闻事

---

[1] 中央宣传部办公厅编《党的宣传工作会议概况和文献（1952—1992）》，中共中央党校出版社1994年版，第343页。
[2] 中央宣传部办公厅编《党的宣传工作会议概况和文献（1952—1992）》，中共中央党校出版社1994年版，第640页。

业的重要组成部分，必须坚持为社会主义服务，为人民服务的基本方针，坚持以社会效益为最高准则，宣传马克思列宁主义、毛泽东思想，宣传中国共产党和中华人民共和国政府的方针和政策；传播信息和科学技术、文化知识，为人民群众提供健康的娱乐；反映人民群众的意见和建议，发挥新闻舆论的监督作用。"党的"喉舌"越来越变得具有公共性，成为连接政府与公众的双向桥梁。"宣传工作及各种社会管理工作，不仅运用社会深层意识——思想理论解释客观事物，而且针对浮动意识——舆论暴露出来的思想倾向，提高人们认识真理的能力。"[1]

一　坚持正确的舆论方向

"舆论导向"是舆论工作要坚持的政治方向。其中的舆论是群体意见自在的自然形态，"舆论诉诸的是人民的声音，来自平民的明确而直率意见"[2]，带有较强的自发性和盲目性，会受到意识形态强烈的影响。"意识形态"这个词在18世纪末法国大革命时期由法国哲学家德斯特·德·特拉西（Destutt de Tracy）首次使用，在法语中是"idéologie"，将其作为"思想科学"的简称。思想科学是一门有使命的科学，它旨在通过消除人们的偏见并为理性主权做好准备，从而服务于人民，甚至拯救人民。从广义上讲，意识形态意味着任何一种以行动为导向的理论，也可能意味着根据思想体系进行政治活动的任何尝试。这个词最常指的是"系统的概念体系"，尤其是特定群体或政党的概念体系。我们常说的意识形态是指占统治地位、阶级、政党的主导思想。

中国共产党之所以重视舆论导向，一方面是因为舆论的发展走向在某种程度上是被动的，外界和偶发因素常会引起其波动。许多非主流、非占统治地位的思想观念常常以舆论的形态表现，即使是主流占统治地位的思想观念也存在多种分支，中共将各种非主流的思想观念

---

[1] 刘建明：《社会舆论原理》，华夏出版社2002年版，第2页。
[2] 陈力丹：《舆论学》，中国广播电视出版社1999年版，第53页。

以及主流思想不同分支的思想观念同党的思想观念协调，保证其不会挑战主流意识形态对全局的主导作用，维持社会稳定。另一方面是因为受传统观念长期影响，舆论在某些社会问题上反应滞后，一些陈旧观念可能会影响现实舆论发生作用，要将这类舆论的立场和观点加以辨析与引导，帮助人们树立正确的认识。

（一）强调新闻舆论的导向作用

新闻舆论对人们的思想和行动具有迅速、广泛而深刻的导向作用。人们常说，报纸是"射程最远的大炮"。改革开放后的新闻舆论工作，逐渐强调新闻舆论导向要坚持正确的政治方向。2002年1月胡锦涛在全国宣传部长会议上强调，"做好统一思想的工作，必须进一步唱响主旋律、打好主动仗，充分发挥舆论宣传的重要导向作用"。

（二）不断丰富舆论导向的内涵

1994年1月24日，江泽民在全国宣传思想工作会议上正式明确提出"舆论导向"的内容，即"坚持正确的舆论导向，就是要造成有利于进一步改革开放，建立社会主义市场经济体制，发展社会生产力的舆论；有利于加强社会主义精神文明建设和民主法制建设的舆论；有利于鼓舞和激励人们为国家富强、人民幸福和社会进步而艰苦创业、开拓创新的舆论；有利于人们分清是非，坚持真善美，抵制假恶丑的舆论；有利于国家统一、民族团结、人民心情舒畅、社会政治稳定的舆论"。1996年江泽民在视察人民日报社时强调，舆论导向正确，是党和人民之福；舆论导向错误，是党和人民之祸。2004年5月，时任浙江省委书记习近平以"哲欣"的笔名在《浙江日报》"之江新语"专栏发表短论，提出"新闻舆论要唱响团结稳定鼓劲的主旋律，及时准确地传播党的声音，积极有效地做好释疑解惑工作，形成有利于促进社会和谐稳定的良好氛围"。2008年胡锦涛视察人民日报社时强调，要牢固树立政治意识、大局意识、责任意识、阵地意识，把坚持正确导向放在新闻宣传工作的首位。坚持正确的舆论导向其实质是坚持正确的政治方向,舆论工作都必须坚持党性与人民性相统一的政治立场,舆论工作承担起宣传马克思主义和中国特色社会主义、社会主义核心价值观以及党和国家的路线方针政策的政治责任,为促进社会和谐有序健康发展创造良好的舆论环境。

二 坚持党管宣传、党管媒体

中国共产党是新闻媒体的领导核心。党管宣传、党管媒体是党在长期实践中形成的重要原则和制度,是党领导舆论工作的内在要求,是坚持正确舆论导向的重要保证。毛泽东曾指出,革命要靠"枪杆子"和"笔杆子"。党不仅要指挥"枪杆子",也要指挥"笔杆子"。党管媒体、党管笔杆子,就像党管军队、党管枪杆子一样,是坚持党的领导不可动摇的基本原则和根本保证。党的十六届四中全会将"党管媒体"写入《中共中央关于加强党的执政能力建设的决定》。江泽民提出:"坚持正确的舆论导向,首先要把握好报刊、通讯社、广播电台、电视台、出版社的宣传方向,把这些阵地牢牢地掌握在我们党手里。"[①]大量事实表明,在关键时刻,新闻舆论能否保持正确导向,党委的坚强领导是决定性因素。党委对新闻媒体的领导,是从党、国家的工作大局和人民群众的根本利益出发,遵循党的方针政策,依据国家的法律法规,对一切从事新闻信息服务、具有媒体属性和舆论功能的传播平台,特别是主流新闻媒体实行组织、指导、协调和监督,积极支持和发展正确健康的舆论,坚决抵制和克服消极有害的舆论,保证正确舆论在社会生活中的主导地位。当今世界范围内各种思想文化交流、交融、交锋更加频繁,国内社会思想多元多样多变,舆论工作的领导权只有掌握在忠于党和人民的人手中,才能使舆论工作在世界未有大变局中保持政治定力。

[①] 《江泽民文选》(第1卷),人民出版社2006年版,第501—502页。

三 加强舆论引导

舆论是社会意识中最活跃、最具影响力的政治变量和民意指标。舆论引导是实现正确舆论导向的具体途径。舆论导向的正确性强调舆论引导方向的正确性,舆论引导的有效性强调引导的规律性、时效性和艺术性。舆论引导的效果直接关系到舆论导向目标的实现,离开有效的舆论引导,正确舆论导向则成无本之木。舆论引导,是指通过传播特定的信息,与受众进行沟通交流,影响社会公众对现实社会以及社会中的各种现象、问题的关注与评价,使舆论朝着符合社会规范和道德准则的方向发展的过程。学者程世寿认为,舆论引导是"政府、政党以及各种社会组织通过传播特定的评价信息影响社会公众对公共事务的关注与评价,使社会舆论朝着符合社会规范和道德准则的方向发展。"[1]梁启超认为,血脉不通则病,消息不通则陋。上下不通,故无宣德达情之效,而舞文之吏,因缘为奸;内外不通,故无知己知彼之能,而守旧之儒,乃鼓其舌。[2]李大钊在《危险思想与言论自由》一文中说:"假使一种学说确与情理相合,我们硬要禁止他,不许公然传布,那是绝对无效。因为他的原素仍然在情理之中,情理不灭,不必禁止。因为大背情理的学说,正应该让大家知道,大家才去不信。若是把他隐蔽起来,很容易被人误信为危险。"[3]舆论引导的目的,是把社会公众的心理、思想情感和行为引导到社会所需要的方向上去,弘扬正向舆论,抑制负向舆论。中国共产党党的性质、地位和历史使命决定了其舆论引导的主体地位。

舆论引导作为一个特有的、固定的概念是在 2002 年 1 月 11 日,由胡锦涛在全国宣传会议上首次提出。他指出:"要尊重舆论宣传的规

---

[1] 程世寿:《公共舆论学》,华中科技大学出版社 2003 年版,第 316 页。
[2] 郑保卫:《冲突融合:新闻传播与社会发展》,新华出版社 2006 年版,第 55 页。
[3] 《中国共产党宣传工作文献选编》(1915—1937),学习出版社 1996 年版,第 111 页。

律，讲究舆论宣传的艺术，不断提高舆论引导的水平和效果。"2003年1月8日，李长春在全国宣传部长会议上的讲话中提到，"导向的正确，不仅体现在坚持正确的政治方向上，而且体现在宣传效果上。要改进宣传方法，提高引导水平"。2004年，党的十六届四中全会通过的《中共中央关于加强党的执政能力建设的决定》明确提出："牢牢把握舆论导向，正确引导社会舆论"，把"增强引导舆论的本领，掌握舆论工作的主动权"纳入党的执政能力建设的总体框架。2008年6月20日，胡锦涛在人民日报社考察时进一步强调了舆论引导的重要性，指出要"不断改革创新，增强舆论引导的针对性和实效性。舆论引导正确，利党利国利民；舆论引导错误，误党误国误民"，"加强主流媒体建设和新兴媒体建设，形成舆论引导新格局"。"舆论引导"由以胡锦涛同志为总书记的党中央明确提出，其内涵和外延得到进一步丰富和发展，由过去"灌输""封堵""漠视"等简单消极回避的做法和态度向"主动作为""有序疏导""积极沟通"等方式化解转变。舆论引导是一个系统工程，主要体现在四个方面。

（一）指导思想：尊重事实，以人为本

舆论引导是以说明事实真相为逻辑起点的。马克思、恩格斯在他们的新闻实践活动中，非常重视客观事实。恩格斯说："必须更严格地遵循准确的事实，选择更稳妥的和实事求是的叙述方法，虽然企图进行歪曲，而这种歪曲通常很快会不攻自破，但至少还有足够的具体的情报资料，而这些资料往往能使这样的书成为重要的历史文献。"[①]他指出，我们的协会（第一国际）十分强大，不怕了解真实情况，哪怕这种情况看来是不利的，没有什么东西比毫无实际根据的虚浮报告更能削弱我们协会的了。请您这样做吧，您从我这里任何时候都不会接到哪怕是稍微地歪曲事物本来面貌的消息。[②]列宁强调真实性不应取决

---

① 《马克思恩格斯全集》（第44卷），人民出版社1982年版，第214页。
② 《马克思恩格斯全集》（第33卷），人民出版社1973年版，第254页。

于为谁服务①，要根据事实来描写事实。他认为，革命的无产阶级报刊应当坚持用辩证唯物主义和历史唯物主义观点来分析事实。马克思说："人民知道，报刊尽管受到敌意和轻率的毒素的毒害，但报刊的本质总是真实的和纯洁的，这种毒素会在报刊的永不停息的滚滚激流中变成真理和强身健体的饮料。"②

毛泽东坚持马克思主义世界观和方法论，继承了马克思、恩格斯关于舆论的思想，强调新闻要坚持唯物辩证论观点，说明事实第一性，新闻第二性，新闻来源于客观世界，来源于人们的实践活动，强调新闻用事实说话。他在《〈政治周报〉发刊理由》中提出："我们反攻敌人的方法，并不多用辩论，只是忠实地报告我们革命工作的事实。"③邓小平一贯强调用事实说话。党的十一届三中全会以后，党的工作重心发生转移，经历了解放思想、拨乱反正的重大变革，1985年他在分析当时有些人担心中国会不会变成资本主义这个疑虑时，明确："我们不能拿空话而是要拿事实来解除他们的这个忧虑，并且回答那些希望我们变成资本主义的人。我们的报刊、电视和所有的宣传工作都要注意这个问题。"④1986年邓小平针对有些同志对改革政策唱衰的倾向，明确指出："对这个政策有一些人感到不那么顺眼，我们的做法是允许不同观点存在，拿事实来说话。"⑤马克思、恩格斯指出："使读者确立无可争辩的信念，只有明显的、无可争辩的事实才能做到这一点，特别是在一个被无穷的'祖先智慧'迫使人们持怀疑论的世纪里，仅凭空洞的说教，哪怕是很高明的权威的说教，都不能使人产生这种信念。"⑥可以说，舆论引导的权威性和公信力，根源于党的实事求是的思想路线。

以人为本是中共领导集体执政理念的重要体现，是中国共产党人

---

① 《列宁全集》（第51卷），人民出版社1988年版，第262页。
② 《马克思恩格斯全集》（第1卷），人民出版社1956年版，第188页。
③ 《毛泽东新闻工作文选》，新华出版社1983年版，第5页。
④ 《邓小平文选》（第3卷），人民出版社1993年版，第111页。
⑤ 《邓小平文选》（第3卷），人民出版社1993年版，第155页。
⑥ 《马克思恩格斯全集》（第42卷），人民出版社1979年版，第277页。

的政治品格。党的十三大提出"重大情况让人民知道,重大问题经人民讨论",有利于积极推动民主政治建设进程。党的十六大将以人为本理念贯穿舆论工作之中。胡锦涛在视察人民日报社时指出:"坚持以人为本,是做好新闻宣传工作的根本要求。"这一提法是中央领导人和正式文件中第一次提及。从此之后,舆论引导能力被视为党的执政能力的构成部分之一,要求媒体应该"把体现党的主张与反映人民心声统一起来,把坚持正确导向和通达社情民意统一起来","把提高舆论引导能力放在突出位置"不仅是对媒体的要求,同时也是对党的领导干部提出的能力要求。在2003年12月的全国宣传思想工作会议上,胡锦涛强调舆论工作要"着眼于巩固马克思主义在我国意识形态领域的指导地位,着眼于服务经济建设这个中心和全党全国工作大局,着眼于促进社会全面进步和人的全面发展,……,坚持贴近实际、贴近生活、贴近群众,努力形成体现中国先进生产力的发展要求、体现中国先进文化的前进方向、体现中国最广大人民的根本利益的理论指导、舆论力量、精神支柱和文化条件,引导和激励全党全国人民为实现全面建设小康社会的宏伟目标而团结奋斗"。在这一指导思想的指引下,党的舆论引导工作不断创新发展,强调尊重新闻传播规律,以人为本,信息公开。

(二)能力要求:平战结合,注重实效

舆论是社会的晴雨表、社会的黏合剂和风险的报警器。执政党在执政过程中对舆论引导的能力直接关系到社会是否朝着执政目标发展和前进,是听民意、聚民心、汇民智的过程。2008年6月,胡锦涛在视察人民日报社时强调:"要把提高舆论引导能力放在突出位置,进行深入研究,拿出切实措施,取得新的成效。"《中共中央关于加强党的执政能力建设的决定》中指出:"当前和今后一个时期,加强党的执政能力建设的主要任务是:按照推动社会主义物质文明、政治文明、精神文明协调发展的要求,不断提高驾驭社会主义市场经济的能力、发

展社会主义民主政治的能力、建设社会主义先进文化的能力、构建社会主义和谐社会的能力、应对国际局势和处理国际事务的能力。"舆论引导的任务和作用主要是围绕党的中心工作和执政能力建设开展的。具体而言舆论引导能力提升主要涉及常态化的舆论引导能力和战时突发事件的舆论引导能力,要求及时、主动、准确和有序地进行信息发布,引导公众合理期望,塑造公众良好行为以及党和政府的形象。

1. 常态化舆论引导:尊重新闻传播规律

舆论"不仅仅是各种意见的总和,而是在广泛的知识和经验的基础上不断比较和对比一些意见的一种连续的过程"①。舆论的生成、发展、运行有自身的本质和客观规律,执政党"应当充分尊重传媒运作规律和新闻传播规律"②。习近平在1989年担任福建省宁德地委书记时就强调,"既要强调新闻工作的党性,又不可忽视新闻工作自身的规律性"③。中国舆论生态历经百年发生了翻天覆地的变化,舆论传播工具的迭代发展不仅仅带来了传播平台的扩展,也带来了对原有话语资源的分配,给公共治理提出了新的挑战。提高舆论引导力,要处理好三层关系:一要处理好服务群众与引导群众的关系,既要立足实际,又要影响实际,既要反映生活,又要引领生活,要始终把社会效益放在首位,增强社会责任感;二是处理好客观真实与价值取向的关系,在客观真实报道中积极体现社会主义核心价值体系所代表的正确价值取向,真正起到激浊扬清、匡正祛邪的作用;三要处理好正面报道与舆论监督的关系,坚持正面报道为主,弘扬主旋律,进一步加强和改进舆论监督,实现对舆论的正确有效引导。④舆论引导作为党执政能力的重

---

① 刘建明:《穿越舆论隧道——社会力学的若干定律》,中共中央党校出版社2000年版,第225页。
② 丁柏铨:《执政党与大众传媒——基于党的执政能力建设的研究》,江苏人民出版社2010年版,第111页。
③ 邓绍根:《"党媒姓党"的理论根基、历史渊源和现实逻辑》,《新闻与传播研究》2016年第8期。
④ 《习近平勉励广大新闻工作者牢记党和人民嘱托 综观全局心系大众 提高舆论引导能力》,《解放日报》2007年5月18日。

要组成部分，为了更好地发挥作用，要遵循舆论形成发展变化的规律，使舆论从"耗散"走向"有序"，从"自在"走向"自觉"，为社会建设提供良好的舆论环境。

2. 突发事件的舆论引导：把握时度效

关于突发事件舆论引导工作，我国相关法律法规作了明确规定。例如，我国《突发事件应对法》第五十三条规定："履行统一领导职责或者组织处置突发事件的人民政府，应当按照有关规定统一、准确、及时发布有关突发事件事态发展和应急处置工作的信息。"第五十四条规定："任何单位和个人不得编造、传播有关突发事件事态发展或者应急处置工作的虚假信息。"

突发事件舆论引导是一项政治性和业务性都很强的工作，必须讲政治、讲大局、讲科学。具体而言，坚持如下原则：一是坚持正确导向、维护社会稳定。信息发布与舆论引导工作要有利于党和国家及地方党委政府工作大局，有利于维护人民群众切身利益，有利于社会稳定和人心稳定，有利于事件的妥善处置。二是坚持以人为本，满足信息需求。尊重人民群众知情权，满足人们了解突发事件真相和处置情况的需求，通达社情民意，回应公众关切，增强群众公共安全意识，提高全社会风险防范和应对能力。三是坚持及时准确，积极引导舆论。由宣传部授权的新闻单位第一时间进入现场采访，第一时间发布权威信息，及时准确、客观全面报道突发事件动态及处置进程，把社会舆论引导到健康、理性的轨道上来。四是坚持公开透明，做到开放有序。除涉及国家安全和国家秘密外，对于突发事件，要按照公开透明的原则，及时准确地发布信息，开放有序地组织媒体采访，切实做好媒体服务引导工作。五是坚持统筹协调，明确职责分工。各单位和相关部门要把突发事件信息发布和新闻报道工作纳入突发事件处置总体部署，坚持事件处置与新闻报道工作同步安排、同步推进，积极主动做好信息公开和舆论引导工作。六是坚持规范管理，依法信息公开。严格遵守《突发事件应对法》《保守国家秘密法》《政府信息公开条例》等有关法律法规，按照《国家突发公共事件总体应急预案》的要求，依法开展突发事件信息发布和新闻发布，做到科学、依法、有效管理，促进工作的规范化、制度化、法制化。

突发事件舆论引导贯穿突发事件事前、事中、事后全过程，其本质是一个对突发事件信息进行管理、及时开展公众沟通、主动塑造良好形象的过程，是争取人心、赢得信任、凝聚力量的过程。在事前，要积极做好政务公开，可以运用大数据等科技手段对全媒体进行监测，对热点问题进行分析研判，预测舆情发展趋势，并给予积极回应、引导，减少对立、消除误解。在事中，要通过授权发布、散发新闻稿、组织报道、接受记者采访、举行新闻发布会等方式，在事件发生的第一时间及时、准确、客观、全面地向社会发布简要信息，做好政务舆情回应工作。在事后，要向全社会发布突发事件应对总结评估的经验教训，引导公众对学习改进过程进行监督，同时加强安全宣传教育，夯实应急管理的社会基础、群众基础。

国务院新闻办公室把突发事件舆论引导策略概括为"四讲"：尽早讲，政府要尽快抢占信息发布制高点，第一时间表明对事件的态度及应对措施；持续讲，向公众不断披露事件进展情况；准确讲，发布信息真实全面，争取公众的认可；反复讲，采取各种方式对公众进行答疑解惑。因此，为了做好突发事件的舆论引导与舆情管理党和政府相继建立健全了以下机制。

一是突发事件初始信息披露机制。《国家突发公共事件总体应急预案》要求，"事件发生的第一时间要向社会发布简要信息"。《关于在政务公开工作中进一步做好政务舆情回应的通知》则对回应时间进行了具体规定："对涉及特别重大、重大突发事件的政务舆情，要快速反应、及时发声，最迟应在24小时内举行新闻发布会。对其他政务舆情应在48小时内予以回应。"即为突发事件初始信息披露机制。突发事件初始信息披露机制解决的是公众对获知突发事件知晓权的问题，旨在降低因为权威信息供给缺位而引发的猜测、质疑，甚至是恐慌。

二是突发事件处置动态发布机制。《突发事件应对法》规定:"履行统一领导职责或者组织处置突发事件的人民政府,应当按照有关规定统一、准确、及时发布有关突发事件事态发展和应急处置工作的信息。"《国家突发公共事件总体应急预案》也要求在披露事件初始信息之后,"随后发布初步核实情况、政府应对措施和公众防范措施等,并根据事件处置情况做好后续发布工作"。突发事件处置动态发布机制解决的是突发事件应对过程中信息公开透明程度的问题,应根据事件处置进展和舆情发展变化进行不同阶段、不同目的、不同主题的信息发布和舆情回应。除此之外,突发事件处置动态还包括突发事件应急响应的终止状态。在应急响应终止时,也需要向公众发布响应状态终止的信息,为突发事件信息发布画上句号。

三是突发事件信息公开机制。《政府信息公开条例》明确突发事件的应急预案、预警信息及应对情况属于重点公开的政府信息。首先,信息公开要力求及时。突发事件中,第一时间向公众通报事情的缘起、损失情况、应对措施等,既可安定民心,避免混乱,也能为危机应对争取更多社会支持。其次,信息公开要力求准确。突发事件发生后,相关信息通常呈爆炸态势且公众关注度极高。在真假混杂的海量信息面前,公众很容易迷惘和无所适从。信息发布真实准确,是守住舆论阵地的重要前提。确保准确无误发布信息,要特别注重关键信息的确认,如人员伤亡情况、物资储备状况等,确保信息源头的准确,如若出现错误应及时更正。最后,信息公开要力求有效。突发事件的信息发布确保公众能接收到。《国家突发公共事件总体应急预案》确保信息被接收的保障措施为:"预警信息的发布、调整和解除可通过广播、电视、报刊、通信、信息网络、警报器、宣传车或组织人员逐户通知等方式进行,对老、幼、病、残、孕等特殊人群以及学校等特殊场所和警报盲区应当采取有针对性的公告方式。"

四是突发事件虚假信息追责机制。依法进行舆情管理和打击谣言。《突发事件应对法》规定:"编造并传播有关突发事件事态发展或者应急处置工作的虚假信息,或者明知是有关突发事件事态发展或者应急处置工作的虚假信息而进行传播的,责令改正,给予警告;造成严重后果的,依法暂停其业务活动或者吊销其执业许可证;负有直接责任的人员是国家工作人员的,还应当对其依法给予处分;构成违反治安管理行为的,由公安机关依法给予处罚。"根据《中华人民共和国治安管理处罚法》第二十五条第一款规定,散布谣言,谎报险情、疫情、警情或者以其他方法故意扰乱公共秩序的,处五日以上十日以下拘留,可以并处五百元以下罚款;情节较轻的,处五日以下拘留或者五百元以下罚款。

(三)方法艺术:情理兼具,改进文风

中国共产党的舆论引导艺术是理论与实践紧密相连,互相推动的一个整体。舆论引导艺术不仅是具体操作、手法问题,而且是理论指导下的生动实践的规律总结。党的舆论引导方法艺术坚持从中国国情出发,深刻、充分、生动地反映有中国特色社会主义经济、政治、文化等建设事业的进程,深入探索中国特色的社会主义舆论引导艺术的独特规律,展现了中国的气派和中国风格。

1. 情理兼具

舆论引导效果的好坏是理性力量和情感因素共同作用的结果。以理服人和以情感人是舆论传播必不可少的手段。马克思提出舆论引导必须掌握"批判的武器",即以科学的理论为指导。在马克思、恩格斯看来,革命有两条战线:一是实际斗争战线,二是思想斗争战线。批判的武器虽不能代替武器的批判,但是理论一旦被群众掌握,会变成巨大的物质力量。从这个意义上看,马克思把"批判和实际斗争看做同一件事情"①,他运用辩证唯物主义和历史唯物主义"批判的武器"来分析、研究和报道19世纪的社会问题和革命运动。党的舆论引导艺术理论在认

---

① 《马克思恩格斯全集》(第1卷),人民出版社1956年版,第418页。

识论上,坚持马克思主义的辩证唯物主义和历史唯物主义,坚持解放思想、实事求是的思想路线。在政治上坚持社会主义的正确方向,以正确的舆论引导人,引导艺术是在坚持导向正确的前提下进行。在服务对象上,舆论引导艺术是全心全意为人民服务的引导艺术。"文生于情,情生于身之所历。"深入基层,与群众培养感情,舆论引导才能真正为广大人民群众根本利益服务,为广大人民群众所喜闻乐见。

"公众不是被逻辑所征服,而是被故事所说服。"①只有注入深沉的感情,才能从情感而非理智上影响公众。舆论传播中的情感力量是运用事实和情节及引发的议论,或营造氛围和情绪,或通过对话与受众交流、沟通,来打动人,感染人,触动人的情感,深化情感体验,使之产生心灵的沟通与共鸣,使受众产生心理认同。舆论引导中的情感渗入和抒发是情感道德导向的体现,是传播健康向上、美好感人的情感,还是散布庸俗低下、负面消极的不良情感,效果大不相同。舆论引导不仅要讲情感,还要讲如何表达情感、表达什么样的情感。新华社著名记者穆青的作品树立了共产党员光辉的形象,焦裕禄、吴吉昌、潘从正、任羊成、郑永和等优秀共产党员的事迹,以特有的情感力量,与人民群众心相连、息相通的真实情感通过作品传播出去,在社会上产生了强烈的震撼力和极大的影响力。

2. 改进文风

中国共产党历来重视文风问题,把文风问题同党风、学风问题联系起来考察。"学风和文风也都是党的作风,都是党风。"②中国共产党倡导的文风是马克思主义与中国国情相结合的产物。毛泽东在《中国共产党在民族战争中的地位》中指出,"离开中国特点来谈马克思主义,只是抽象的空洞的马克思主义。因此,使马克思主义在中国具体化,使之在其每一表现中带着必须有的中国的特性,即是说,按照中国的

---

① 哈罗德·D.拉斯韦尔:《世界大战中的宣传技巧》,张洁、田青译,中国人民大学出版社2003年版,第37页。
② 《毛泽东选集》(第3卷),人民出版社1991年版,第812页。

特点去应用它，成为全党亟待了解并亟待解决的问题。洋八股必须废止，空洞抽象的调头必须少唱，教条主义必须休息，而代之以新鲜活泼的、为中国老百姓所喜闻乐见的中国作风和中国气派"。①

在1942年延安整风运动中，毛泽东作了《反对党八股》的演讲，罗列了党八股的八条罪状：一是空话连篇，言之无物；二是装腔作势，借以吓人；三是无的放矢，不看对象；四是语言无味，像个瘪三；五是甲乙丙丁，开中药铺；六是不负责任，到处害人；七是流毒全党，妨害革命；八是传播出去，祸国殃民。要使革命精神获得发展，必须抛弃党八股，采取生动活泼新鲜有力的马克思列宁主义文风。②邓小平在1979年10月30日的中国文学艺术工作者第四次代表大会上说："围绕着实现四个现代化的共同目标，文艺的路子要越走越宽，在正确的创作思想的指导下，文艺题材和表现手法要日益丰富多彩，敢于创新。要防止和克服单调刻板、机械划一的公式化概念化倾向"③，倡导"讲短话、讲实话、讲新话"。江泽民一再强调纠正不良文风，他指出，新闻工作，无论编辑、采访，都需要有业务能力，特别是要有很好的文字修养。有些文章翻来覆去老是那么几句套话，也有的哗众取宠，乱造概念，词句离奇，使人看不懂，这种不良文风应加以纠正。党的十七大报告中明确指出，要"改进学风和文风，精简会议和文件，反对形式主义、官僚主义，反对弄虚作假"。胡锦涛在考察人民日报社时指出，用事实说话、用典型说话、用数字说话。习近平同志在2010年5月中央党校春季学期第二批入学学员开学典礼上指出，不良文风蔓延开来，会降低党的威信，导致干部脱离群众，群众疏远干部，使党的理论和路线方针政策在群众中失去吸引力、感召力、亲和力。改进文风要在"短、实、新"三个方面下功夫。2012年12月，习近平主席会见美国副总统卡特时，新华社新闻报道仅有"罕见"的96字。从2012

---

① 《毛泽东选集》(第2卷)，人民出版社1991年版，第534页。
② 《毛泽东选集》(第3卷)，人民出版社1991年版，第830—840页。
③ 《邓小平文选》(第2卷)，人民出版社1994年版，第211页。

年年底的地方两会开始,会议报告的"瘦身"即已成为趋势。

第四节 中国特色社会主义新时代:舆论领导能力全面建设

党的十八大以来,习近平总书记指出:"现在,宣传思想工作的环境、对象、范围、方式发生了很大变化,但宣传思想工作的根本任务没有变,也不能变。宣传思想工作就是要巩固马克思主义在意识形态领域的指导地位,巩固全党全国人民团结奋斗的共同思想基础。"[①]2013年11月,习近平总书记在《中共中央关于全面深化改革若干重大问题的决定》的说明中指出,网络和信息安全牵涉到国家安全和社会稳定,是我们面临的新的综合性挑战。互联网正在媒体领域催发一场前所未有的变革,导致舆论生态格局发生重大变化。根据中国互联网络信息中心发布的第53次《中国互联网络发展状况统计报告》,截至2023年12月,中国网民规模达10.92亿,网络视频(含短视频)用户规模达10.67亿,手机网民规模达10.91亿,网民使用手机上网的比例达99.9%;中国网民的人均每周上网时长为26.1个小时。伴随互联网技术的迅速发展,新兴传播平台的不断涌现,我们已经进入了全媒体时代。2019年1月25日,十九届中央政治局在人民日报社就全媒体时代和媒体融合发展举行第十二次集体学习,习近平总书记在主持学习时强调:"全媒体不断发展,出现了全程媒体、全息媒体、全员媒体、全效媒体,信息无处不在、无所不及、无人不用,导致舆论生态、媒体格局、传播方式发生深刻变化,新闻舆论工作面临新的挑战。"

---

① 《习近平关于全面建成小康社会论述摘编》,中央文献出版社2016年版,第104页。

在一个"人人都是发布者、个个都有麦克风"的全媒体时代,信息传播方式从被动到互动,传播手段从一维到多维,传播内容从简单到复杂,传播时效从延时到即时,给舆论工作带来全新的挑战。互联网塑造的信息力量蕴含着巨大的变革作用。"它在我们使用的传播的技术里流动,并使之激活。这个力量就是信息,信息是每一种刚性物质媒介流通和存在的理由,这样的媒介包括纸媒书、电视机和平板电脑。凡是理解媒介属性、演化及其对生活各方面影响的人,无不胜人一筹,多一优势。凡是不如此了解媒介的人,都身处危崖之边,难免坠入万丈深渊。"[①]新的环境对传统社会治理的现实意识形态出现不适应,作为执政党应培育和增加网络舆论领导力,使党的声音能在网络空间传播扩散,提升党在网络空间的影响力和吸引力。

随着互联网信息技术的不断创新变革,改变全球利益和安全格局,给党和国家事业带来新的机遇与挑战。按照"守住红色地带、改变黑色地带、转化灰色地带"的基本要求,从时度效着力,营造良好的舆论氛围,实现"做"与"说"相互补充、相互促进。党的十九大报告指出:"高度重视传播手段建设和创新,提高新闻舆论传播力、引导力、影响力、公信力。"网络环境下"要牢牢掌握意识形态工作领导权""建设具有强大凝聚力和引领力的社会主义意识形态"。网络舆论的立场、观点直接影响人们的思想观念以及全社会价值共识的形成。互联网全面融入社会生活,意识形态领域的新问题新情况急剧增多,错误思潮借网传播,给党的执政地位带来极大挑战。全媒体时代不仅强调舆论引导,而且强调加强网络领域的政治领导、思想引领、群众组织和社会号召四位一体的舆论领导力,牢牢掌握网络时代意识形态工作的领导权管理权话语权。

---

① 莱文森:《软利器:信息革命的自然历史与未来》,何道宽译,复旦大学出版社2011年版,第1页。

一 时代新要求：党掌握政治话语权的必备能力

1994年4月20日中国正式接入互联网，进入网络时代。2000年以前，由于中国网民数量低于1000万人，真正意义上的网络媒体还没有形成。2001年网民数量突破2500万，2002年网民数量超过4500万，网络舆论急剧升温。2003年，网民数量达到7000万，网络舆论风起云涌，"黄碟"案、宝马案、京沪高铁案、孙志刚案在网络空间掀起一个又一个巨大的舆论浪潮，被称为中国的"网络舆论年"。此后，互联网成为公众传递信息、表达意见、评论时政、释放情绪的一个主要渠道。由于网络已成为反映民意的渠道，党的最高决策层倍加重视网络媒体的影响力。2003年"非典"期间，胡锦涛和温家宝亲自上网，了解舆情。2004年党的十六届四中全会指出，"要高度重视互联网等新型媒体对社会舆论的影响"。为此，国务院办公厅秘书一局信息处开始定期编辑《互联网信息摘要》，报送国务院领导。《互联网信息摘要》反映的社会问题非常广泛，不少大案如安徽阜阳假奶粉案、广州农民工讨薪遭打案、湖南嘉阳违法拆迁案通过内参报告渠道迅速上达国务院。[①]中国共产党在网络虚拟空间领域的根本立场就是中国共产党在现实政治生活中的根本立场，即代表最广大人民群众的根本利益，全心全意为人民服务。2016年4月，习近平总书记在网络安全和信息化工作座谈会上指出："网民来自老百姓，老百姓上了网，民意也就上了网。群众在哪儿，我们的领导干部就要到哪儿去。各级党政机关和领导干部要学会通过网络走群众路线，经常上网看看，了解群众所思所愿。"这是"新形势下领导干部做好工作的基本功"，"一定要不断提高这项本领"。

互联网生成和发展了一种不同于现实社会的新权力——信息权。"信息不仅是一种工业必需品或商品，由于各种形式的权力对信息的了解与掌握成了民主政治的生命线。在互联网出现以前，大型计算机及其对

---

① 陈亮、董晓常：《互联网中国的新民意时代：意见也是"财富"》，《互联网周刊》2005年第3期。

信息的垄断处理方式是权威、组织乃至技术精英统治的有力象征。"①然而，网络空间权力的生成有着自身的成长规律。"电子媒介不仅通过使登记制度阶梯的下层的人们获得了更多的信息接触，使得权威被削弱，而且也通过越来越多的横向共享信息的机会而使权威被削弱。"②网络承载着海量、碎片化信息传播，在一定程度上折射出社会问题复杂性与突发性的现实图景。网络舆论不仅是语言表达问题，更是关乎思维方式、思想认识、价值认同等方面的问题。面对日益复杂的国内外环境，一些西方国家通过网络渗透推销其意识形态、社会制度、价值观等，策划"颜色革命"。现实政治逐渐向观念政治转变，网络成为各种社会思潮和利益诉求交互交流交锋的平台，观念政治的网络话语权争夺日益激烈。习近平总书记在2013年全国宣传思想工作会议上强调："一定要增强阵地意识。宣传思想阵地，我们不去占领，人家就会去占领。""提高用网治网水平，使互联网这个最大变量变成事业发展的最大增量"，这是全党特别是宣传舆论战线上应该担负起的战略任务。

二 舆论新特征：舆论生态的变革重塑

中国接入国际互联网以来，网络成为人们生活的基础设施。中国成为拥有世界上最大规模的网民和最复杂的网络舆论场。在社交媒体、大数据、人工智能等影响下，网络舆论生态格局呈现新的特征。习近平总书记在2013年全国宣传思想工作会议上提出"三个地带"理论，将我国思想舆论领域划分为"三个地带"，即红色地带、黑色地带和灰色地带。红色地带主要由主流媒体和网上正面力量构成，如《人民日报》、中央电视台、各级党报等传统媒体平台，是主阵地；黑色地带主要由网上和社会上一些负面言论构成，其中包括各种敌对势力制造的舆论、敏

---

① 李永刚：《我们的防火墙：网络时代的表达与监督》，广西师范大学出版社2009年版，第57页。

② 约书亚·梅罗维茨：《消失的地域：电子媒介对社会行为的影响》，肖志军译，清华大学出版社2002年版。

感信息;灰色地带处于红色地带和黑色地带之间。这"三个地带"相对独立,但有重叠、有互动、有转化。面对网络舆论生态的复杂形势,舆论思想阵地的建设与管理需要把握舆论发展的新特征、新变化,才能引领整合多样化的社会思潮,建设网络良好生态。2016年4月19日,习近平总书记主持召开网络安全和信息化工作座谈会指出:"网络空间是亿万民众共同的精神家园。网络空间天朗气清、生态良好,符合人民利益。网络空间乌烟瘴气、生态恶化,不符合人民利益。"

(一)网络舆论生态面临的新挑战

一是全球化的压力。世界政治经济体系经历着历史性的变迁,西方国家推崇宣扬的主流舆论价值观对我国舆论场施压频次和强度不断加大,西方话语霸权在网络空间不是被消解而是被强化。二是互联网的压力。互联网打破了传统社会中自上而下的科层制组织结构,通过网络重构行动中心、话语中心和舆论中心。[1]网络拓展的权力和表达空间释放了社会声音的存量,舆论燃点低,舆论表达呈现"井喷"态势,对中国既有的治理结构造成了前所未有的挑战。多样化的传播主体之间在跨越时空中所形成的复杂关系,传播在一种不稳定,不确定的过程中,导致权力与权利的不稳定性,这给习惯于统一、秩序化的权力管理方式提出了挑战。[2]

(二)网络舆论主体呈现"中心化与离散化"

互联网作为舆论场的功能和角色日益凸显。舆论场正如布迪厄所认为的:"场域是由社会成员按照特定的逻辑要求共同建设的,是社会个体参与社会活动的主要场所,它超越了地理空间的概念,是一个关系争夺网络,是力的较量场所和空间场域,场域内充满着权力和资本

---

[1] 李良荣:《论新传播革命》,《现代传播》2012年第4期。
[2] 师曾志、胡泳:《新媒介赋权及意义互联网的兴起》,社会科学文献出版社2014年版,第4页。

的影子。"①网络给公众带来了话语权和表达权。主流媒体和自媒体成为舆论场的重要组成部分。针对社会热点、难点、痛点、公共议题、民生话题、突发事件等，主流媒体权威及时进行信息发布来引导网络舆论，应该发挥"排头兵""压舱石"的作用；社会化媒体、商业媒体、自媒体等在网络舆论的发酵、传播和扩散中产生了不容忽视的影响。习近平总书记在2016年2月新闻舆论工作座谈会上的讲话中提出，新闻舆论"高举旗帜、引领导向，围绕中心、服务大局"是导向，"团结人民、鼓舞士气，成风化人、凝心聚力"是目标，"澄清谬误、明辨是非，联接中外、沟通世界"是手段。通过以主流媒体为中心，多元平台、多元主体共同参与公共议题达成社会共识。

（三）网络舆论客体社交化与情绪化倾向明显

网络舆论客体是互联网各个平台上呈现的观点、态度、意见、情绪和行为，这些外显表达的背后都是一个个网民。相比网络"众声喧哗"的自发性、匿名性和无序性，如今的网络舆论本身的意见与态度与社会现实本身的关联度在降低，信息发布与谣言传播、理性与非理性情绪之间的关系更为复杂。网上的言论、图片、视频有可能迅速"点燃"网络舆论，然而背后的真相和事实很少有人追溯，网上频频发生"舆论反转"事件，体现出后真相时代的舆论特征，真相没有被篡改，也没有被质疑，而是变得不重要了，人们倾向于情绪的发泄，愤怒、怜悯、夸大、调侃和反讽等。因此，网络时代执政党要有网络思维，这是对执政党的新要求，触及的是根本命题，即中国共产党的性质宗旨与执政思想。中国共产党群众路线的领导方法和工作方法是"从群众中来，到群众中去"，只有和人民群众同向同频同步，才是新时代践行党的群众路线。"以人为本，以民为本"是中国共产党的性质宗旨决定的，要实践执政为民思想，就必须关注网络民意与诉求，必

---

① 布迪厄：《实践与反思》，李猛、李康译，中央编译出版社1998年版，第35页。

须走进网络，在网上找到真实的民意，了解真切的需求，这不仅是态度问题，也是执政党履职尽责问题。

三 网络舆论观：党的群众路线的历史延续

网络是民意汇聚的重要平台，群众的需求在网络上得到一定程度的真实反映。曼纽尔·卡斯特指出："网络化，特别是以互联网为基础的网络化，不单单是组织和斗争的一个工具，而且是一种新的社会交往、动员和决策形式。他是一种新的政治文化：网络意味着没有中心，因此也就没有中央权威。它意味着在地方和全球之间有一种直接的联系，使得运动既能够在本地考虑，它把认同和利益的根扎在本地，也能够在全球进行，它的力量之源在全球。它意味着网络中的所有节点可以并应该对这个网络的目标有所助益，并通过万国的不屈不挠的扩充而强化其目标。然而它也意味着，妨碍整个网络运行的功能失常的节点能轻易地被切断或绕开，因此它能克服社会运动中派别活动经常产生的自我毁灭这一传统不足。"①执政党在网络虚拟空间的活动，正是在这样一种正在形成中的新的政治文化环境中产生的。因此，增强执政党在网络虚拟空间的凝聚力，使党在网络空间成为群众的团结核心，需要发挥党在网络空间的组织引导作用，使得党和人民群众的联系更加便捷、更加广泛，从网下走到网上构筑同心圆。习近平总书记指出："网民来自老百姓，老百姓上了网，民意也就上了网。传统方式和网络渠道共同构成了现在反映民意、了解民意、沟通民意的新途径。群众在哪儿，我们的领导干部就要到哪儿去。各级党政机关和领导干部要学会通过网络走群众路线。经常上网看看，潜潜水、聊聊天、发发声，了解群众所思所愿，收集好想法好建议，积极回应网民关切、解疑释惑。""互联网时代为中国传统政治赋予的意涵，只要到互联网上去，

---

① 曼纽尔·卡斯特：《认同的力量》，曹荣湘译，社会科学文献出版社 2006 年版，第 159—160 页。

就能体会民之所欲,让决策者有了正确决策的参考与选择。"①这种网络舆论观正是对马克思主义群众观的继承和发展,是新时代加强党的执政能力建设的客观要求。

(一)党的群众路线的历史内涵

党的群众路线最早是由毛泽东在《关于领导方法的若干问题》中进行完整阐述的,他指出:"在我党的一切实际工作中,凡属正确的领导,必须是从群众中来,到群众中去。这就是说,将群众的意见(分散的无系统的意见)集中起来(经过研究,化为集中的系统的意见),又到群众中去作宣传解释,化为群众的意见,使群众坚持下去,见之于行动,并在群众行动中考验这些意见是否正确。然后再从群众中集中起来,再到群众中坚持下去。如此无限循环,一次比一次地更正确、更生动、更丰富。"②在党的七大上,毛泽东指出:"全心全意地为人民服务,一刻也不脱离群众;一切从人民的利益出发,而不是从个人或小集团的利益出发;向人民负责和向党的领导机关负责的一致性;这些就是我们的出发点。"③毛泽东将人民群众生动地比喻为"铜墙铁壁",什么力量也打不破的;比喻为"眼睛","共产党员应该紧紧地和民众在一起,保卫人民,犹如保卫你们自己的眼睛一样,依靠人民,犹如依靠自己的父母兄弟姊妹一样";比喻为"上帝",挖掉压在中国人民头上的帝国主义和封建主义的两座大山;比喻为"土地","共产党人好比种子,人民好比土地。我们到了一个地方,就要同那里的人民结合起来,在人民中间生根、开花";比喻为"水","水里可以没有鱼,但鱼儿却永远离不开水"。之后群众路线的基本精神被写入党章总纲。党的八大上邓小平根据执政党状况作了《关于修改党章的报告》,将"从群众中来,到群众中去"的工作方法加入党章。中国共产党结合时

---

① 蒋淑媛:《网络媒介社会功能论》,新华出版社2011年版,第66页。
② 《毛泽东选集》(第3卷),人民出版社1991年版,第899页。
③ 《毛泽东选集》(第3卷),人民出版社1991年版,第1094—1095页。

代特征不断丰富和发展党的群众路线思想,赋予了它新的时代特征,使其更加具体化和科学化。

(二)党的群众路线的新境界

新的历史条件下,世情、国情、舆情发生了深刻的变化,但党的根本性质和宗旨没有变。党的十八大以来就新时代如何保持和发扬群众路线提出了新的要求。习近平总书记在《中共中央关于全面深化改革若干重大问题的决定》中指出,随着传播快、影响大、覆盖广、社会动员能力强的博客、微信等社交网络和即时通信工具用户的快速增长,如何确保国家安全、社会稳定成为摆在我们面前的现实突出问题。中国共产党必须时刻保持战略清醒,在探索加强与新群体、新组织的联系时,要着眼提高网络社会治理能力。正如互联网政治学家安德鲁·查德威克所言:"由于社会背景和制度架构的独特性,中国正在形成复杂的、本土化互联网政治。这种中国特色的互联网政治,广义而言,是对既往基于父爱主义和全能政府的政治治理的拨正及调整——尽管这种变化从政治制度设计来看有不情愿和被动的意味;狭义而言,是对形形色色的境外网站、境内网站、互联网及新媒体信息流动、网民意见及网络社群的管理政策的理念更迭与多方博弈。"[①] 如何协调好现实与虚拟场域的关系,中共深入研究和把握网络社会治理能力的特点规律,使得网络成为党团结人民群众的新场域。

2019年发布的《中共中央关于加强党的政治建设的意见》提出,"改进和创新联系群众的途径方法,坚持走好网上群众路线"。网上群众路线,就是充分尊重广大网民群众的意愿和要求,坚持"从网民群众中来,到网民群众中去",最大限度地运用互联网问政于民、问需于

---

① 安德鲁·查德威克:《互联网政治学:国家、公民与新传播技术》,任孟山译,华夏出版社2010年版,第8页。

民、问计于民,实现和保持党同网民群众的密切联系。①网络舆论场中充斥着社会各阶层各方面的诉求、意见、主张和态度,有正面积极的也有负面消极的,通过网络舆论了解民意,有效引导群众,组织动员群众,使得党的声音与群众的心愿同频共振,应势而谋、因时而动,用好互联网与群众互动沟通的平台。2016年4月,习近平总书记在网络安全和信息化工作座谈会上指出:"对广大网民,要多一些包容和耐心,对建设性意见要及时吸纳,对困难要及时帮助,对不了解情况的要及时宣介,对模糊认识要及时廓清,对怨气怨言要及时化解,对错误看法要及时引导和纠正。""网民大多数是普通群众,来自四面八方,各自经历不同,观点和想法肯定是五花八门的,不能要求他们对所有问题都看得那么准、说得那么对。"这些思想观点在新时代成为网络舆论领导工作的方法论,具有极强的指导性和针对性,有利于优化网络舆论生态,实现执政党与网民的良性互动。

曼纽尔·卡斯特认为,信息网络技术促进网络政治生态环境形成的过程,其实就是在不断调整和完善新的政治规则的过程。"在社会、文化和政治转型的语境下,这些新的游戏规则极大地影响到了现实的政治。关键的一点是,电子媒体(不仅包括电视和广播,而且包括所有的通信形式,如报纸和互联网)已经成了主导性的政治空间。这并不是说,所有的政治都可以还原为图像、声音或符码操作;而是说,没有电子媒体,就没有机会赢得权力,行使权力。因此,所有的人都卷入了相同的游戏,虽然卷入的方式不同,目的各异。"②因此,在加强政党传统的联系渠道的同时,中国共产党认识到各级党组织都要充分掌握和利用网络这一现代具有革命性的技术,遵循新的政治规则,实现与人民群众的密切联系。比如,在网上宣传党的路线方针政策,通

---

① 卿立新:《网上群众路线是新时期群众工作的重要方法》,《求索》2012年第12期。

② 曼纽尔·卡斯特:《认同的力量》,曹荣湘译,社会科学文献出版社2006年版,第360页。

过广泛的网络社会调查，听取社会各方的相关意见，并将相关改进结果公布，以备群众查询。通过网络这一技术手段，实现社会民情的连续跟踪调查，达到掌握社会发展动态，引导人民群众对党路线方针政策的坚定支持。

第四章

中国共产党舆论工作领导能力建设的主要内容

　　中国共产党舆论工作领导能力是在继承和发展马克思主义新闻观基础上对人类传播活动规律的科学认识和总结。无论是革命、建设、改革时期，还是新时代的新形势、新挑战，中共的舆论工作始终坚持共产党的党性原则，把握正确的舆论导向，行使舆论监督职能，坚持新闻的真实性和新闻正义，从而维护广大人民群众的根本利益。中国共产党舆论工作领导能力建设中的主要内容可以概括为党性论、导向论、正义论、监督论、真实论，是一个较为完备的具有中国特色的舆论工作领导能力体系。

第一节　坚守党性观：党性与人民性

一　党性与人民性的理论根基

党性是阶级性的最高表现，新闻舆论工作是社会政治上层建筑的重要组成部分，具有鲜明的阶级性和党性，新闻媒体是党性原则集中体现的领域。马克思、恩格斯一直重视报刊的阶级性，创办《新莱茵报》时强调"自己的特殊的无产阶级性质"[①]。马克思主义政党的报纸不同于商业报纸，办报过程中要遵循"党的精神"。他们指明报刊同党派的关系，强调新闻舆论工作的无产阶级党性原则。1845年，恩格斯在《"傅立叶论商业的片段"的前言和结束语》中，首次使用"党性"一词，"德国的'绝对的社会主义'真是可怜得怕人……由于自己在理论领域中没有党性，由于自己的'思想绝对平静'而丧失了最后一滴血、最后一点精神和力量"[②]。正如恩格斯所说："党刊的任务首先是组织讨论、论证、阐发和捍卫党的要求。"[③]列宁是第一个从报刊的角度提出宣传党性原则的，在《党的组织和党的出版物》一文中指出："出版物应当成为党的出版物"，成为党的"齿轮和螺丝钉"，新闻事业不能是个人或集团的赚钱工具，而且根本不能是与无产阶级事业无关的个人事业。[④]德国社会民主党马克思派的代表倍倍尔（August Bebel）在分析党内不同派别产生隔阂和对立时指出："造成党内两派之间的隔阂，相互抱怨，就是给掌权的个人提供了在党内还掌握舆论工具的可能性，

---

① 《马克思恩格斯选集》（第4卷），人民出版社2012年版，第3页。
② 《马克思恩格斯全集》（第2卷），人民出版社1957年版，第659页。
③ 《马克思恩格斯文集》（第1卷），人民出版社2009年版，第660页。
④ 《列宁全集》（第12卷），人民出版社1987年版，第92—97页。

从而他可以把党的机关报变成自己的自由财产，并且只允许在党的机关报上发表那些对他有利的东西，其他所有的意见都遭到压制，要消除这一危险，只有使未来的党报不是一个人或几个人的财产，而是党的财产，由党来决定他的权利。"① 这里明确区别了"党的机关报"和"党内领导人的机关报"。

列宁明确提出新闻党性原则并丰富其内涵和结构，使其系统化和具体化。1905 年 11 月，列宁指出："对于社会主义无产阶级，写作事业不能是个人或集团的赚钱工具，而且根本不能是与无产阶级总的事业无关的个人事业。无党性的作者滚开！超人的写作者滚开！写作事业应当成为无产阶级事业的一部分，成为由整个工人阶级的整个觉悟的先锋队所开动的一部巨大的社会民主主义机器的'齿轮和螺丝钉'。写作事业应当成为社会民主党有组织的、有计划的、统一的党的工作的一个组成部分。"② 为确保党性原则的贯彻落实，列宁强调报刊必须在组织上与党保持密切联系，不与党保持组织上的关系的党的报刊一律不得存在，"报纸应当成为各个党组织的机关报"，它们"应受党的监督"，应主动向党"请示汇报"工作；报刊"日常的宣传和鼓动必须具有真正的共产主义性质。党掌握的各种机关报刊，都必须由已经证明是忠于无产阶级革命事业的可靠的共产党人来主持编辑工作"③。列宁与马克思、恩格斯一起开创了新闻舆论工作坚持党性原则的传统，为无产阶级新闻事业继承发展。

新闻舆论工作中党性和人民性是统一的，党报是人民的报刊。1842 年马克思在《评普鲁士最近的书报检查令》中第一次提出了人民报刊的概念，继而在《摩泽尔记者的辩护》中写道："民众的承认是报刊赖以生存的条件，没有这种条件，报刊就会无可挽救地陷入绝境。"④

---

① 中国人民大学科学社会主义系：《国际共产主义运动史文献史料选编》，中国人民大学出版社 1983 年版，第 43—44 页。
② 《列宁选集》(第 1 卷)，人民出版社 1995 年版，第 663 页。
③ 《列宁选集》(第 4 卷)，人民出版社 1995 年版，第 251 页。
④ 《马克思恩格斯全集》(第 1 卷)，人民出版社 1995 年版，第 381 页。

马克思认为，新闻媒体是人民的喉舌，代表人民捍卫人民的利益。列宁认为必须发动广大人民群众亲自去观察社会，反映生活，鼓励人民群众也参与到写作报道中去，因为他们"能够比较敏锐地感受有经验的老工作人员习以为常因而不加注意的许多东西"，人民群众能够用自己的方式"尽量多写些自己的日常生活、感兴趣的问题和工作情况，没有这种材料，社会民主党机关报就一文不值，因而也就不配称为社会民主党的机关报"。① 党性和人民性与生俱来是一致的，没有脱离人民性的党性，也没有脱离党性的人民性。

二、关于党的舆论工作坚持党性与人民性的发展历程

（一）共产国际的深远影响

中国共产党成立之后，对内如何在广大人民群众中宣传动员，对外如何在国际社会传播主张、树立形象，仍缺乏指导思想和实践经验。中共二大决定正式加入共产国际，共产国际第二次代表大会通过的《加入第三国际的条件》中对中国共产党的舆论宣传工作方针转变和确立具有重要影响，尤其是确立中共舆论宣传工作的党性原则。《加入第三国际的条件》有："党的一切机关报，应用实际的宣传方法，把每日的生活事实系统地讲解于我们报纸上面，使一切劳动者、一切工人、一切农人，都觉得有无产阶级专政出现之必要。一切定期的或其他的报纸与出版物，须完全服从党的中央委员会，无论它是合法的或违法的，决不许出版机关任意自主，以致引出违反党的政策。"

《加入第三国际的条件》给中共舆论宣传工作坚持党性的原则指明了方向。根据《加入第三国际的条件》的精神，中共一方面加强党对宣传的领导。中共一大关于《中国共产党关于（奋斗）目标的第一个决议》要求："不论中央或地方出版的一切出版物，其出版工作均应受

---

① 《列宁全集》（第9卷），人民出版社1987年版，第87页。

党员的领导",无论是中央还是地方的任何出版物,"都不得刊登违背党的原则、政策和决议的文章"。① 中共二大规定,各种党报党刊"均须由已经证实为忠于无产阶级利益的忠实共产党编辑"。② 这些制度规定明确了党对舆论工作的绝对领导。另一方面建立宣传审核制度。中共一大决议明确规定:"一切书籍、日报、标语和传单的出版工作,均应受中共中央执行委员会或临时中央执行委员会的监督。"③ 1925 年的《对于宣传工作之议决案》要求党员对外发表的一切政治言论"完全应受党的各级执行机关的指挥和检查"④。这样使中共的宣传舆论工作有序开展,能够从中央到地方贯彻党的意志,具有严肃的党性和组织性。

《加入第三国际的条件》对于中共舆论宣传人民性的问题给予了有力的回答。在加入共产国际之前,中国共产党的舆论宣传工作对象主要集中在知识分子和青年学生。根据《加入第三国际的条件》的第九条"凡愿属于国际共产党,在工团、合作社,及其他一切工人群众的组织里面,必须从事一种坚忍的系统的宣传运动……"中国共产党认识到依靠广大人民群众的重要性,明确了舆论宣传应在工人群众中更广范围内开展。中共二大后中国工人运动蓬勃发展,改变了中国共产党内有些人想把年轻的党变为单纯的研究学术团体,仅仅关注学生进行舆论宣传,不考虑发动和启迪工人农民的错误倾向,加强了舆论工作的人民性,巩固和扩大了舆论领导的群众基础。

(二)中共领导人对党性与人民性的继承

舆论工作的党性原则既是一个政治范畴又是一个历史范畴,具有

---

① 《中国共产党宣传工作文献选编》(1915—1937),学习出版社 1996 年版,第 325 页。
② 《中共中央文件选集》(第 1 册),中共中央党校出版社 1989 年版,第 67 页。
③ 《中国共产党宣传工作文献选编》(1915—1937),学习出版社 1996 年版,第 325 页。
④ 《中国共产党宣传工作文献选编》(1915—1937),学习出版社 1996 年版,第 620 页。

鲜明的阶级属性，具有强烈的时代性，其具体内容和表现形式随着时代的发展而变化。中国共产党从事新闻舆论实践活动始终将党性原则作为指导原则，强调坚持党性就是坚持人民性，强调党性寓于人民性之中，没有脱离人民性的党性，也没有脱离党性的人民性。

1. 毛泽东：从党报的性质出发

毛泽东继承发展了无产阶级党报的党性原则，在1942年延安整风运动中对党报提出的要求为"党性、群众性、战斗性、组织性"[①]，将党性原则作为党报的首要原则。同年，《解放日报》改版社论《致读者》中强调，报纸必须与整个党的方针、党的政策、党的动向密切相连、呼吸相通，报纸应该成为实现党的一切政策、一切号召的尖兵和倡导者。[②] 毛泽东曾明确指出，要加强对通讯社及报纸的领导，"务使我们的宣传增强党性"。他在《对晋绥日报编辑人员的谈话》中讲道，"报纸的作用和力量就在它能够使党的纲领路线、方针政策、工作任务和工作方法，最迅速最广泛地同群众见面"。同时他指出坚持党性的方法论是要"坚持正面宣传为主的方针"，用正确的舆论引导人，党报要无条件地宣传党的主张、路线、方针和政策。这就决定了党报在不同的历史时期的不同社会功能，例如，（1）推翻反动统治的工具：组织示威、暴动，扩军退敌，鼓舞士气；（2）阶级斗争的工具：在历史政治运动中推动党内外各种斗争；（3）经济建设的工具：推动社会主义市场经济体制建立等。[③] 毛泽东强调报纸的作用和力量，就在于它能使党的纲领路线、方针政策、工作任务和工作方法与党保持一致，服务于党的政治任务。

---

① 中国社会科学院新闻研究所：《中国共产党新闻工作文件汇编》（下），新华出版社1980年版，第50—53页。

② 中国社会科学院新闻研究所：《中国共产党新闻工作文件汇编》（下），新华出版社1980年版，第50页。

③ 王晓岚：《90年来党报社会功能的演进与经营理念的变迁》，《保定学院学报》2011年第5期。

2. 邓小平：从战略大局出发

1978年党的十一届三中全会是党和国家发展战略性转变的重要节点，中共的工作重心转移到经济建设，坚持四项基本原则，坚持改革开放，推进社会主义现代化建设上来。在推进社会主义市场经济发展的新时期，更加强调舆论工作的党性原则，围绕党的理论路线和中心工作。邓小平明确提出："党报党刊一定要无条件地宣传党的主张。""党的各级组织的报刊和其他宣传工具，必须宣传党的路线、方针、政策和决议。"社会主义新闻舆论工作必须为党的根本任务服务，保持正确的政治方向。

邓小平把坚持人民利益作为一切工作包括舆论工作在内的根本标准。他曾指出："中国共产党员的含意或任务，如果用概括的语言来说，只有两句话：全心全意为人民服务，一切以人民利益作为每一个党员的最高准绳。他的目的是要实现社会主义、共产主义。"[①]这深刻阐明了共产党坚持党性和人民性是最本质的内容。中国共产党党员的党性和中国特色新闻舆论事业的党性是以人民群众的根本利益为根本的，是与全心全意为人民服务和社会主义服务紧密相连的。

3. 江泽民：从为社会主义服务出发

江泽民作为中国共产党第三代中央领导集体的核心，强调中国共产党是工人阶级的先锋队，代表最广大人民群众的根本利益，坚持党性原则也就是坚持工人阶级和人民群众的根本利益的原则，两者是完全一致的。对于有人提出的"人民性"高于党性的论调，他指出这是否定和摆脱党对新闻事业领导的错误思想。1989年11月，他在全国新闻工作研讨班上的讲话中指出，国家的报纸、广播、电视等是党、政府和人民的喉舌。这既说明了新闻工作的性质，又说明了它在党和国家工作中的极其重要的地位和作用。针对新闻舆论工作在新时期承担的为社会主义建设服务的定位和任务，他提出了"一个根本方针，四

---

① 《邓小平文选》（第1卷），人民出版社1994年版，第257页。

个方面工作"的总体要求,即宣传思想战线必须牢牢把握建设有中国特色社会主义理论这一根本指针,着重"以科学的理论武装人,以正确的舆论引导人,以高尚的精神塑造人,以优秀的作品鼓舞人"。这是对新闻舆论工作的总体布局和战略规划,体现了党性原则在舆论工作中贯彻落实的方向。他强调,新闻舆论工作者必须讲政治,与党中央保持高度一致,忠于党和人民,牢牢掌握舆论的主动权和领导权。

面对新闻舆论界出现的"淡化"政治的错误提法,他分析指出,所谓的"淡化"政治,是极少数人强化资产阶级政治观点,否定党的四项基本原则的活动。这些极少数人打着"人民性"的旗号,违背人民意志,制造反对党、反对社会主义制度的舆论的工具。新闻媒体宣传在政治上同党中央保持一致,避免简单机械地重复政治口号,而是从党和人民的立场出发,采取生动的方式准确地把党的政治观点、方针政策传播出去。

4. 胡锦涛:从国内外舆论环境出发

随着中国发展战略转型,国际形势变化发展,中国对外开放日益扩大,中国国际交往日渐频繁,国际矛盾错综复杂,党和国家需要统筹国内外两个大局,舆论工作需要始终坚持党性原则。胡锦涛于2003年12月在全国宣传思想工作会议上指出,党管宣传、党管意识形态,是我们党在长期实践中形成的重要原则和制度,是坚持党的领导的一个重要方面,必须始终牢牢坚持,任何时候都不能动摇。2004年9月,党的十六届四中全会作出《中共中央关于加强党的执政能力建设的决定》,突出强调,坚持党管媒体的原则,增强引导舆论的本领,掌握舆论工作的主动权。胡锦涛深刻把握中国与世界关系发生的历史性变化,认识到中国的发展与世界发展的密切联系,国与国之间的竞争越来越激烈,国内外舆论环境复杂,媒体格局复杂多变,社会思潮激荡交织,国际局势和国内形势给经济发展和社会建设带来巨大挑战,新闻舆论工作需要不断强化党性原则,作为最高的指导原则,始终坚持人民立场,在纷繁复杂的国内外环境中能够保持战略定力和清醒的头脑,坚守党的领导地位，维护意识形态安全，抵制西方敌对势力"颜色革命"的图谋。

5. 习近平：从意识形态安全出发

习近平总书记深刻总结国内外经验教训，对马克思主义新闻观的基本问题进行全面系统论述，针对新时代人们对社会思潮认识和理解的错误观点，从历史的逻辑、现实的逻辑、理论和实际的逻辑系统地阐述了新闻舆论工作坚持党性的重要意义、根本要求，消除了误区，正本清源，明确方向，成为党的十八大以来新闻舆论工作的根本指导原则。

习近平总书记反复、明确、经常地强调坚持党性原则的问题。2004年8月4日，时任浙江省委书记习近平在浙江省委新闻宣传工作座谈会上指出："新闻的党性原则，是发展社会主义新闻事业的根本原则，是我们党代表和维护人民群众根本利益的本质要求。"2013年8月19日，习近平总书记在全国宣传思想工作会议上发表重要讲话，"如果在坚持党性这个根本问题上没有明确观点和立场，那就是政治上不合格，就没有做党的宣传思想工作最起码的资格"。他指出要大张旗鼓、理直气壮、坚持不懈地讲。2016年2月19日，在主持召开党的新闻舆论工作座谈会上，他围绕"牢牢坚持党性原则"提出从多方面贯彻落实。他多次强调，党和政府主办的媒体是党和政府的宣传阵地，必须姓党。党的新闻舆论媒体的所有工作，都要体现党的意志、反映党的主张，维护党中央权威、维护党的团结，做到爱党、护党、为党；都要增强看齐意识，在思想上政治上行动上同党中央保持高度一致；都要坚持党性和人民性相统一。

面对改革发展稳定复杂局面和社会思想多元多样、媒体格局深刻变化，习近平总书记在2015年12月25日视察解放军报社时指出："新形势下意识形态斗争复杂尖锐。历史和现实都警示我们，思想舆论阵地一旦被突破，其他防线就很难守得住。在意识形态领域斗争上，我们没有任何妥协、退让的余地，必须取得全胜。"在2016年10月召开的党的十八届六中全会第二次全体会议上，习近平总书记提出："各级党委要把做好意识形态工作摆在重要位置，加强组织领导，及时掌握意识形态形势和动态，对各种政治性、原则性、导向性问题要敢抓敢管，对各种错误思想必须敢于亮剑，帮助人们明辨是非，牢牢掌握意识形态工作主动权。特别是要防止各种敌对势力借机干扰和破坏，避免一些具体问题演变成政治问题、局部问题演变成全局性事件，避免出现大的意识形态事件和舆论漩涡。"在党的十九大报告中，习近平总书记强调"牢牢掌握意识形态工作领导权"，并将其作为新闻舆论和宣传思想文化工作中的首要工作加以强调，将意识形态安全放在国家安全的重要位置来考量。意识形态关乎旗帜、关乎道路、关乎国家政治安全，习近平总书记对党对意识形态工作的领导权、管理权、话语权作了重大决策部署和制度安排。

三　党坚持党性和人民性的重要体现

（一）坚持党管媒体

媒体是社会舆论形成和发展过程中的重要载体和平台，其价值取向和传播效果对社会舆论起着导向和引导的作用。"公众是生活在舆论环境中的，舆论环境是指身外的各种舆论的总和，它们由无数外界可感知的虚拟性符号和其他人脑海里的知识、观念所组成，人们模糊地感觉到它的存在，并无形中受到它的控制，因而表达的观念和行为与舆论环境高度相关。特别在公开发表意见的时候，人们会很自然地观察舆论环境，瞬间或者经过一段时间的权衡之后，才会发表自己的意见。这种情形说明，业已存在的舆论环境对于形成新的舆论，是一种无形而强大的社会控制力量。而客观的舆论环境，是由人际传播、组织传播和大众传播造就的，其中大众传播媒介在当代社会是能够感觉到的负载舆论环境的最重要的社会性媒体。特别是在超出人们直接感知范围的视野中，媒介对形成新的舆论的引导力十分强大。"①媒体对舆论的影响是由媒体自身的特征和功能决定的，同时也可以利用媒体对舆论加以导向的引导，形成有利于执政党的舆论环境。

中国共产党是中国特色社会主义事业的领导核心，利用媒体执政是政府的重要方式。党管媒体是对舆论形成发展规律的把握和遵循，同时是党在长期实践中的经验总结，其基本理论逻辑起点和实践落点是坚持党性原则，其原则的根本遵循是党性和人民性的统一。党管媒体是中国共产党马克思主义新闻观的传承，是在中国革命、建设、改革长期实践中形成的，是取得各项事业胜利的重要法宝，有历史逻辑、现实逻辑和政治逻辑基础。马克思、恩格斯"党管报刊"的论述阐明了无产阶级政党采取一些方法和措施实现党的机关报指导革命斗争，开展社会主义理论政策宣传、政治思想传播，为党的建设提供有力的保障。恩格斯说："党需要的首先是一个政治性机关报。"②马克思和恩格斯构建了党管报刊的内容框架，包括党要掌握党报的所有权、管理好报刊工作人员，党在编辑方针和办报路线上具有领导权。

中国共产党延续了马克思、恩格斯"党管报刊"的思想，在建党、革命战争和社会主义建设时期进行贯彻和落实。建党时期，中共把报刊作为共产党的宣传者、教育者、组织者和鼓动者。革命战争时期，党将报刊作为斗争的舆论工具，逐步确立了党管报刊的一元化领导体制，从组织上纳入党的重要机关的领导，建立了党性为统领，群众性为基础，战斗性、指导性为基本表征的党管媒体的范式。③在社会主义建设时期，党根据国情实际出发，提出了党管媒体的新观点，提倡政治家办报，按照新闻规律优化新闻管理体制等。中国共产党对于党管媒体的制度安排都是按照这一历史逻辑和政治逻辑进行的，根据不同

---

① 陈力丹：《舆论学——舆论导向研究》，上海交通大学出版社2012年版，第176页。
② 《马克思恩格斯全集》（第34卷），人民出版社1972年版，第360页。
③ 卿志军：《发展历程、逻辑基础与战略路径：习近平党管媒体重要论述研究》，《现代传播》2021年第4期。

时期的历史使命和工作重心，在实践中作了具体调整。党的十六届四中全会将"党管媒体"写入《中共中央关于加强党的执政能力建设的决定》，体现了中共对党管媒体原则的高度重视，将其视为执政的重要资源。

历史经验证明，党管媒体是中共加强执政能力建设的必然要求，是建设中国特色社会主义的基本要求，是中国共产党新闻舆论工作坚持党性原则的重要体现。它不仅是无产阶级、社会主义发展的舆论环境的根本保障，而且成为中国舆论工作的显著特征，成为广大从业人员工作的基本遵循。正如中国著名的新闻家穆青所说的："如果要说我们的新闻工作、党的新闻工作有什么优势，有什么最大的特色的话，我看就是一个党性。新闻工作是党的事业的部分。新闻工作取得的成绩、威信是和党的威信联系在一起的。离开了党的光辉就没有新闻工作的光辉。"[①]党管媒体体现了党的新闻舆论工作鲜明的意识形态属性和身份认同。中国社会主义新闻事业的性质决定了党管媒体的原则，决定了党和政府办的媒体姓党，接受党的管理。

（二）坚持正面宣传为主

坚持正面宣传为主的方针是中共新闻舆论工作的根本遵循和基本方针。对于什么是正面宣传，如何把握其准确的内涵，出现了不同的理解和声音。这些阐述从内容、视角、效果等不同维度进行了分析。"正面宣传就是好的、积极的一面的宣传。正面宣传讲的是宣传什么，讲的是内容，也就是说讲的是报道题材的规定。"[②]"我们所说的'正面'，所说的'为主'，就是要着力去宣传报道鼓舞和启迪人们发展社会生产力的东西，鼓舞和启迪人们坚持四项基本原则、坚持改革开放的东西，鼓舞和启迪人们加强社会主义民主和法制建设的东西，鼓舞和启迪人们推进社会主义精神文明建设的东西，鼓舞和启迪人们热爱

---

① 穆青：《新闻散论》，新华出版社1996年版，第355页。
② 徐胜：《什么是正面报道》，《新闻实践》2005年第5期。

伟大祖国和弘扬民族文化的东西，鼓舞和启迪人们维护国家统一和民族团结的东西，鼓舞和启迪人们为推动世界和平与发展而斗争的东西。总之，一切鼓舞和启迪人们为国家的富强、人民的幸福和社会的进步而奋斗的新闻舆论，都是我们所说的正面，都应当努力加以报道。"① "要将'以正面报道为主'的指导思想改变成'以正面效果为主'。效果是目的，报道形式只是一种手段。"② 这些观点从不同侧面反映了对正面宣传为主的看法。媒体具有形成"意见气候"，引导舆论功能，对媒体报道内容、侧重点和效果进行管理是执政党最为常用和有效的手段。

中国共产党提出的"正面宣传为主"的理念可以追溯到 1982 年 1 月 29 日中共中央发布的《关于当前报刊新闻广播宣传方针的决定》："报刊、新闻、广播、电视要正确处理表扬和批评的关系。要坚持以表扬为主的方针。"其中"以表扬为主"就是"坚持正面宣传为主"的基本内涵。其作为党的新闻舆论工作方针正式提出并进行全面论述是在 1989 年 11 月发表的《坚持正面宣传为主的方针》中："新闻报道必须坚持以正面宣传为主的方针。我认为，这是社会主义新闻事业必须遵循的一条极其重要的指导方针。坚持这个方针，就是要准确、及时地宣传党的路线、方针、政策，实事求是地反映社会现实生活的主流，让人民群众用创造新生活的业绩教育自己，形成鼓舞人们前进的巨大精神力量，在当前就是要造成一个有利于稳定局面的舆论环境。"③ 在此，"正面宣传为主"以中国特色的政治语汇"方针"的形式，鲜明地彰显了社会主义新闻舆论的功能和实现路径。

为坚持正面宣传为主，中共提出舆论工作要处理好三种关系。一是"正面"与"全面"的关系。中国社会积极正面的事物是主流，消

---

① 李瑞环：《坚持正面宣传为主的方针》，《求是》1990 年第 5 期。
② 陈力丹：《解析中国新闻传播学 2007》，上海交通大学出版社 2007 年版，第 242 页。
③ 李瑞环：《坚持正面宣传为主的方针》，《求是》1990 年第 5 期。

极负面的东西是支流,不能门缝里看成绩、放大镜下看问题,如果只看支流、黑暗面、负面,不看主流、光明面、正面,即便所报道的具体事实为真,也容易一叶障目、不见泰山,或者只顾一点、不及其余,成为一种不完全的真实。习近平总书记指出:"要正确认识主流和支流、成绩和问题、全局和局部的关系,集中反映社会健康向上的本质,客观展示发展进步的全貌。"① 二是"主"和"辅"的关系。"主"和"辅"不是单纯数量上的意义,而是新闻媒体报道形成符合正确舆论导向的主流舆论的态势。正如《人民日报》原总编辑范敬宜所说:"不能简单地认为,只要版面上 100% 登的是正面报道,就算做到了正面宣传为主了。更重要的是看正面宣传是否成为一张报纸的基调和主旋律。从根本上说,以正面宣传为主的这个'为主',是个……倾向问题。"② 三是"正面"与"负面"的关系。坚持"正面为主"不是不能讲负面,正面和负面不是对立的,负面报道也可以起到正面宣传的作用。鼓励新闻媒体要"直面我们工作中存在的问题,直面社会丑恶现象和阴暗面,激浊扬清,针砭时弊"③。

(三)坚持联系群众

与人民群众保持最广泛、最深入的联系是新闻舆论工作者坚持党性原则的基本要求。1948 年 4 月 2 日,毛泽东在《对晋绥日报编辑人员的谈话》中第一次正式明确提出新闻舆论工作要讲群众路线。他提出"全党办报、群众办报",从群众的实践中汲取智慧和力量,是对新闻舆论工作贯彻群众路线的高度概括。"我们的报纸也要靠大家来办,靠全体人民群众来办,靠全党来办,而不能只靠少数人关起门来办。我们的报上天天讲群众路线,可是报社自己的工作却往往没有实行群众路线。例如,报上常有错字,就是因为没有把消灭错字认真地当做

---

① 习近平:《论党的宣传思想工作》,中央文献出版社 2020 年版,第 186 页。
② 范敬宜:《正确理解正面宣传为主的方针》,《新闻战线》1990 年第 7 期。
③ 习近平:《论党的宣传思想工作》,中央文献出版社 2020 年版,第 188 页。

一件事情来办。如果采取群众路线的方法，报上有了错字，就把全报社的人员集合起来，不讲别的，专讲这件事，讲清楚错误的情况，发生错误的原因，消灭错误的办法，要大家认真注意。这样讲上三次五次，一定能使错误得到纠正。小事如此，大事也是如此。"①明确了新闻舆论工作要面向群众，报刊内部要践行群众路线。坚持联系群众要重视人民群众的反馈。毛泽东强调："必须重视人民的通信，要给人民来信以恰当的处理，满足群众的正当要求，要把这件事看成是共产党和人民政府加强和人民联系的一种方法，不要采取掉以轻心置之不理的官僚主义的态度。如果人民来信很多，本人处理困难，应设立适当人数的专门机关或专门的人，处理这些信件。如果来信不多，本人或秘书能够处理，则不要另设专人。"②

新闻舆论工作者如何密切联系群众呢？

首先，把报纸办得引人入胜，通过报纸加强党和群众的联系。"马克思列宁主义的基本原则，就是要使群众认识自己的利益，并且团结起来，为自己的利益而奋斗。报纸的作用和力量，就在它能使党的纲领路线，方针政策，工作任务和工作方法，最迅速最广泛地同群众见面。"③习近平总书记在2014年10月召开的文艺工作座谈会上，要求新闻舆论工作者不仅要"身入"，更要"心入""情入"，他认为，深入群众是对人民"爱得真挚、爱得彻底、爱得持久"的体现，强调以真情实感来关照和引导群众的伟大实践。

其次，深入实际，调查研究。物质财富和精神财富的创造者都是人民群众，人民群众进行的社会改革和建设实践是新闻报道的鲜活素材。江泽民提出新闻舆论工作者要打下"群众观点根底"和"新闻业务的根底"，强调"深入基层、深入群众、深入生活"④。"新闻工作，党

---

① 《毛泽东选集》（第4卷），人民出版社1991年版，第1319页。
② 《毛泽东文集》（第6卷），人民出版社1999年版，第164页。
③ 《毛泽东选集》（第4卷），人民出版社1991年版，第1318页。
④ 中共中央文献研究室编《十四大以来重要文献选编》（上），人民出版社1996年版，第661页。

报工作,说到底,也是群众工作,是我们党联系群众的重要纽带。密切联系群众,是新闻工作者的必修课和基本功。"①新闻舆论工作者要经常到基层中、到群众中,汲取群众的智慧,反映群众的意见。2016年2月19日,习近平总书记实地调研人民日报社、新华社、中央电视台3家中央新闻单位时,鼓励记者多深入基层、深入群众,强调俯下身、沉下心、察实情、说实话、动真情。

  再次,注重文风,贴近群众。毛泽东在《反对党八股》中指出党八股的八大罪状。在党的七大上,反对党八股理论成为中国共产党指导思想,成为延安时期乃至当今推进马克思主义文风建设的关键概念。党的十六大以来,胡锦涛要求新闻舆论战线"要牢固树立党的群众观点",写文章、搞报道都要言之有物、生动鲜活、言简意赅,要使宣传工作"形式多样,生动活泼,为群众所乐于接受"。他提出"三贴近"原则,指出"服务人民,就是要坚持以人为本,贴近实际、贴近生活、贴近群众",同时要求增强新闻报道的亲和力、吸引力、感染力,"要面向基层、服务群众、深入实际"。党的十八大以来,习近平总书记注重改进文风,强调文风不正,严重影响真抓实干、影响工作成效,耽误实际矛盾和问题的研究解决。不良文风蔓延开来,损害党的威信,导致干部脱离群众,使党的理论和路线方针政策在群众中失去感召力、亲和力。他指出,改进文风,在三个方面下功夫、见成效很重要。一是短。力求简短精练、直截了当,要言不烦、意尽言止,观点鲜明、重点突出。坚持内容决定形式,宜短则短,宜长则长。二是实。讲符合实际的话不讲脱离实际的话,讲管用的话不讲虚话,讲反映自己判断的话不讲照本宣科的话。三是新。在研究新情况、解决新问题上有新思路、新举措、新语言,力求思想深刻、富有新意。②

---

  ① 《江泽民文选》(第1卷),人民出版社1980年版,第566页。
  ② 《习近平:弘扬优良文风改进会风》,新华网,http://news.sina.com.cn/c/2010-05-12/171520258047.shtml。

第二节 把牢政治观：政治方向与价值导向

一　坚定正确的政治方向

舆论导向广泛存在于不同社会制度的国家中，有正确导向和错误导向之分。新闻媒体具有鲜明的意识形态性质，坚持正确的舆论导向是坚持党性原则的核心和灵魂，其中政治方向是摆在新闻舆论工作第一位的。世界各国政党的媒体把政治标准、政治原则、政治利益作为新闻传播的第一要义。最早的马克思主义报纸《新莱茵报》声称："报刊最适当的使命就是向公众介绍当前形势、研究变革的条件、讨论改良的方法、形成舆论、给共同的意志指出一个正确的方向。"①"新闻媒体以什么样的指导思想采播重大新闻，编发重要言论，为谁说话、怎样说话，用什么样的舆论进行引导、怎样引导，新闻工作者为谁而歌、为谁而泣，因何而爱、因何而恨，因何而爱恨交织，或显或隐，与其所属阶级及其意识形态不无关系。"②舆论导向是意识形态的重要形式之一，掌握了舆论引导的主动权和主导权，才能自觉有效地在意识形态工作中发挥正确的舆论导向作用。从"喉舌论"到"祸福论"再到"全面导向论"，反映了中国共产党舆论工作的与时俱进，无论面对多么复杂的形势和问题，坚持正确的政治方向始终是坚持正确舆论导向的根本。

（一）苏东剧变的历史教训

舆论可以影响社会思潮和意识形态，关系到政权的长治久安。苏

---

① 《马克思恩格斯全集》（第43卷），人民出版社1982年版，第489页。
② 邵华泽：《马克思主义新闻观及其在当代中国的运用和发展》，人民出版社2009年版，第176页。

联解体、东欧剧变,其中不置可否的原因是苏联共产党放弃了思想和舆论领域的领导权。首先,各类媒体逐步脱离党的领导。戈尔巴乔夫的新闻改革废除了党对文化宣传的"行政干涉",导致从中央到地方各级党委放弃了对其掌握的舆论工具的领导权,致使各种媒体各自为政。1990年,苏联通过的《新闻出版法》规定国家机关、政党、社会组织、宗教团体及年满18岁的公民"都有权利创办舆论工具"。这为反对共产党的团体和私人创办新闻媒体提供了便利和合法性。其次,各类负面舆论激化民族矛盾。苏联媒体掀起了一场"公开事实(包括国家机器运作程序)和揭露历史污点的大革命",戈尔巴乔夫提出实行"毫无限制的公开性"和"舆论多元化",导致在媒体上揭露了政府、执政党和社会的阴暗面,令民众触目惊心,颠覆了民众正确的价值观,同时媒体上充斥着对苏共和社会主义的诋毁、歪曲造谣和诽谤,激起了民众对党和政府的怨愤和不满。最后,为西方意识形态渗透打开了通道。戈尔巴乔夫1987年停止干扰BBC、自由广播电台、美国之音等西方电台对苏广播。西方国家大肆宣扬的生活方式和西方对苏联政治局势煽动性的言论严重影响了民众的认知和判断,导致苏共的群众基础极不稳固。

苏东剧变的历史教训充分说明,媒体、舆论的政治方向发生错误,放弃党性原则,否定了马克思主义新闻观、背离了社会主义新闻舆论的工作原则,舆论领导权不掌握在党和人民手中,就会导致舆论失控,思想混乱,党就会失去人民的信任、支持和拥护,社会主义国家政权就很难坚守。苏东剧变后,西方国家和国际敌对势力对社会主义阵营国家加紧"和平演变"。东欧一些国家动荡不安,西方国家对我国进行"经济制裁",我国国内一些坚持资产阶级自由化立场的人仍在活跃。面对复杂多变的国内外形势和世界范围内思想文化交锋激烈的严峻挑战,邓小平强调,最重要的是国家的稳定,稳定是压倒一切的。我们要保持清醒的头脑,稳住自己的阵脚,沉着对待各种问题。坚持社会主义道路,要非常明确,非常坚定。要像毛泽东同志讲的那样,在困难的时候,要看到成绩,看到光明,提高我们的信心和勇气。当前要特别注意在全社会进行爱国主义、社会主义、集体主义、独立自主、自力更生、艰苦奋斗、勤俭建国的教育,激励人民群众的民族自尊心、自信心,振奋精神,同心同德,战胜困难,把我国的建设和改革不断推向前进。在这方面,中央对广大新闻工作者寄予厚望,希望大家充分发挥积极性、创造性,贡献自己的聪明才智。[①]新闻舆论属于上层建筑,是意识形态的重要组成部分,舆论宣传工具一旦不能掌握在马克思主义者的手中,舆论的政治方向就会跑偏,严重可能会亡党亡国。

(二)坚持正确政治方向的核心内容

坚持正确政治方向是一个系统的、长期的工程,需要从多方面贯彻和落实。首先,把坚持马克思主义指导贯穿坚持政治方向的全过程;其次,始终坚持党对舆论工作的全面领导,成为衡量政党执政能力的重要标志;最后,坚持政治家办报,确保舆论工作的领导权始终掌握在对党和人民忠诚可靠的人手中。

1. 坚持马克思主义

马克思主义作为坚持正确舆论导向,把握正确政治方向的指导思想,是社会主义意识形态的灵魂。无产阶级政党的阶级性和社会主义国家的性质,决定了党的舆论导向工作必须坚持马克思主义思想的指导地位,这是党执政目的的内在要求。列宁创办《火星报》时讲,"我们将严格按照一定的方针办报。一言以蔽之,这个方针就是马克思主义"[②]。资本主义和社会主义两种制度和意识形态的较量始终存在,苏东剧变、世界社会主义运动遭受挫折后,西方政客大肆渲染资本主义的"胜利","马克思主义已破产"。然而,意识形态作为一种思想体系,是一定阶级、国家和政党根本利益的体现。因此,马克思主义在社会

---

① 《关于党的新闻工作的几个问题》,中国经济网,http://www.ce.cn/xwzx/gnsz/szyw/200706/15/t20070615_11769945.shtml。

② 《列宁全集》(第4卷),人民出版社1984年版,第316页。

主义意识形态领域的指导地位是不会动摇的,始终是坚持正确舆论导向的思想理论指南。

2. 坚持舆论工作领导权

坚持党对舆论工作的全面领导,是中国共产党的优良传统和不断取得胜利的法宝,是继承发展马克思主义新闻观的重要体现。马克思和恩格斯在革命实践中十分重视舆论作用,"在每一个党、特别是工人党的生活中,第一张日报的出版总是意味着大大地向前迈进了一步!这是它至少在报刊方面能够以同等的武器同自己的敌人作斗争的第一个阵地"①。他们认为,工人政党同其他政党一样要有自己的舆论阵地,报刊就是对敌人斗争的"武器"和"阵地",必须对其具有绝对的领导权。毛泽东指出:"必须坚持党对舆论工作的绝对领导,要'抓紧对通讯社及报刊的领导,务使通讯社及报纸的宣传完全符合党的政策,务使我们的宣传增强党性'。"②1983年,邓小平提出:"加强党对思想战线的领导,克服软弱涣散的状态,已经成为全党的一个迫切的任务。不仅理论界文艺界,还有教育、新闻、出版、广播、电视、群众文化和群众思想政治工作等各个方面,都有类似的或其他的迫切需要解决的问题。整个思想战线的工作都需要加强。"③江泽民强调党对舆论工作的重要性,要求"把新闻舆论的领导权牢牢掌握在忠于马克思主义、忠于党、忠于人民的人手里"④。胡锦涛指出:"党管宣传、党管意识形态,是我们党在长期实践中形成的重要原则和制度,是坚持党的领导的一个重要方面,必须始终牢牢坚持,任何时候都不能动摇。"⑤

党的十八大以来,社会经济体制深刻变革,利益格局不断调整,各种矛盾和问题凸显暴露,各种社会思潮交流交锋日益频繁,形成了

---

① 《马克思恩格斯全集》(第22卷),人民出版社1965年版,第590页。
② 《毛泽东新闻工作文选》,新华出版社1983年版,第97页。
③ 《邓小平文选》(第3卷),人民出版社1993年版,第47—48页。
④ 《江泽民文选》(第1卷),人民出版社2006年版,第564页。
⑤ 刘建生:《坚持用"三个代表"重要思想统领宣传思想工作为全面建设小康社会提供科学理论指导和强大舆论力量》,《人民日报》2003年12月8日。

一个全新的舆论场。"社会转型在总体上造成舆论的深刻变化，改变着人们的思维方式，但是由于不同地区、城乡、产业结构的发展不平衡、社会流动人口的增大，特别是利益分配调整后的利益分流，使得我国原有的传统社会群体结构逐步重新组合，总体上呈分化的趋势，于是昔日全国上下相当'一致'的舆论表达，也呈现出相对分散的状态，涉及局部、地方利益的舆论远远多于全局性的舆论，各种舆论间的差距拉大，其具体情形相当复杂，增加了大众传媒引导舆论的难度。"①2006年1月26日，习近平总书记在看望人民日报社和新华社驻浙编辑记者时强调："任何新闻宣传都是为一定的党派和社会团体服务的，都是他们经济政治利益的集中反映……新闻宣传讲政治，就是要集中反映所处时代经济社会发展的现实要求……坚持正确的政治方向和舆论导向。"②党的十八大以来，以习近平同志为核心的党中央高度重视意识形态工作，将政治方向摆在首位。2016年2月，习近平总书记在党的新闻舆论工作座谈会上发表的讲话中强调，做好党的新闻舆论工作，事关旗帜和道路，事关贯彻落实党的理论和路线方针政策，事关顺利推进党和国家各项事业，事关全党全国各族人民凝聚力和向心力，事关党和国家前途命运。习近平总书记指出，新闻舆论工作各个方面、各个环节都要坚持正确舆论导向。他强调，讲导向不仅是党报党刊、电台电视台的职责，"都市类报刊、新媒体也要讲导向"，"娱乐类、社会类新闻也要讲导向"，等等。

3. 坚持政治家办报

政治家办报是毛泽东提出的一个重要舆论领导思想。1957年6月，毛泽东在同胡乔木和吴冷西谈话时说："写文章尤其是社论，一定要从政治上总揽全局，紧密结合政治形势，这叫做政治家办报。"③新时期，

---

① 陈力丹：《舆论学——舆论导向研究》，上海交通大学出版社2012年版，第105、113页。
② 习近平：《干在实处　走在前列——推进浙江新发展的思考与实践》，中共中央党校出版社2006年版，第310页。
③ 吴冷西：《忆毛主席》，新华出版社1995年版，第40页。

党继承发展了政治家办报思想，对其内涵作了新的阐述，指出新闻作为意识形态的存在，作为宣传、教育、动员人民群众的舆论形式，直接或间接地反映我们党和国家的政治立场、政治主张和政治观点。因此，报纸办得好坏对社会影响很大。他要求"报社的同志，必须讲政治，必须具有良好的政治素质，具有很强的政治鉴别力和政治敏锐性，必须树立高度的政治责任感。每个同志都要自觉地在思想上、政治上与党中央保持一致，在任何复杂多变的形势面前，都要保持清醒的头脑。这是坚持正确的办报方向，始终保持正确的舆论导向的关键所在"①。习近平总书记指出，要严格落实政治家办报要求，要真正把那些具有高度的马克思主义理论修养、政治立场坚定、坚持走群众路线的干部，选拔到意识形态工作领导岗位上来。

政治家办报的思想高度概括了中国共产党对新闻舆论工作的政治要求，深刻揭示了新闻舆论与社会发展、党的建设紧密相连的规律。其内涵十分丰富，既对新闻舆论工作者的思想意识和政治立场提出了要求，同时也对新闻舆论工作者的业务能力和职业素养明确了要求。

二 把握正确的价值导向

坚持正确的价值导向是新闻舆论工作的必然要求。马克思认为，报纸作为社会舆论的纸币在信息市场上流通。②新闻舆论是具有意识形态性质的信息传播活动，观点意见的是非观、好恶观都是价值取向的反映，体现着表达者的政治立场。新闻媒体具有商品和意识形态的双重属性，这就决定了新闻实践活动中的价值判断和选择。一方面要引导社会舆论，唱响主旋律，注重社会效益；另一方面要赚取高的点击率、收视率，在激烈的市场竞争中谋求经济利益。邓小平认为，新闻

---

① 《江泽民在接见〈解放军报〉社师以上干部时的讲话》，《人民日报》1996年1月22日。

② 《马克思恩格斯全集》（第7卷），人民出版社1959年版，第117页。

要以社会效益为最高准则。他要求："思想文化教育卫生部门，都要以社会效益为一切活动的唯一准则，它们所属的企业也要以社会效益为最高准则。"①

中国共产党的新闻舆论工作坚持党性原则是阶级性和政治性的重要表现，不存在没有党性的新闻舆论。西方媒体标榜的"立场公正""纯客观"实际上也无法摆脱自身的倾向性和阶级性，它直接影响媒体的政治立场、价值取向。毛泽东鲜明地指出："资产阶级新闻学是以资本主义经济为基础。自由竞争，你死我活，无政府状态，是资产阶级新闻界的特点，但它们有一点是共同的，即对资产阶级的阶级利益有害的东西，他们都不发表。"②可以看出，任何新闻宣传都具有一定的党派性、倾向性和目的性。中国共产党的性质决定了为无产阶级和人民利益服务，党的媒体应始终坚守正确的价值导向，牢记社会责任，解决好"为了谁、依靠谁、我是谁"这个根本问题，在新的舆论生态下传播主流价值，加强正面宣传。同时，加强媒体融合和技术支持，创新理念、内容、体裁、形式、方法、手段、业态、体制、机制，增强针对性和实效性。

（一）坚持以人民为中心的价值取向

中国共产党代表最广大人民的根本利益，在党领导下的新闻媒体是党和人民的媒体。因此，党的新闻舆论工作就要维护党和人民的利益。马克思指出，人民性是无产阶级区别于其他阶级最本质的理论品质。他说："报刊按其使命来说，是社会的捍卫者，是针对当权者的孜孜不倦的揭露者，是无处不在的耳目，是热情维护自己自由的人民精神的千呼万唤的喉舌。"③习近平总书记在2013年的"8·19"重要讲话

---

① 《邓小平文选》（第3卷），人民出版社1993年版，第145页。
② 吴冷西：《忆毛主席》，新华出版社1995年版，第35—36页。
③ 中国社会科学院新闻研究所：《马克思恩格斯论新闻》，新华出版社1985年版，第234页。

中强调，坚持人民性，就是要把实现好、维护好、发展好最广大人民根本利益作为出发点和落脚点，坚持以民为本、以人为本。

新闻舆论工作中坚持以人民为中心的价值取向，坚持人民群众创造历史的马克思主义观点，体现社会主义人民当家作主的制度优势；尊重人民主体地位，想群众之所想，急群众之所急，解群众之所困；坚持"三贴近"，反映人民群众创造历史的伟大实践，增强人民精神力量。

（二）坚持以社会主义核心价值观为引领

舆论的本质是价值观，无论是何种舆论都是特定价值观的体现。任何一个社会都存在各式各样的价值观念和价值取向，各国都十分重视培育和弘扬核心价值观。核心价值观决定国家文化的性质和发展方向，是国家软实力的重要体现。马克思曾说："统治阶级的思想家或多或少有意识地从理论上把它们变成某种独立自在的东西，在统治阶级的个人的意识中把它们设想为使命等等；统治阶级为了反对被压迫阶级的个人，把它们提出来作为生活准则，一则是作为对自己统治的粉饰或意识，一则是作为这种统治的道德手段。"[1] 历史和现实都表明，核心价值观是执政党执政的文化内核，关系社会和谐稳定和国家长治久安。资产阶级个人主义价值观构成了资本主义社会思想舆论的核心内容，而社会主义核心价值观则构成中共舆论导向的核心内容。社会主义核心价值观的提出，顺应社会主义社会发展需要，符合我国的整体利益。在国家层面有助于增强社会的凝聚力和整合力；在社会层面有利于保障人民的公共利益，形成一致的合理，推动社会进步；在个人层面有益于建立合理的社会关系，塑造良好的社会氛围，发挥积极作用。[2]

社会主义核心价值观有着中华优秀传统文化的历史渊源，是中华

---

[1] 《马克思恩格斯全集》（第3卷），人民出版社1960年版，第492页。
[2] 余晓慧：《论社会主义核心价值观的整合力、凝聚力、引导力和塑造力》，《学术探索》2015年第3期。

文化的独特创造，体现着以爱国主义为核心的民族精神和道德精髓，它能够帮助广大人民群众树立共同的价值理念，实现凝魂聚气和团结一致的目标。习近平总书记强调："社会主义核心价值观，包括中华优秀传统文化，只有被普遍理解和接受，才能为人们自觉遵守奉行。要通过教育引导、舆论宣传、文化熏陶、实践养成、制度保障等，使社会主义核心价值观内化为人们的精神追求，外化为人们的自觉行动。"尤其是在互联网时代，坚持社会主义核心价值观点的引领作用，增强其在网络空间的传播力，对于网络的错误消极言论和错误思想起到积极引导具有重要意义。"要把社会主义核心价值观的要求转化为具有刚性约束力的法律规定，用法律来推动核心价值观建设。各种社会管理要承担起倡导社会主义核心价值观的责任，注重在日常管理中体现价值导向，使符合核心价值观的行为得到鼓励、违背核心价值观的行为受到制约。"①

（三）巩固壮大主流思想舆论

中国共产党自建党以来，对党和人民伟大奋斗历程的舆论宣传极大地振奋了民族精神，奠定了全国各族人民团结奋斗的思想基础，为不断推进中国特色社会主义建设提供了精神支持。邓小平在《目前的形势和任务》中明确指出："要使我们党的报刊成为全国安定团结的思想上的中心。报刊、广播、电视都要把促进安定团结、提高青年的社会主义觉悟，作为自己的一项经常性的、基本的任务。"舆论工作"搞好了，可以在保障、维护和发展安定团结的政治局面方面起非常大的作用。"②巩固壮大主流思想舆论，在事关政治原则、党和人民利益的大是大非面前，掌握主动权，帮助民众明辨是非，澄清认识，发挥正面宣传的作用，引领社会风气。

以互联网为代表的信息技术革命改变了信息传播方式，党领导下

---

① 习近平：《论党的宣传思想工作》，中央文献出版社2020年版，第59—60页。
② 《邓小平：党报党刊一定要无条件的宣传党的主张》，人民网，http://cpc.people.com.cn/n1/2019/0626/c69113-31196682.html。

的媒体格局被打破，相比传统的舆论，网络舆论的互动性、普遍性、集约性日益凸显。在国内，有关住房、就业、教育、医疗卫生、食品安全、生态环境、官员腐败等网络负面信息和舆论被夸大，甚至肆意造谣迷惑人民群众，影响了部分人民群众对党的影响、社会主义制度优越性的认同。在国际上，西方敌对势力借由互联网来进行文化渗透、思想侵蚀、政治颠覆更加便利。他们利用转型期中国的社会矛盾和问题进行恶意炒作，扭曲夸大，制造虚假信息，炮制负面新闻，抹黑中国共产党。以美国为首的西方国家积极开辟"思想战场"，混淆中国民众视听，蛊惑人心，形成反华的舆论攻势。面对新形势新挑战，弘扬主旋律，形成健康向上的舆论氛围，提供强大精神动力是党的舆论工作的行动指南和责任使命。2018年9月，习近平总书记在全国宣传思想工作会议上指出，要把握正确舆论导向，提高新闻舆论传播力、引导力、影响力、公信力，巩固壮大主流思想舆论。

第三节 践行人民观：人民利益高于一切

一 正义论的逻辑起点

人民利益是马克思主义新闻正义的出发点，是马克思主义新闻实践的价值追求。通过对人民利益的维护和追求，实现社会的公平正义。罗尔斯在《正义论》中指出："正义是社会制度的首要德行，……，每个人都拥有一种基于正义的不可侵犯性，这种不可侵犯性即使以整个社会的福利之名也不能逾越。"① 马克思所处的时代是报刊为主要新闻

---

① 约翰·罗尔斯：《正义论》，何怀宏、何包钢、廖申白译，中国社会科学出版社2009年版，第3页。

介质的时期,他指出,"真正的报刊即人民报刊","自由报刊的人民性,以及它所具有的那种使它成为体现它那独特的人民精神的独特报刊的历史个性——这一切对诸侯等级的辩论人说来都是不合心意的"。马克思认为报刊的历史个性与人民性的密切联系是与生俱来的。人民群众的认可是报刊存在的前提和根本。因此,作为新闻工作者要极其忠实地报道他所听到的人民的呼声。在马克思看来,报刊是人民的报刊,指出了报刊的职责和使命。一方面,报刊站在人民的立场上,为它周围的被压迫者辩护,"真诚地同情人民的一切希望与忧患、热爱与憎恨、欢乐与痛苦。它把它在希望与忧患之中倾听来的东西公开地报道出来";另一方面,报刊要发挥舆论监督功能,当好社会舆论的陪审团。① 马克思在《"新莱茵报"审判案》中声明:"报刊按其使命来说,是社会的捍卫者,是针对当权者的孜孜不倦的揭露者,是无处不在的耳目,是热情维护自己自由的人民精神的千呼万唤的喉舌。"② "报刊不仅有权利而且有义务严密地监督。"③ 列宁在《苏维埃政府当前的任务》一文中指出,报刊的主要任务是进行社会教育,成为教育人们转变拖拉作风的工具、鞭策落后的工具,树立好的榜样、将坏人坏事登上黑榜。2016年2月,习近平总书记在党的新闻舆论工作座谈会上强调:"要深入开展马克思主义新闻观教育,引导广大新闻舆论工作者做党的政策主张的传播者、时代风云的记录者、社会进步的推动者、公平正义的守望者。"新闻工作者和媒体机构将人民的利益放在首位,依据正确的新闻正义观传播信息,引导舆论,以客观公正的态度看待社会问题,揭示不平等的社会现象,维护社会正义,实现社会公共利益。

---

① 《马克思恩格斯全集》(第1卷),人民出版社1995年版,第153、352、358页。
② 《马克思恩格斯全集》(第6卷),人民出版社1961年版,第275页。
③ 《马克思恩格斯全集》(第5卷),人民出版社1958年版,第203页。

二　中国共产党的人民利益观

中国共产党是中国人民的根本利益的忠实代表，党除了工人阶级和最广大人民群众的利益，没有自己特殊的利益。全心全意为人民服务作为中国共产党的根本宗旨，是中国共产党人特有的人民利益观。这种利益观体现的是党的新闻舆论工作的出发点和落脚点，以始终代表最广大人民根本利益作为基本行为准则。

全心全意为人民谋利益是马克思主义的基本观点，是共产党人的天职。马克思在《共产党宣言》中指出，无产阶级的运动是绝大多数人的，为绝大多数人谋利益的独立的运动，共产党人为工人阶级的最近的目的和利益而斗争，但是他们在当前的运动中同时代表运动的未来。无产阶级政党必须为绝大多数人谋利益，并将它写在党的旗帜上。坚持人民的利益高于一切，始终全心全意为人民服务，既是中国共产党人的最高价值追求和最高行为准则，也是中国共产党领导人民建设中国特色社会主义的根本目的。无论是在革命时期、建设时期，还是在改革时期，中国共产党都是把坚持人民利益高于一切放在首位。

革命时期，毛泽东就明确提出："全心全意地为人民服务，一刻也不脱离群众；一切从人民的利益出发，而不是从个人或小集团的利益出发；向人民负责和向党的领导机关负责的一致性；这些就是我们的出发点。"[①]他要求共产党人为了党和人民的利益，要下牺牲个人利益的决心："第一个决心是要牺牲升官，第二个决心是要牺牲发财，第三更要下一个牺牲自己生命的最后的决心！"[②]他说："要得到群众的拥护吗？要群众拿出他们的全力放到战线上去吗？那末，就得和群众在一起，就得去发动群众的积极性，就得关心群众的痛痒，就得真心实意地为群众谋利益，解决群众的生产和生活的问题，盐的问题，米的问题，房子的问题，衣的问题，生小孩子的问题，解决群众的一切问

---

① 《毛泽东选集》(第3卷)，人民出版社1991年版，第1094—1095页。
② 《毛泽东文集》(第2卷)，人民出版社1993年版，第119页。

题。"① 改革开放以来，邓小平进一步发展了毛泽东的人民利益观，要求党的各项政策和工作必须以人民拥护不拥护、赞成不赞成、高兴不高兴、答应不答应作为出发点和归宿。江泽民创造性地提出了"三个代表"重要思想，是中国共产党在新的历史时期人民利益观的新发展。党的十六大修改通过的《中国共产党章程》进一步明确指出，中国共产党在任何时候都要把群众利益放在第一位，同群众同甘共苦，保持最密切的联系，决不允许任何党员脱离群众，凌驾于群众之上。胡锦涛特别关注利益观问题，强调加强党员的党性修养，树立正确的利益观，坚持人民利益高于一切。他告诫党员在诱惑面前经得起考验，正确看待个人得失，处理好个人追求和人民利益的关系。习近平总书记指出，"党的一切工作都是为了实现好、维护好、发展好最广大人民根本利益"，"始终要把人民放在心中最高的位置，始终全心全意为人民服务，始终为人民利益和幸福而努力工作"。

中国共产党领导人的人民利益观成为党的新闻舆论工作的根本遵循和行动指南，在党的百年新闻舆论工作中发挥着重要的作用。中国共产党的新闻舆论工作就是要维护好人民的根本利益，解决好"为了谁、依靠谁、我是谁"的根本问题。新闻舆论工作把马克思主义理论、党的路线方针政策变成人民群众的自觉行动，积极反映人民群众创造历史的生动实践、先进人物、感人事迹，丰富人民的精神世界，增强人民精神力量，为实现中华民族伟大复兴团结奋斗。

三 维护人民利益的斗争品格

中国共产党的新闻舆论工作本质是无产阶级和人民大众的舆论工具，维护的是人民的利益。"我们主张积极的思想斗争，因为它是达到党内和革命团体内的团结使之利于战斗的武器。"② 中共各个历史时期的

---

① 《毛泽东选集》（第1卷），人民出版社1991年版，第138—139页。
② 《毛泽东选集》（第2卷），人民出版社1991年版，第359页。

目标代表了历史前进的方向,在推进过程中会不可避免地遇到旧势力、恶势力和敌对势力的干扰和破坏,在党内也会因思想认识出现分歧遇到阻力,这就需要党的舆论工作积极开展思想领域斗争,为党和人民事业的发展扫清障碍、保驾护航。

(一)舆论斗争的理论渊源

马克思主义哲学认为,矛盾是唯物辩证法的基本观点。"无论什么事物的运动都采取两种状态,相对地静止的状态和显著地变动的状态。两种状态的运动都是由事物内部包含的两个矛盾着的因素互相斗争所引起的。"① 矛盾是社会发展的内在动力,社会矛盾存在有其客观性,有矛盾就会有斗争。矛盾的普遍性和特殊性决定了斗争的必然性和复杂性。采取何种斗争方式,舆论扮演了不可替代的作用。"正是由于报刊把物质斗争变成思想斗争,把血肉斗争变成精神斗争,把需要、欲望和经验的斗争变成理论、理智和形式的斗争,所以,报刊才成为文化和人民的精神教育的极其强大的杠杆。"② 马克思在 1842 年对报刊活动与社会现实关系的论述中,强调了报刊作为现实斗争在思想领域的舆论反映,成为舆论斗争的理论源头。马克思在《莱茵报》工作期间,就把报刊比喻为眼睛,自由报刊是人民精神的洞察一切的眼睛。"报刊按其使命来说,是社会的捍卫者,是针对当权者的孜孜不倦的揭露者,是无处不在的耳目。"③ 他进一步指出,报刊的使命在于捍卫人民利益,"报刊只是而且应该是有声的、'人民(确实按人民的方式思想的人民)日常思想和情感的表达者,诚然有时这种表达是热情的、夸大的、荒谬的'。……它生活在人民当中,它真诚地和人民共患难、同甘苦、齐爱憎。它把它在希望与忧患之中从生活那里倾听的东西,公开地报道出来。它尖锐地、激情地、片面地(像当时激动的感情和思想所要求

---

① 《毛泽东选集》(第1卷),人民出版社1991年版,第332页。
② 《马克思恩格斯全集》(第1卷),人民出版社1995年版,第329页。
③ 《马克思恩格斯全集》(第6卷),人民出版社1961年版,第275页。

的那样）对这些东西做出自己的判决。"①列宁在1913年指出，"报刊上展开的争论和交锋，有的可以帮助读者更清楚地弄懂政治问题，更深刻地了解这些问题的意义，更果断地解决这些问题"②。报刊反映现实的矛盾斗争，同时作为舆论工具参与舆论斗争。

舆论斗争是中国共产党的革命性的体现。战争年代，毛泽东提出全国解放战争取得胜利，靠的是两条路线，武的一条是靠枪杆子，通过武装斗争进行军事革命；文的一条是靠笔杆子，通过新华社指导舆论。舆论斗争是揭露反动舆论和营造正确舆论的统一。1948年，毛泽东在讨论如何通过舆论斗争的方式争取"中间派"时提出："要在报纸上刊物上对于对美帝及国民党反动派存有幻想、反对人民民主革命、反对共产党的某些中产阶级右翼分子的公开的严重的反动倾向加以公开的批评与揭露，文章要有分析，要有说服性，要入情入理。对一切应当争取的中间派的错误观点，在报纸刊物上批评时，尤其要注意文章的说服性。"③舆论斗争和军事斗争成为中国革命走向胜利的法宝。改革开放以后，邓小平同志强调要"发扬革命和拼命精神"。党的十九大报告指出："党在革命性锻造中更加坚强，焕发出新的强大生机活力，为党和国家事业发展提供了坚强政治保证"。党的二十大报告强调："全党同志务必不忘初心、牢记使命，务必谦虚谨慎、艰苦奋斗，务必敢于斗争、善于斗争，坚定历史自信，增强历史主动，谱写新时代中国特色社会主义更加绚丽的华章。"

舆论斗争是中国共产党战斗性的继承和发展。战斗性指的是报纸要具有高度的热情、原则性并善于进攻，对社会主义意识形态的敌人的任何进攻不轻易放过，要同思想敌人进行辩论，主动地提出问题，不要只顾防守；同时，报纸要善于从政治上尖锐地反映社会生活中最

---

① 《新闻工作文献选编》，新华出版社1990年版，第1—6页。
② 陈力丹：《马克思恩格斯列宁论新闻》，人民日报出版社2009年版，第276页。
③ 《毛泽东论新闻宣传》，新华出版社2000年版，第63—68页。

重要的现象,及时反映生活和革命斗争的要求;战斗性是党报的必备素质。①早期共产党人将报刊作为一种斗争的武器和工具。毛泽东在1931年3月指出,"《时事简报》是苏维埃区域中提高群众大斗争情绪、打破群众保守观念的重要武器","编《时事简报》的目的主要是给群众看。这是发动群众的有力的武器"。②"我们的党报是向党内外一切错误及敌对思想作斗争的武器。它是对敌斗争的思想武器,也是党的批评与自我批评的武器。"③1942年3月16日,中宣部发布《为改造党报的通知》,对党报的战斗性作了阐释:战斗性包含了对敌批判和党内的批判和自我批评、人民群众对党的工作的批判。1943年4月1日《解放日报》编辑部刊登改版社论《致读者》,正式提出关于党报的四方面要求,论证了党性、群众性、战斗性和组织性。毛泽东指出:"我们必须坚持真理,而真理必须旗帜鲜明。我们共产党人从来认为隐瞒自己的观点是可耻的。……我们党所进行的一切宣传工作,都应当是生动的,鲜明的,尖锐的,毫不吞吞吐吐。这是我们革命无产阶级应有的战斗风格。"④党的十九大报告指出,"增强党内政治生活的政治性、时代性、原则性、战斗性"。习近平总书记在2018年12月召开的中共十九届中央政治局民主生活会上指出:"新时代坚持和发展中国特色社会主义是一场伟大社会革命,要求我们必须时刻进行具有许多新的历史特点的伟大斗争。"敢于斗争、善于斗争,是中国共产党人鲜明的政治品格。

(二)舆论斗争的重点领域

舆论斗争是解除人民内部矛盾、威胁意识形态和政治安全风险挑战的斗争准备。"一切危害人民群众的黑暗势力必须暴露之,一切人民

---

① 《列宁论报刊与新闻写作》,新华出版社1983年版,第11—18页。
② 《毛泽东论新闻宣传》,新华出版社2000年版,第63—68页。
③ 中国社会科学院新闻研究所:《中国共产党新闻工作文件汇编》(下),新华出版社1980年版,第230—232页。
④ 《毛泽东选集》(第4卷),人民出版社1991年版,第1322页。

群众的革命斗争必须歌颂之,这就是革命文艺家的基本任务"①,揭示了舆论斗争的基本任务,具体进行舆论斗争的领域包括以下几个方面。

一是关于颠覆国家政权的舆论。"和平演变""颜色革命""文化霸权"等,西方敌对势力始终没有放弃颠覆中国共产党领导下的社会主义政权的图谋。"各种敌对势力一直企图在我国制造'颜色革命',妄图颠覆中国共产党领导和我国社会主义制度……他们选中的一个突破口就是意识形态领域,企图把人们思想搞乱,然后浑水摸鱼、乱中取胜。"②还有,"国内外敌对势力往往就是拿中国革命史、新中国历史来做文章,竭尽攻击、丑化、污蔑之能事,根本目的就是要搞乱人心,煽动推翻中国共产党的领导和我国社会主义制度"③。这些舆论的危害事关国家安危、政党安稳,应对其图谋不轨的阴暗行径进行全面猛烈的抨击,决不妥协退让,斗争到底。习近平总书记强调,宣传思想战线的同志要当战士、不当绅士,不做"骑墙派"和"看风派",不能搞爱惜羽毛那一套。要履行好自己的神圣职责和光荣使命,以战斗的姿态、战士的担当,积极投身宣传思想领域斗争一线。④

二是警惕"低级红""高级黑"的宣传方式。"低级红"是指把政治主张、党的言论庸俗化、简单化,表现为无知和极端,表面上是在做正面宣传,实则损害了党的形象和公信。"低级红"分为两种情况:一种是站在个人立场上,认为自己的言行是"替党说话",不顾及群众的反应,用无知或极端的态度来表达自己的"正义性"。另一种则是有意识地夸大事实,靠无原则的吹捧来引发人们的反感情绪。"高级黑"是在语言上修饰,讲求技巧,甚至打着学术的旗号,披着学术的"外衣",对党的宗旨和政策进行负面解读,达到"黑"的目的。意识形态领域的斗争,是一场看不见硝烟的战争,一次"低级红""高级黑"事

---

① 《毛泽东选集》(第3卷),人民出版社1991年版,第871页。
② 《习近平关于社会主义文化建设论述摘编》,中央文献出版社2017年版,第37页。
③ 《习近平总书记系列重要讲话读本》,学习出版社2016年版,第32页。
④ 习近平:《论党的宣传思想工作》,中央文献出版社2020年版,第189页。

件,就可能酿成舆论风暴,让我们党处于不利的境地,严重损害党的形象。《中共中央关于加强党的政治建设的意见》明确指出,"坚决防止和纠正一切偏离'两个维护'的错误言行,不得搞任何形式的'低级红'、'高级黑',决不允许对党中央阳奉阴违做两面人、搞两面派、搞'伪忠诚'"。

三是把握舆论斗争的网络时代性。互联网已经成为舆论斗争的最前沿。互联网不是法外之地。西方反华势力积极利用网络鼓吹中国共产党统治进入尾声,宣扬民族分裂思想,教唆民众暴力解决社会矛盾,妄图通过网络意识形态价值观输出,改变民众的理想信念,动摇群众对党的信任根基,进而动摇社会主义的思想基础,最终推翻共产党的政权。网络上充斥着不顾事实,主观臆断的言论,强化或极化负面观点,渲染挑拨大众情绪,煽动群体动员对抗党委、政府,"目的就是要同我们争夺阵地、争夺人心、争夺群众,最终推翻中国共产党领导和中国社会主义制度。如果听任这些言论大行其道,指鹿为马,三人成虎,势必搞乱党心民心,危及党的领导和社会主义国家政权安全。在事关坚持还是否定四项基本原则的大是大非和政治原则问题上,我们必须增强主动性、掌握主动权、打好主动仗"[①]。习近平总书记特别指出:一定要增强阵地意识,宣传思想阵地,我们不去占领,人家就会占领;互联网已成为舆论斗争的主战场,在互联网这个战场上,我们能否顶得住、打得赢,直接关系我国意识形态安全和政权安全;要把网上舆论工作作为宣传思想工作的重中之重来抓;要敢抓敢管,敢于亮剑,敢于站在风口浪尖上进行斗争。

(三)舆论斗争的策略与艺术

马克思指出:"在同这种制度进行的斗争中,批判不是头脑的激情,它是激情的头脑。""批判已经不再是目的本身,而只是一种手段。

---

① 《习近平关于社会主义文化建设论述摘编》,中央文献出版社2017年版,第27页。

它的主要情感是愤怒，它的主要工作是揭露。"①马克思认为，对错误的思想"一定要开火"，批判的目的是揭露。这一观点成为舆论斗争的指导思想。毛泽东认为，"同错误思想作斗争，好比种牛痘，经过了牛痘疫苗的作用，人身上就增强免疫力。在温室里培养出来的东西，不会有强大的生命力。""对于一些有害的言论，要及时给予有力的反驳。……社会上的歪风一定要打下去。无论党内也好，民主人士中间也好，青年学生中间也好，凡是歪风，就是说，不是个别人的错误，而是形成了一股风的，一定要打下去。打的办法就是说理。只要有说服力，就可以把歪风打下去。没有说服力，只是骂几句，那股歪风就会越刮越大。对于重大问题，要作好充分准备，在有把握的时候，发表有充分说服力的反驳文章。书记要亲自管报纸，亲自写文章。"②

英美等西方国家在第二次世界大战中提出的"三色宣传理论"，即"白色宣传——公开表明信息来源；灰色宣传——不说明信息来源；黑色宣传——隐蔽真实的信息来源"。白色宣传是宣传方不加伪装的宣传活动，一般规模大，持续时间长。灰色宣传介于白色宣传和黑色宣传之间，其特点是经常采用未经证实的消息，或有意模糊宣传者的本来目的以避"宣传"之嫌。黑色宣传则是故意假造或者隐蔽宣传者的真实意图，通常是秘密进行的地下颠覆活动，具有神秘性和欺骗性的特点。西方这些惯用的宣传手段仍在发挥作用，在当今复杂的斗争形势下，需要壮大舆论的正能量，巩固扩大红色地带，大大压缩黑色地带，积极主动争取灰色地带。习近平总书记强调，要全面提升国际传播效能，建强适应新时代国际传播需要的专门人才队伍。要加强国际传播的理论研究，掌握国际传播的规律，构建对外话语体系，提高传播艺术。要采用贴近不同区域、不同国家、不同群体受众的精准传播方式，推进中国故事和中国声音的全球化表达、区域化表达、分众化表达，增强国际传播的亲和力和实效性。要广交朋友、团结和争取大多数，

---

① 《马克思恩格斯选集》（第1卷），人民出版社2012年版，导言第4页。
② 《毛泽东文集》（第7卷），人民出版社1999年版，第232、196—197页。

不断扩大知华友华的国际舆论朋友圈。要讲究舆论斗争的策略和艺术，提升重大问题对外发声能力。

第四节　树立法治观：强化党的权力运行

一　舆论监督思想的丰富和发展

中国共产党建党一百多年来，在舆论监督思想方面进行大胆尝试创新，形成了具有中国特色的舆论监督思想的理论创新、实际效果和制度建设。中国共产党将其放在党的整个监督体系来考量和定位，为党的权力运行提供有力的保障。中国共产党历来重视新闻舆论监督，是党外监督的重要形式和有益补充，是党和政府治理能力的重要体现。在我国，舆论监督主要是指运用各种新闻宣传工具或载体，对党务和政务工作中的缺点、错误、官僚主义以及各种不正之风的揭露、批评、建议等。① 马克思在创办《莱茵报》时将报刊的舆论监督权提到报刊首要职责位置，认为报刊不仅有权利而且有义务严密地监督人民代表先生们的活动。想剥夺报刊评论人民代表的议会活动的权利吗？那么，又何必要报刊呢？他进一步指出："报刊按其使命来说，是社会的捍卫者，是针对当权者的孜孜不倦的揭露者，是无处不在的耳目，是热情维护自由的人民精神的千呼万应的喉舌。"1931年中华苏维埃共和国临时中央政府机关报《红色中华》在其发刊词中明确要求："引导工农群众对于自己的政权，尽了批评、监督、拥护的责任。"②

毛泽东提出，凡典型的官僚主义、命令主义和违法乱纪的事例，

---

① 陈力丹：《舆论监督要在党统一指挥下》，《当代传播》2018年第1期。
② 黄伟、郑德荣：《中央苏区时期毛泽东反腐倡廉思想与实践》，《光明日报》2012年2月22日。

应在报纸上广为揭发。同时他倡导发扬正气，压倒邪气，指出党报要发挥"组织、鼓舞、激励、批判、推动的作用"。邓小平1950年在西南区新闻工作会议上说，报纸最有力量的是批评与自我批评。后来他论述了监督来自三个方面：一是党的监督，二是群众的监督，三是民主党派和无党派人士的监督，新闻舆论监督是实现这三个方面监督的有效途径。在舆论监督作为正式的概念在党的文件中出现之前，多用报纸批评，可等同舆论监督。1992年江泽民在党的十四大报告中强调："强化法律监督机关和行政监察机关的职能，重视传播媒介的舆论监督，逐步完善监督机制，使各级国家机关及其工作人员置于有效的监督之下。"2009年胡锦涛在世界媒体峰会开幕式上指出，在推进改革开放和社会主义现代化建设的过程中，中国政府始终高度重视媒体发展，鼓励和支持中国媒体贴近实际、贴近生活、贴近群众，创新观念、创新内容、创新形式、创新方法、创新手段，增强亲和力、吸引力、感染力，在弘扬社会正气、通达社情民意、引导社会热点、疏导公众情绪，搞好舆论监督和保障人民知情权、参与权、表达权、监督权等方面发挥重要作用。习近平总书记创新发展了历代领导人的舆论监督思想，回应了互联网时代亟须解决的问题和挑战。习近平总书记在2013年召开的党的十八届三中全会上指出，"健全民主监督、法律监督、舆论监督机制，运用和规范互联网监督"，从思想认识到机制建设再到制度完善和进一步深化，成为习近平新时代中国特色社会主义思想的重要组成部分。

舆论监督概念在1987年党的十三大报告中首次出现，正式取代传统的报刊批评的概念，指出："要通过各种现代化的新闻和宣传工具，增加对政务和党务活动的报道，发挥舆论监督的作用，支持群众批评工作中的缺点和错误，反对官僚主义，同各种不正之风作斗争。"此后历次党代会的文件继续沿用这一概念，强调舆论监督的重要作用。

舆论监督在我国已成为人民群众行使社会主义民主权利的一种有效形式。人民的利益和愿望、人民的意志和情绪、人民的意见和建议，都是党和政府必须时刻重视和考虑的内容，通过新闻报道把这些反映出来，形成舆论，也就是舆论监督。①2005年中共中央办公厅印发的《关于进一步加强和改进舆论监督工作的意见》指出，舆论监督是社会发展的要求、新闻工作的职责、人民群众的愿望、党和政府改进工作的手段。正确开展舆论监督，有利于反映人民群众的意见和呼声，密切党和政府同人民群众的联系；有利于加强党风廉政建设，维护党和政府的良好形象；有利于弘扬正气，针砭时弊，理顺情绪，化解矛盾，维护社会稳定。该意见要求各级党委、政府和有关部门从全面贯彻"三个代表"重要思想和党的十六大精神的高度，从立党为公、执政为民的高度，从坚持科学发展观和构建社会主义和谐社会的高度，进一步加强和改进新形势下的舆论监督工作。党的十八大报告指出，"健全权力运行制约和监督体系"，要"加强党内监督、民主监督、法律监督、舆论监督，让人民监督权力，让权力在阳光下运行"。党的十八届六中全会通过的《关于新形势下党内政治生活的若干准则》中明确提出："领导干部要正确对待监督，主动接受监督，习惯在监督下开展工作，决不能拒绝监督、逃避监督。"对于舆论监督，党员应当正确认识、自觉接受，使权力在阳光下运行。党的十九大报告中指出，"健全党和国家监督体系。把党内监督同国家机关监督、民主监督、司法监督、群众监督、舆论监督贯通起来，增强监督合力"。2020年1月，习近平总书记在第十九届中央纪委四次全会上指出："以党内监督为主导，推动人大监督、民主监督、行政监督、司法监督、审计监督、财会监督、统计监督、群众监督、舆论监督有机贯通、相互协调。"党的二十大报告中提出，完善党的自我革命制度规范体系，坚持制度治党、依规治党，健全党统一领导、全面覆盖、权威高效的监督体系。这说明舆论监督是权力制约和监督体系的重要力量。

---

① 《新闻工作文献选编》，新华出版社1990年版，第201—222页。

二 舆论监督功能的改进与完善

舆论监督代表的是党和人民的利益，是我们党的优良传统。正确开展舆论监督，是维护党和人民利益的需要，是推进社会主义民主政治建设的需要，是实现立党为公、执政为民，提高党的执政能力的需要。"舆论监督的实现需要两个环节，一是提供足够的舆论信息，即可以形成舆论的事实情况，使人们对经济生活、政治生活和社会生活有充分的了解；二是在拥有信息的情况下，对各种政治、经济和社会现象及有关人进行理性的、坦率的评论。在信息日益丰富的情况下，舆论监督显得越来越重要，通过人们对普遍关心的问题进行论辩、辩驳乃至争论，即众多个体意见的充分互动，最终达到为一般人普遍赞同，且能在心理上产生共鸣的一致性意见，从而推动人类社会的进步。"[1]

中国共产党十分重视舆论监督，不断发挥舆论监督的积极作用，包括"对贯彻落实党和政府的路线、方针、政策情况的监督""对违反国家法律法规破坏法制建设行为的监督""对党纪、政纪执行情况的监督""对以权谋私、贪污受贿等各种腐败行为的监督""对侵害群众利益行为的监督""对社会丑恶现象、严重不道德行为和不良风气的监督"。[2]舆论监督，实质上是人民的监督，是人民群众通过新闻工具对党和政府的工作及其工作人员进行的监督，是党和人民通过新闻工具对社会进行的监督，不应仅仅看成是新闻工作者个人或者是新闻单位的监督。[3]舆论监督的作用不断完善，逐渐成为国家权力系统外部的监督力量。

（一）推动党和政府工作

舆论监督始终在推动党和政府工作的有效开展上发挥重要作用。

---
[1] 孙旭培：《新闻侵权与诉讼》，人民日报出版社1994年版，第37页。
[2] 王强华等：《新闻舆论监督理论与实践》，复旦大学出版社2007年版，第36页。
[3] 李瑞环：《坚持正面宣传为主的方针》，中国改革信息库，http://www.reformdata.org/1989/1125/4077.shtml。

新中国成立前主要是通过报刊批评纠正工作中的失误，推动党和政府的工作。1931年《红色中华》发刊词宣称工作目的之一就是"纠正各级苏维埃在工作中的缺点与错误"，"以自我批评精神，检阅工作的成功与缺点，找出正确的方法"[①]。1942年3月16日，《中宣部为改造党报的通知》把以批评错误形式来指导工作作为党报战斗性的必要要求，"党报要成为战斗性的党报，就要有适当的正确的自我批评，表扬工作的优点，批评工作中的错误，经过报纸来指导各方面的工作"[②]。新中国成立后，中国共产党强调运用舆论监督推动工作的积极性。1950年发布的《关于在报纸刊物上展开批评和自我批评的决定》指出："吸引人民群众在报纸刊物上公开地批评我们工作中的缺点和错误，并教育党员，特别是党的干部在报纸刊物上关于这些缺点和错误的自我批评，在今天是更加突出地重要起来了。"[③]1989年11月25日，李瑞环在中宣部新闻工作研讨班上的讲话中强调："党和政府要支持和善于利用舆论监督来改进和推动工作。这是舆论监督取得实际效果的关键。"[④]2003年施行的《中国共产党党内监督条例（试行）》以党内制度的形式明确了舆论监督的功能。2005年印发的《关于进一步加强和改进舆论监督工作的意见》明确舆论监督是党和政府改进工作的手段，要求舆论监督报道"着眼于改进工作，属于通过舆论监督听取人民群众的意见和呼声，发现和解决问题，推动和改进工作"。新时代面对新形势，习近平总书记要求，让互联网成为我们同群众交流沟通的新平台，成为了解群众、贴近群众、为群众排忧解难的新途径，成为发扬人民民主、接受人民监督的新渠道。

---

① 中国社会科学院新闻研究所：《中国共产党新闻工作文件汇编》（下），新华出版社1980年版，第23—24页。

② 中国社会科学院新闻研究所：《中国共产党新闻工作文件汇编》（上），新华出版社1980年版，第126—127页。

③ 中国社会科学院新闻研究所：《中国共产党新闻工作文件汇编》（中），新华出版社1980年版，第5—8页。

④ 《新闻工作文献选编》，新华出版社1990年版，第201—222页。

（二）加强党风廉政建设及惩防腐败

舆论监督是制约权力运行的有效方式，是遏制权力腐败的有效措施。建党后，舆论监督承担了反官僚主义，推动党风廉政建设的任务。1933年张闻天在《关于我们的报纸》中指出："在我们的报纸上差不多经常议论到应该反对官僚主义，甚至有些地方由于叫喊反对官僚主义把嗓子都弄哑了。然而关于官僚主义的具体事实的记载，则少到再不能少的地步了。"从党的领导层面意识到报刊舆论监督对遏制官僚主义作风的积极作用。新中国成立之后，毛泽东明确主张用报刊批评来反官僚主义，"凡典型的官僚主义、命令主义和违法乱纪的事例，应在报纸上广为揭发"①。改革开放初期，中共中央发布的《关于当前报刊新闻广播宣传方针的决定》在谈到报刊批评时，指出："对于不正之风，要坚持进行批评斗争。首先要反对的是对三中全会以来党的路线、方针、政策进行抵制或另搞一套、阳奉阴违这样一种不正之风。当然，对官僚主义和生活特殊化的批评和纠正也是必要的，但是这种批评，必须在党的领导下进行。"②改革开放逐渐深入，腐败问题日益突出，舆论监督反腐败的功能日益凸显。1989年5月，习近平同志在福建宁德地区新闻工作会议上的讲话中指出："舆论监督是加强党的建设和民主政治建设的一项重要内容。不受制约和监督的权力，必然会腐败变质。能否有效地制止腐败现象关系到党的生死存亡和社会主义事业的成败。这就需要建立各种有效的监督机制，而新闻媒介的舆论监督是最经常、公开、广泛的一种监督方式。当前，在强调加强党的建设、反对腐败的时候，特别要发挥新闻的舆论监督功能，使腐败现象暴露在光天化日之下。"1992年党的十四大报告指出："强化法律监督机关和行政监察机关的职能，重视传播媒介的舆论监督，逐步完善监督机制，使各级国家机关及其工作人员置于有效的监督之下。"1997年党的十五大报

---

① 《毛泽东论新闻宣传》，新华出版社2000年版，第128页。
② 《新闻工作文献选编》，新华出版社1990年版，第280—281页。

告指出:"把党内监督、法律监督、群众监督结合起来,发挥舆论监督的作用。加强对宪法和法律实施的监督,维护国家法制统一。加强对党和国家方针政策贯彻的监督,保证政令畅通。加强对各级干部特别是领导干部的监督,防止滥用权力,严惩执法犯法、贪赃枉法。"舆论监督成为与其他监督形式并用的方式,并且强调对党的领导干部的监督力度。

党的十六大以来,中国共产党把舆论监督纳入权力制约和监督体系,舆论监督的反腐败功能得到进一步加强。2004年2月《中国共产党党内监督条例(试行)》出台,这是中国共产党第一部党内监督条例,将舆论监督作为十种监督制度之一,舆论监督也成为反腐败的手段之一。2008年出台的《建立健全惩治和预防腐败体系2008—2012年工作规划》,明确发挥各监督主体的作用,加强和改进舆论监督。党的十八大以来出台了《中国共产党廉洁自律准则》《中国共产党问责条例》,修订了《中国共产党纪律处分条例》《中国共产党巡视工作条例》,通过了《关于新形势下党内政治生活的若干准则》等党内法规,为全面从严治党,严厉惩治腐败,净化党内政治生态提供了有力的制度保障,在党内外形成了反腐败的压倒性态势。习近平总书记指出,"各级党组织和政府应欢迎新闻工作者报喜也报忧,拿起舆论监督武器,对自己工作中的问题和各种腐败现象进行揭露批评"[①]。

随着信息技术和新媒体的发展和应用,网络舆论监督成为舆论监督的方式之一,也成为我国反腐机制的重要组成部分。网络舆论监督极大地激发了公众的民主意识和参政热情,通过微博等低成本、快速便捷的渠道反映曝光有关部门和领导的腐败和违纪违法行为,在网络上引发社会关注和热议,掀起舆论风暴,引起相关部门重视和查处。近些年来通过网络反腐查处的众多腐败官员纷纷落马,在网上吹响了反腐的集结号,反腐部门及时跟进处理,显示了网络强大的舆论监督

---

① 习近平:《把握好新闻工作的基点》,福建人民出版社1992年版,第84—86页。

功能。

（三）落实信息公开

信息公开是公众和媒体进行舆论监督的基础和前提，是为了了解党务、政务信息，以及国家各级机关人员在管理过程中的行为，从而更好地进行有效监督。2004年国务院制定《全面推进依法行政实施纲要》，其中第十条规定"行政机关应当公开政府信息。对公开的政府信息，公众有权查阅。行政机关应当为公众查阅政府信息提供便利条件"，第三十四条规定，"要高度重视新闻舆论监督，对新闻媒体反映的问题要认真调查、核实，并依法及时作出处理"。2007年国务院颁布《中华人民共和国政府信息公开条例》，实现了观念和制度上的重大飞跃，转变了政府的治理方式，提高了工作透明度，保障了人民群众依法获得政府信息的权利。党的十七大报告指出："完善制约和监督机制，保证人民赋予的权力始终用来为人民谋利益。""落实党内监督条例，加强民主监督，发挥好舆论监督作用，增强监督合力和实效。"党的十八大报告强调："推进权力运行公开化、规范化，完善党务公开、政务公开、司法公开和各领域办事公开制度，健全质询、问责、经济责任审计、引咎辞职、罢免等制度，加强党内监督、民主监督、法律监督、舆论监督，让人民监督权力，让权力在阳光下运行。"将信息公开制度与加强舆论监督结合起来，相互配合，进一步推进政务公开。2014年党的十八届四中全会通过的《中共中央关于全面推进依法治国若干重大问题的决定》强调，"全面推进政务公开，坚持以公开为常态、不公开为例外原则，推进决策公开、执行公开、管理公开、服务公开、结果公开"，使得公开从原则变成常态。随着社会改革进程的加速、信息技术的发展以及公众对信息公开的需求，2019年《中华人民共和国政府信息公开条例》进行首次修订，取消了申请人的"三需要"限制条件，即原条例中第十三条关于公民、法人和其他组织申请获取相关政府信息需"根据自身生产、生活、科研等特殊需要"的规定，进一步保障公民知情权、表达权和监督权。信息公开制度的不断完善，有力地保障和推进了政府管理的透明度和人民群众对政务的知晓权，营造了良好的政治生态环境，给舆论监督提供了制度保障。

（四）完善党员问责考核

在我国舆论监督是人民的监督，让人民监督权力，让权力在阳光下运行，这是我们党的执政理念。根据《中国共产党党内监督条例》，舆论监督作为党外监督的重要形式，各级党组织和党的领导干部应当认真对待、自觉接受社会监督，利用互联网技术和信息化手段，推动党务公开、拓宽监督渠道，虚心接受群众批评。坚持正确导向，加强舆论监督，对典型案例进行剖析，发挥警示作用。多地已经将舆论监督纳入问责考核体系。一方面，地方政府更加重视舆论监督的作用。《广州市党政领导干部问责暂行办法》规定"不接受不配合舆论监督和群众将被问责"；云南省实施的《关于省政府部门及州市行政负责人问责办法》明确提出，新闻媒体的舆论监督是对行政首长进行问责的依据之一。北京将媒体的监督作为地区的考核内容。媒体监督成为北京市各区委书记的"月考"必答题，用于考验各区解决基层热点难点问题的能力。山东省也加大舆论监督力度，要求"对贯彻落实党中央部署、省委要求不积极、不到位，对涉及人民群众切身利益问题不闻不问，不担当不作为甚至违法乱纪的行为坚决予以曝光"。另一方面，对于舆论监督这个"千里眼""顺风耳"及时反映的情况和暴露的问题，加大问责力度。对于舆论监督反映的领导干部不作为、乱作为的情况，严肃问责，严厉惩戒，及时公开，接受群众的二次监督，避免从轻处理，问责不力。

三、舆论监督艺术和方法的改进和提升

舆论监督的最终目的是取得良好的监督效果，监督需讲求艺术和

方法。中国共产党领导人继承马克思主义经典作家关于舆论监督效果的思想，提高舆论监督的艺术与方法。马克思认为，舆论监督对象必须明确到某一具体的人和事，不能泛泛而谈。他指出："报刊的义务正是在于为它周围左近的被压迫者辩护。……只是一般地同现存关系、同最高权力机关作斗争是不够的。报刊必须反对某一具体的宪兵、某一具体的检察官、某一具体的行政长官。"① 恩格斯指出，舆论监督应该措辞严厉，不能太过温和，"怎么能够做到既要谴责某一事物，而又措辞温和，不想使别人相信被谴责的事物是不完善的，也就是说，不想以此煽起别人的不满呢"②？列宁提出用开辟"黑榜"的方式来确保舆论监督的良好效果。他强调："社会主义政党要把不接受整顿自我纪律和提高劳动生产率的号召与要求的企业和农村公社登上黑榜，把它或者列为病态企业，采取特别的办法（特别的措施和法令），使它健全起来，或者列为受罚企业把它关闭，并且把它的工作人员送交人民法院审判。"③ 斯大林认为，不能对舆论监督过分苛责，"你们只要提出这种要求，就会把成千上万愿意纠正我们的缺点但是有时不善于正确表达自己意思的工人、工人通讯员和农村通讯员的嘴巴堵住。这是坟墓，不是自我批评"④，这样会阻碍舆论监督发挥作用。

中国共产党领导人继承了马克思主义经典作家的关于舆论监督方法的精髓。毛泽东指出，舆论监督要内外有别，强调注重调查研究，让事实陈述更具说服力，报纸批评应该尖锐而有度。邓小平强调报纸批评要抓典型，采取民主的说理态度，不能以偏概全，讲究分寸适当。江泽民指出，明确舆论监督对象，发挥不同媒体间的合力。胡锦涛指出，尊重舆论宣传的规律，改进新闻报道文风。习近平总书记曾指出，舆论监督的出发点应该是积极的、建设性的。监督的重点应该针对那

---

① 《马克思恩格斯全集》（第 6 卷），人民出版社 1961 年版，第 277 页。
② 《马克思恩格斯全集》（第 41 卷），人民出版社 1982 年版，第 330 页。
③ 《列宁全集》（第 27 卷），人民出版社 1958 年版，第 188 页。
④ 《斯大林选集》（下卷），人民出版社 1979 年版，第 10 页。

些严重违反党和国家重大政策以及社会生活中存在的重大问题，要抓典型事件。揭发的事实，务求准确。涉及党的一级组织和政府的批评，要持慎重态度，不能先入为主。要深入调查，多方听取意见，得出合乎事实的结论。特别要注意不应把批评的矛头对准那些群众有意见而我们工作中因限于目前条件一时难以解决的问题上。要让人民知道，党和政府正在采取措施，克服困难，解决问题。① 在国内外形势、媒体格局新变化的形势下，他提出运用、规范网络舆论监督，把握好时度效。

（一）舆论监督的几个误区

1. 舆论监督等同于负面报道

我国进入经济转型期、社会转轨期，暴露了很多社会问题和矛盾。在很多领导干部眼中，舆论监督完全是负面报道，就是公众和媒体"挑毛病""找碴儿"，渲染阴暗面，追求卖点，激化社会矛盾，具有破坏性，极易引发事端，影响社会和谐。于是对舆论监督置之不理，对于媒体采访拒不配合，甚至强加阻挠。这些观点和做法扭曲舆论监督的本质。2016年2月，习近平总书记在党的新闻舆论工作座谈会上强调，舆论监督和正面宣传是统一的。新闻媒体要直面工作中存在的问题，直面社会丑恶现象，激浊扬清、针砭时弊，同时发表批评性报道要事实准确、分析客观。

舆论监督与负面报道是具有本质区别的，正当的舆论监督是揭露社会问题，弘扬正气，对社会产生正面的积极的意义。而负面报道，多是违背法律、法规和事实，产生消极有害的影响。在我国，舆论监督的目的是建设性地发现问题，促进问题的解决。媒体和公众是来"帮忙的"，不是来"添乱的"。必须看到，问题在先，监督在后，问题不会因为舆论的沉默而消失，监督的报道是为了引起相关部门和领导的重视和关注，加快问题解决的进程。有些领导担心一些媒体会为了

---

① 习近平：《摆脱贫困》，福建人民出版社1992年版，第66页。

"眼球经济",收割流量,采用煽情手法,一味地报道负面信息,欠缺用解决问题的心态来进行报道,成为事件的"助燃剂",反而引发更多的矛盾和对立。针对这样的情况,作为领导干部,更应该与媒体沟通,澄清事实,主动设置议题,引导舆论,使负面新闻发挥正面的宣传监督效果。

2. 舆论监督损毁党和政府形象

党和政府形象是公共行为活动的外在表现与客观效应,以及公众对其表现形式的相对稳定的综合性评价。良好的形象不仅意味着绩效的提升,同时也意味着公众对党和政府的认可和支持。一些人认为,舆论监督多是反映问题矛盾,揭露腐败现象,尤其是这些负面信息经过网络即时、广泛地传播,会引发社会对党和政府公信力和权威的质疑和挑战,有损党和政府形象。但是,值得注意的是,如果遇到问题以维护政府形象为由,采取掩盖的做法,势必导致公众的诉求无法满足,情绪无法排解,怨气无法发泄,最终小问题演变成大矛盾,引发社会的不稳定,最终给党和政府形象带来的影响和损失更大。

实际上,危机是"危险"与"机遇"相互交错的建构体,对于党和政府形象而言,危机并不是完全消极的破坏力,其中也蕴藏着形象重塑的良好机遇。通过对舆论监督反映问题的有效回应和解决,政府机关不仅可以重新获得信任,而且在某种程度上可以得到"加分"。我们的党和政府不是全能的,在履行职责的过程中,错误和漏洞在所难免,通过舆论监督能够加速问题的解决、矛盾的化解,从而促进高效、透明的党委和政府建设。

3. 舆论监督影响党员干部政绩

作为党的领导干部都在意"政绩",对于正面宣传,都是非常愿意配合的。但是对于反映问题的舆论监督,有的认为被群众批评、媒体曝光丢了面子,坏了政绩;有的热衷"面子工程""政绩工程",想方设法提高自己的知名度,为政治仕途"造势",生怕舆论监督引发"执政危机",对揭露的问题不主动配合调查回应,敷衍塞责,更有甚者干扰、阻挠、封堵媒体记者，拒绝群众批评。这些党员领导干部没有树立正确的政绩观，政治上短视，为了一己私利和短暂的"天下太平"，不是以"群众满意"作为工作目标，而是以"领导注意"作为追求。2018年3月8日，习近平总书记在参加十三届全国人大一次会议山东代表团审议时强调，"要牢固树立正确政绩观，既要做让老百姓看得见、摸得着、得实惠的实事，也要做为后人作铺垫、打基础、利长远的好事，既要做显功，也要做潜功，不计较个人功名，追求人民群众的好口碑、历史沉淀之后真正的评价"。作为党员领导干部最大的政绩是群众满意，对群众监督的重视，不仅能够有效回应群众的诉求，同时也能够及时发现和解决实际工作中存在的问题和盲点，避免"小事拖大，大事拖炸"，造成更大的损失。

（二）正确处理舆论监督与正面宣传的关系

舆论监督和正面宣传是统一的，不是对立的，应该有机结合、相互配合，这样才能起到积极的社会效果。1956年中宣部《宣传通讯》述评《进一步开展报纸上的批评和自我批评》指出："报纸上的批评和表扬有时未能很好结合起来。例如今年上半年的一个时期，许多报纸发表批评浪费现象的稿件的分量过多，而内容重复，同时缺乏对先进事物的表扬。这不但歪曲了我们新社会的生活现实，而且易给敌人以造谣中伤的借口。报纸在开展批评同时，要注意表扬先进的事物。"[①]毛泽东在《中共中央关于反对官僚主义、反对命令主义、反对违法乱纪的指示》中指出："在开展反坏人坏事的广泛斗争达到了一个适当阶段的时候，就应将各地典型的好人好事加以调查分析和表扬，使全党都向这些好的典型看齐，发扬正气，压倒邪气。"[②]

坚持正面宣传为主作为中国共产党的新闻宣传方针在1989年被

[①] 中国社会科学院现代史研究室：《中国共产党新闻工作文件汇编》（下），新华出版社1980年版，第113—118页。

[②] 《毛泽东论新闻宣传》，新华出版社2000年版，第128页。

正式提出。李瑞环发表了《坚持正面宣传为主的方针》的讲话，强调："改进新闻工作需要研究和解决的问题很多。无论是从新闻工作的一般意义上讲，还是从当前各方面的实际情况来讲，或是从稳定是压倒一切这个大局来讲，关键的问题是新闻报道必须坚持以正面宣传为主的方针。我认为，这是社会主义新闻事业必须遵循的一条极其重要的指导方针。坚持这个方针，就是要准确、及时地宣传党的路线、方针、政策，实事求是地反映社会现实生活的主流，让人民群众用创造新生活的业绩教育自己，形成鼓舞人们前进的巨大精神力量，在当前就是要造成一个有利于稳定局面的舆论环境。"① 关于什么是正面宣传及正面宣传包括的内容，李瑞环从七个方面进行了具体阐述。

正面宣传同时也强调舆论监督的重要性，"坚持正面宣传为主的方针，不是不要批评报道。重视和改进批评报道，同样是新闻事业的社会主义性质和党性原则决定的。批评与自我批评，包括新闻批评，是我们党的建设的重要法宝之一，是我们党克服消极思想侵袭、保持健康肌体的有力武器。正因为如此，我们党历来重视在报刊上开展批评"，"坚持正面宣传为主的方针与正确地实行舆论监督是一致的"②。关于如何将正面宣传与舆论监督有机结合，习近平总书记在2016年2月召开的党的新闻舆论工作座谈会上精辟阐述了正面宣传与舆论监督的关系。第一，正面宣传为主，不是说只能讲正面，不能讲负面，关键要处理好主流和支流、全局和局部、成绩和问题的关系，搞清楚个别真实和总体真实的关系，把握好平衡，在宣传的整体上呈现主流、成绩和全局的正能量，从宏观上把握和反映事物的全貌。第二，对重大原则问题、明显的大是大非问题，不能当绅士和做"看风派"。有的问题本来就是党和政府坚决反对的，不能闪烁其词，让群众产生误解，好像在包庇这些事和人似的。第三，对新闻媒体提出要求，即新闻媒体要直面工作中存在的问题，直面社会丑恶现象，激浊扬清、针砭时

---

① 李瑞环：《坚持正面宣传为主的方针》，《求是》1990年第5期。
② 李瑞环：《坚持正面宣传为主的方针》，《求是》1990年第5期。

弊。对人民群众关心的问题、意见大反映多的问题，要积极关注报道，及时解疑释惑，引导心理预期，推动改进工作。对于网上诋毁、恶搞、丑化英雄人物的歪风，我们主流媒体要及时发声，用史实说话，为英雄正名，发挥弘扬正气作用。第四，对党员领导干部正确对待舆论监督作出了要求。新闻单位不大善于批评的问题，也有被批评者包括一些领导机关、领导干部不习惯不适应批评的问题。有些地方和部门遇到敏感复杂事件，习惯于采取"捂盖子"的做法，有的还通过宣传部门"灭火"。这种观念和做法在信息社会无异于掩耳盗铃。对舆论监督要有承受力，不能怕自己的"形象""利益"受到损害而限制媒体采访报道。他强调，坚持团结稳定鼓劲、正面宣传为主，也不是说就当好好先生、当东郭先生、当开明绅士。对社会上存在的思想认识问题，要加强正确引导，通过摆事实、讲道理，明辨理论是非、澄清模糊认识。对重大政治原则和大是大非问题，要敢于交锋、敢于亮剑。

第五节　注重辩证观：尊重新闻传播规律

一　马克思主义新闻观的精髓

真实性是新闻的本质和关键。马克思主义认为，新闻是客观事实的报道。马克思在《"莱比锡总汇报"在普鲁士邦境内的查禁》一文中首次提出，"报刊的本质总是真实的和纯洁的"[①]。新闻的真实性是报刊的生命，失去了真实就意味着失去了人民的信任。恩格斯指出："使读者确立无可争辩的信念，只有明显的、无可争辩的事实才能做到这一

[①]《马克思恩格斯全集》（第1卷），人民出版社1995年版，第353页。

点。"①列宁继承和发展了马克思和恩格斯新闻真实的思想,要求无产阶级的媒体必须以新闻真实为基石。要知道,现在用言语既不能说服工人,也不能说服农民,只有用真实的事例才能说服他们,因为是确确凿凿无可争辩的事例,最能有力地教育群众。新闻是客观事实的主观反映,但不能完全等同于客观事实,只有对个体真实的不断把握,才能还原和接近完整的、整体的真实。马克思因此提出了著名的"有机的报纸运动"理论:"只要报刊有机地运动着,全部事实就会完整地被揭示出来。"②恩格斯指出:"杂志将完全立足于事实,只引用事实和直接以事实为根据的判断,——由这样的判断进一步得出的结论本身仍然是明显的事实。"③追求新闻报道的整体真实避免了从局部孤立地、片面地传播信息。虽然个体层面是真实的,但是从联系的观点、发展的观点看,事实的发展变化需要我们从整体上把握新闻的真实。实现新闻真实需要注重调查研究,深入实际掌握第一手的材料。恩格斯研究英国资本主义现状时,亲自全面了解调查工人阶级的状况,他说:"我想要的不限于和我的课题有关的纯粹抽象的知识,我很想在你们家中看到你们,观察你们的日常生活,同你们谈谈你们的状况和你们的疾苦,亲眼看看你们为反抗你们的压迫者的社会统治和政治统治而进行的斗争。"④列宁的新闻实践中强调新闻真实性问题,要求党报坚持真实性原则,使得党报"不仅在无产阶级和一切劳动人民的心目中具有很高的威望,甚至在我们最凶恶的敌人的心目中也具有很高的威望。任何人在任何时候都不能非难我们的报纸不真实"⑤。同时他还提出"镜子说",认为新闻是现实世界的真实的、不失真的反映,犹如镜子的镜像,体现了唯物论中的反映论。

马克思主义新闻工作者一直以尊重客观事实、如实反映社会情况

---

① 《马克思恩格斯全集》(第42卷),人民出版社1979年版,第277页。
② 《马克思恩格斯全集》(第1卷),人民出版社1956年版,第211页。
③ 《马克思恩格斯全集》(第42卷),人民出版社1979年版,第413页。
④ 《马克思恩格斯选集》(第1卷),人民出版社2012年版,第81页。
⑤ 《列宁论报刊与新闻写作》,新华出版社1983年版,第283页。

和问题为准则。我们强调新闻真实性是基于历史唯物主义的基本观点。"依照历史唯物论,信息的采集活动和处理能力,是人类的本能之一;又由于人类是社会化的高级生物,这就使得个人的信息采集与处理,必然会在一定的人群和地域之间传播、交流和扩散。因此,人类在认识自然、改造自然的过程中,必然要求真实的客观的信息在相互之间传播、交流和扩散,以不断地提高征服自然、改天换地的能力,从而推动自身文明史的不断进步。"[1] 新闻是信息,但是不是所有的信息都是新闻,需要用马克思主义辩证唯物论的立场和方法去把握真实性的内涵和实践要求。

中国共产党是新闻真实性原则的信仰者和践行者。中共对真实原则的坚持继承了马克思主义新闻观的思想体系。从中国共产党诞生起,中共就把坚持真实、忠于事实作为新闻舆论工作的根本要求。1925年12月5日毛泽东在《政治周报》"发刊理由"上讲道,我们反攻敌人的方法,并不多用辩论,只是忠实地报告我们革命工作的事实。敌人说:"广东共产"。我们说:"请看事实"。敌人说:"广东内哄"。我们说:"请看事实"。敌人说:"广州政府勾联俄国丧权辱国"。我们说:"请看事实"。敌人说:"广州政府治下水深火热民不聊生"。我们说:"请看事实"。[2] 毛泽东始终强调新闻真实性的"标尺",《毛泽东新闻工作文选》中记录了他对于新闻真实性的重要论述。他在党的七大报告中提出要"讲真话,不偷、不装、不吹","讲真话,每个普通的人应该如此,每个共产党员更应该如此"。

无论是作为革命党,还是执政党,坚持真实性原则是党新闻舆论工作追求真理的重要保证。在解放战争时期,1947年新闻报道中出现了虚假新闻、捕风捉影、新闻失实和右倾现象和问题,《晋绥日报》在解放区展开了抨击虚假报道、维护新闻真实性的反对"客里空"运动。"客里空",是苏联卫国战争时一位作家创作的话剧《前线》中的人物,

---

[1] 尹韵公:《试论新闻的真实性》,《现代传播》2006年第5期。
[2] 《毛泽东文集》(第1卷),人民出版社1993年版,第22页。

名字翻译过来叫"客里空"。客里空在采访的时候，不是深入战士中间去了解情况，而是整天待在指挥部里，捕风捉影，编造新闻，后来新闻界就把新闻失实现象称为"客里空现象"。在反"客里空"运动中，中国共产党重申贯彻新闻真实性原则，绝不能允许出现虚假新闻，不仅在理论上注重真实性，同时强调业务规范上也要用事实说话，以事实为依据。中国共产党历届领导都高度重视新闻舆论工作真实性原则，反复强调要讲真话、讲实话，把实事求是的思想路线始终贯穿在舆论宣传工作中。

二 实事求是与真实性的统一

实事求是是中国共产党新闻舆论工作一以贯之的指导思想。"我们要像爱护眼睛一样，维护新闻的真实性原则，坚决防止和杜绝弄虚作假、任意拔高和凭空杜撰等不良现象。要把坚持真实性提高到坚持党性原则、坚持新闻工作职业道德的高度来认识。"[①] 中国共产党将新闻真实性原则与党性原则视为同等重要的原则。江泽民指出："新闻真实性，就是要在新闻工作中坚持党的一切从实际出发、实事求是的思想路线。"[②]

1942年毛泽东在《改造我们的学习》中对实事求是作了科学解释，"实事"就是客观存在的一切事物，"是"就是客观事物的内部联系，即规律性，"求"就是我们去研究。实事求是成为中国共产党的思想路线和核心内容，是党对舆论宣传工作的基本要求。宣传舆论工作要靠真理和科学。毛泽东在《反对党八股》中说："无产阶级的最尖锐最有效的武器只有一个，那就是严肃的战斗的科学态度。共产党不靠吓人吃饭，而是靠马克思列宁主义的真理吃饭，靠实事求是吃饭，靠

---

① 《新闻工作文献选编》，新华出版社1990年版，第201—222页。
② 《新闻工作文献选编》，新华出版社1990年版，第189—200页。

科学吃饭。"①他在撰写《政治周报》发刊理由时指出,"我们反攻敌人的方法,并不多用辩论,只是忠实地报告我们革命工作的事实……《政治周报》的体裁,十分之九是实际事实之叙述,只有十分之一是对于反革命派宣传的辩论"②。他进一步指出:"做新闻工作,无论是记者或者编辑,都要头脑冷静,实事求是。下去采访,不要人家说什么你就报道什么。要自己动脑筋想想,是否真实,是否有理。"③邓小平继承和发展了毛泽东宣传舆论思想,坚持实事求是原则,用事实说话。他在《党在组织路线和思想战线上的迫切任务》中指出:"无论是开会发言、写文章,都要进行充分的说理和实事求是的科学分析。参加讨论和批评的人,首先要对讨论和批评的问题研究清楚,绝不能以偏概全,草木皆兵,不能以势压人,强词夺理。"④胡锦涛强调:"要坚持讲真话、讲实情,实事求是地反映情况,坚决反对弄虚作假。"⑤习近平总书记在 2016 年 2 月召开的党的新闻舆论工作座谈会上指出:"做好正面宣传,要增强吸引力和感染力。真实性是新闻的生命。要根据事实来描述事实,既准确报道个别事实,又从宏观上把握和反映事件或事物的全貌。"

三 真实性的要求

中国共产党新闻舆论工作的真实性要求不仅是事件的真实,还包括事实所承载的意义的真实。新闻事实的意义是事件真实性的内在体现。"从社会现实建构的角度来讲,'现实'分为三种:一种是真正的现实,一种是媒介所建构的象征的或表现的'现实',一种是受众从媒

---

① 《毛泽东选集》(第 3 卷),人民出版社 1991 年版,第 835—836 页。
② 张艺兵:《毛泽东宣传思想的研究》,中国社会科学出版社 2019 年版,第 149 页。
③ 吴冷西:《忆毛主席》,新华出版社 1995 年版,第 108—109 页。
④ 《邓小平文选》(第 3 卷),人民出版社 1993 年版,第 47 页。
⑤ 徐光春:《中华人民共和国广播电视简史》(1949—2000),中国广播电视出版社 2003 年版,第 26 页。

介上理解的'现实'。……对新闻的阐释应该是在有关因素组成的网络中的一种一致性的结构,既有暗示的,也有解释性的。"① 新闻的真实性是对事实的一种选择、理解和认识的过程,是意义不断阐释丰富生成的过程,真实性是对现实社会意义的构建。

(一) 注重整体真实

从总体上、本质上以及发展趋势上去把握真实性,是实践和落实真实性原则的关键。列宁认为,从整体上和联系中去把握事物的重要性,这不仅可以避免孤立地、片面地看问题,而且也是新闻报道者达到新闻真实性的重要路径。在他看来,在社会生活中,胡乱抽取个别事实,是根本站不住脚的,只能是儿戏,甚至连儿戏都不如。这为党践行新闻真实性提供了方法论的指导。② 江泽民曾指出:"新闻的真实性不仅要求每一篇具体报道的新闻要素必须真实准确,而且要求从新闻宣传整体的把握上做到真实、客观、全面。如果把阴暗面集中起来,每天八个版都登不完,其中每件事都可能是真实的,但从整体上看完全不符合我们的真实情况。"③ 真实性不仅仅是局部细节的真实,更需要整体真实。江泽民认为,社会生活中有光明面,也有阴暗面。阴暗面的情况、性质也各不相同。现实生活是复杂的,要找几个事例来证明某个观点并不难。一叶障目,不见泰山,抓住一点,不及其余,尽管这一叶、这一点确实存在,但从总体上来看却背离了真实性。所以我们的新闻工作者要做到真实地反映生活,就要深入进行调查研究,不仅要做到所报道的单个事情的真实、准确,更要注意和善于从总体上、本质上以及发展趋势上去把握事物的真实性。要防止搜奇猎异,防止捕风捉影。④ 习近平总书记指出,真实性是新闻的生命,事实是新闻的

---

① 陈卫星:《传播的观念》,人民出版社2004年版,第320页。
② 丁柏铨:《论列宁新闻思想的特色、内涵及启迪意义》,《现代传播》2020年第7期。
③ 《十三大以来重要文献选编》(中),人民出版社1991年版,第746页。
④ 《十三大以来重要文献选编》(中),人民出版社1991年版,第776页。

本源，虚假是新闻的天敌。新闻的真实性容不得一丁点马虎，否则最真实的部分也会让人觉得不真实。要根据事实来描述事实，不能根据愿望来描述事实，同时要坚持马克思主义立场、观点、方法，搞清楚是个别真实还是总体真实，不仅要准确报道个别事实，而且要从宏观上把握和反映事件或事物的全貌。①

（二）注重全面真实

全面与真实是相伴而行的。全面要求不能以偏概全，要善于听取多方意见。毛泽东强调舆论工作看问题、写文章要全面，努力做到不要片面。他说："有人说，发长篇大论可以避免片面性，写短篇的杂文就不能避免片面性……我们还要求努力做到看问题比较全面，不管长文也好，短文也好，杂文包括在内，努力做到不是片面性的。有人说，几百字、一二千字一篇的杂文，怎么能作分析呢？我说，怎么不能呢？鲁迅不就是这样的吗？分析的方法就是辩证的方法。所谓分析，就是分析事物的矛盾。不熟悉生活，对于所论的矛盾不真正了解，就不可能有中肯的分析。鲁迅后期的杂文最深刻有力，并没有片面性，就是因为这时候他学会了辩证法。列宁有一部分文章也可以说是杂文，也有讽刺，写得也很尖锐，但是那里面就没有片面性。"②胡乔木在《记者的工作方法》一文中指出："报道上应该把握矛盾的两个方面，这就是全面。……所谓全面，不是上下古今全写，而且不是每篇如此，天天如此，也不是对每个记者都要求如此，不能形式地了解全面。"他主张从四个方面来把握全面报道。一是应该要全面的，才全面报道；二是全面，不是对所有记者、所有通讯员提出的要求，而是对重要的记者提出的要求；三是全面，不是对每一篇作品都作这样的要求；四是全面，不是要求一个天样的范围，一个天固然是全面，写一个县也是

---

① 习近平：《论党的宣传思想工作》，中央文献出版社2020年版，第188页。
② 《毛泽东文集》（第7卷），人民出版社1999年版，第277—278页。

全面，写一个村也是全面。①

"新闻媒体是社会舆论的发射器，也是社会舆论的放大器。如果只看到黑暗、负面，看不到光明、正面，虽然报道的事情是真实发生的，但这是一种不完全的真实。一叶障目、不见泰山，攻其一点、不及其余，不管这一叶、这一点确实存在，但从总体上看却背离了真实性。同时，除了一因一果，更要注意一因多果、一果多因、多因多果、互为因果、因果转换等复杂情况，避免主观片面、以偏概全。"② 同时，要注意防止出现另一种倾向，即借口全面真实而忽视报道问题和矛盾，有意弱化或消解舆论监督。

（三）坚持两点论

两点论是新闻真实性的哲学基础。做新闻舆论工作要真正做到实事求是，必须坚持辩证法与两点论，抓住事物的本质，既要看到成绩也要看到缺点，既要反映主要方面也要关照次要方面。"报纸的宣传要搞深入、踏实、细致。我们讲多快好省的方针，报纸上不能只讲多快，不讲好省。……报纸对一些具体问题，要由小见大，要把许多杂乱无章的事情加以概括，从理论上把事情说清楚。报纸的评论，应带理论色彩，这就是深入事情的本质，抓住了规律。这样把纲提起来，才能使干部和群众方向明确。意识形态和上层建筑的重要性就在这里"。③ 刘少奇在《对华北记者团的谈话》中就说过："要做到真实，就要全面，缺一面就不是真理。"④ 毛泽东在1958年看到宋庆龄创办的《中国建设》杂志后指出，用事实说话，始终不渝地报道祖国的真实情况。要实事求是，不夸大，不作假，结合政策多讲生动事例，少讲空泛道理。宣传我们的成就，同时也不讳言我们尚有困难和缺点，以争取主

---

① 《胡乔木谈新闻出版》（修订本），人民出版社2015年版，第37—38页。
② 《习近平著作选读》（第1卷），人民出版社2023年版，第457页。
③ 吴冷西：《忆毛主席》，新华出版社1995年版，第70—71页。
④ 孙茗：《两点论和重点论在新中国新闻中的运用》，《毛泽东思想研究》1999年第12期。

动。①毛泽东在《矛盾论》中论述道，矛盾存在于一切事物发展的过程中，矛盾贯穿于每一个事物发展过程的始终。因此，不能只报道成就的一面，对不好的一面避而不谈，就是所谓的"报喜不报忧"。正如伊斯雷尔·爱泼斯坦1981年回答新华社提问时说，应以报道成绩为主，既报成绩，也提问题，经常保持报道上的平衡。②毛泽东要求记者要头脑冷静，遇到问题要有分析，善于比较。"矛盾有正面，有侧面。看问题一定要看到矛盾的各个方面，群众运动有主流，有支流。到下面去看，对运动成绩和缺点要有辩证的观点，不要把任何一件事情绝对化。对好事情不要全信，坏事情也不要只看到它的消极一面。比方瞒产，我对隐瞒产量是寄予同情的。当然，不说实话，是不好的。但是为什么瞒产？有很多原因，最主要的原因是想多吃一点，值得同情。瞒产，除了不老实这一点以外，没有什么不好。隐瞒了产量，粮食依然还在。瞒产的思想要批判，但是对发展生产没有大不了的坏处。"③老一辈新闻人安岗说："为什么只看一面呢？一方面是'报喜不报忧'的思想在作怪，另一方面也是对近代化工业活动的多样性和统一性认识不足，抓住一点，不顾其他。"只关注部分、零星做法是思想方法片面，犯了一点论的错误，违背了两点论的要求。

总之，中国共产党舆论领导力是马克思主义新闻观的继承与发展，是新闻舆论传播的规律认识和总结，是无产阶级政党新闻传播的指导原则和基本要求。中国共产党舆论领导力主要内容对党性、导向、正义、监督和真实性进行了深刻的阐述，反映了它们之间是一个联系的、统一的、开放的、有机的整体。党性原则是新闻舆论工作的基本要求和基本立场；把握正确的舆论导向是坚持党性原则的根本标志；坚守新闻正义是实现党性与人民性统一的重要体现；舆论监督是完善党委

---

① 《中国共产党宣传工作文献选编（1949—1956）》，学习出版社1996年版，第838页。

② 《爱泼斯坦新闻作品选》，今日中国出版社1995年版，第328—329页。

③ 《毛泽东论新闻宣传》，新华出版社2000年版，第146页。

和政府工作的重要保障；真实性是新闻舆论观的本质要求。

中国共产党舆论领导力的主要内容在新闻舆论实践中不断地丰富和发展，并发挥着理论指导作用。尤其在当今新闻媒介全球化趋势下，一些西方国家利用新媒体较为便利地输出政治价值观和文化价值观，鼓吹西方多样化的社会思潮，使得国家原有的意识形态安全面临巨大挑战。国内"两个舆论场"的矛盾、冲突时有发生，冲击主流意识形态，舆论工作面临困境。习近平总书记在党的十九大报告中指出："牢牢掌握意识形态工作领导权"，"高度重视传播手段建设和创新，提高新闻舆论传播力、引导力、影响力、公信力"。党的二十大报告强调"建设具有强大凝聚力和引领力的社会主义意识形态"如何在复杂多变的国内外环境中保持清醒的鉴别能力和提高认识水平，需要秉持新闻舆论工作党性和人民性统一的原则，把握正确的舆论导向，充分发挥好舆论监督功能，坚持新闻的真实性，推动党委和政府的工作。

第五章

中国共产党对外舆论工作领导能力建设的实践探索

中国共产党对外舆论工作既是向世界说明中国，让世界认识和了解中国，让中国融入世界的现实需要，也是传播中国声音和中国共产党声音的迫切需要，是政党公共外交的重要形式。中国共产党在建党之初、革命战争年代、新中国成立以来在对外舆论工作方面进行了有益的尝试和探索，将对外舆论工作放在中国共产党建党百年历史的长河中，透过历史背后的史实逻辑以及整个中华民族历史命运可以发现，对外舆论工作不仅关乎中国革命、建设、改革的时事变迁，也承载了在中国对外关系中寻求推动世界对中国共产党和中国的理解与尊重，消除偏见和误解的进程。从历史、现实和未来的视角，总结中国共产党对外舆论领导的历史经验，提炼规律，满足解决现实问题的需要，同时指导未来对外舆论工作走向。

第一节 对外舆论工作领导能力建设的历史条件与实践基础

舆论领导根据指向的不同分为对内舆论工作和对外舆论工作。对外舆论工作主要是借助媒介或者其他传播手段,从中国共产党和国家的根本利益和长远利益出发,客观、真实地向国际社会中的国家、团体和个人介绍中国共产党的和中国的政策、主张,让世界了解中国,让中国融入世界,争取对方的了解、理解、支持与认同,改变他们对中国共产党和中国的刻板印象,纠偏西方的"认知错位、价值错位、心态错位和话语错位",树立良好的国际形象,为中国的社会主义建设创造有利的国际舆论环境的实践活动。马克思指出:"每一个时代的理论思维,从而我们时代的理论思维,都是一种历史的产物,它在不同的时代具有完全不同的形式,同时具有完全不同的内容。"[1]中国共产党对外舆论领导思想是在一定历史发展阶段上和一定运行过程中产生的,在不同的历史条件下对外舆论领导的侧重点有所不同。

一 历史条件

在国内外形势发生深刻变化的时代背景下,中国共产党领导集体凭借丰富的政治经验和敏锐的洞察力,在继承马克思、恩格斯、列宁等舆论思想的基础上,围绕如何认识国际形势和因时顺势地制定对外关系战略,科学分析当时正剧烈演变的时代潮流和世界大势,形成了对外舆论思想的重大判断。

---

[1] 《马克思恩格斯选集》(第4卷),人民出版社1995年版,第284页。

（一）寻求共产国际帮助

中国共产党成立前后都获得了共产国际的帮助和支持。1921 年中国共产党在共产国际的帮助下成立。这一时期资本主义在国际社会处于主导地位，俄国十月革命开创了 20 世纪的世界革命运动。国际社会进入世界无产阶级革命的大时代，共产国际承担了世界革命的组织和指导功能。1920 年共产国际第二次代表大会后，在列宁和布尔什维克党的领导下，共产国际基本完成了世界革命战略重心向东方的转移，在其指导下的世界革命运动为东方国家开展革命党领导的"反帝反封建"民族解放运动提供了支持和帮助。中国作为世界无产阶级革命不可或缺的组成部分，与国外无产阶级政党保持密切联系，是当时必然的选择。中国共产党诞生后开始注意对外舆论传播，主要是把中国的革命情况向共产国际以及苏共和其他兄弟党通报。最早开展对外舆论传播的新闻机构是 1920 年 7 月 1 日建立的中俄通讯社（1921 年改为华俄通讯社），它是以维金斯基为代表的共产国际来华工作组创办的，通讯社发稿内容数量众多，报道形式多样，既包括翻译和报道共产国际和苏俄的消息，也报道中国的重要新闻，翻译成俄文后刊发在苏俄报刊上，通过通讯社发稿让苏俄民众了解中国情况。

（二）改变西方舆论偏见

西方国家对中国共产党存在偏见和误解，西方主流舆论始终被国民党占据。"在国外，由于国民党政府的封锁政策，很多人被蒙住了眼睛。"[①] 当时，西方对中国共产党真正的了解近乎全无，尽是国民党对共产党的歪曲诋毁的负面信息。为了让世界更好地了解中国共产党及其理念和行动，对外舆论的领导权需要尽快掌握在自己手中，从而消除西方的偏见和误解，争取国际社会的支持。中国共产党相继组织海外留学生创办刊物，组织召开"中国少年共产党"代表大会，传播共

---

① 《毛泽东选集》（第 3 卷），人民出版社 1991 年版，第 1054 页。

产主义学说,揭露帝国主义列强和封建军阀统治压榨中国的黑暗事实,阐述共产党的革命任务和方针。

(三)建立国际统一战线

对外舆论传播表明中国共产党建立国际反法西斯统一战线的主张。1938年毛泽东指出,"现在有三个反侵略的统一战线,中国的统一战线,世界的统一战线,还有一个是日本的统一战线","这三个统一战线的目标是一样的,就是一直反对日本帝国主义的侵略战争"①。中国共产党面对半殖民地半封建社会这一中国特殊的国情,正确分析形势,强调要建立国际统一战线,联合世界反法西斯力量共同反抗法西斯侵略战争。为了让国际上反法西斯国家了解中国共产党的主张,"团结一切可以团结的力量",积极开展对外舆论传播,力争国外援助。1939年1月20日,毛泽东为《论持久战》英译本撰写的题为《抗战与外援的关系》序言中指出,伟大的中国抗战,不但是中国的事,东方的事,也是世界的事,②在国内外产生了重大影响。

(四)加强与世界的联系

国民党在国际社会对中国共产党进行恶意宣传,在对外宣传中美化国统区的黑暗统治。自从美国著名记者埃德加·斯诺及大批记者团抵达延安之后,外国人对中国共产党才有了较为深入的了解。中共中央政治局会议指出:"我国抗战已经进行了八个月,但是我们的国际宣传工作,我国各界民众团体对国际上各种民众团体的联系都太薄弱了。"③从第一次国内革命失败到埃德加·斯诺《红星照耀中国》问世

---

① 《中国共产党中央文件选集》(第11册),中共中央党校出版社1989年版,第847页。
② 《毛泽东思想年编(1921—1975)》,中央文献出版社2011年版,第217页。
③ 《中国共产党中央文件选集》(第11册),中共中央党校出版社1989年版,第458页。

前，中国共产党"几乎被外部世界遗忘"①。因此，中国共产党加强对外舆论工作，有助于让国外了解中国共产党的真实情况，加强与世界的联系，提升中国共产党在国际社会上的影响力。

二 实践基础

中国共产党对外舆论领导思想成体系的发展是在长期革命斗争和政权建设中的报刊舆论实践中产生的。毛泽东认为对外舆论工作应该坚持党性原则，明确要求，"各地方报纸下的通讯社，应成为对外宣传的重要机关""一切对外宣传均应服从党的政策与中央决定，各中央局、中央分局、省委、区党委负责同志的公开发言，尤应严格遵守此原则"②。在坚持党性原则和实事求是原则的指导下，中国共产党人开展了长期而丰富的舆论传播活动，成为舆论领导思想的实践来源。

（一）中国共产党领导人的实践活动

中国共产党对外舆论领导思想与对外舆论的实践活动紧密相连。正如毛泽东所说："马克思、恩格斯、列宁、斯大林之所以能够作出他们的理论，除了他们的天才条件之外，主要地是他们亲自参加了当时的阶级斗争和科学实验的实践，没有这后一个条件，任何天才也是不能成功的。"③中国共产党领导人历经五四新文化运动的洗礼，在各种文化思想激荡中试图用西方思想来寻求中国发展道路的过程中，从事了大量的舆论传播实践，学习马克思主义等新闻理论，亲自创办报刊，撰文写作，会见国外友人，使马克思主义在中国得以传播。中国共产党领导人的选择和践行使中国共产党明确对外舆论宣传工作不仅要将

---

① A.T. Steele, *The American People and China* (New York: McGraw-Hill Book Co, 1996) , p.24.
② 中国社会科学院新闻研究所：《中国共产党新闻工作文件汇编》（上），新华出版社1980年版，第98—99页。
③ 《毛泽东选集》（第1卷），人民出版社1991年版，第287页。

外国的思想引进来，同时要让中国革命的思想传出去，联合世界各国的革命力量来打击共同的敌人。对外舆论领导的思想从无到有，从萌芽到形成再到发展，根据历史环境，从不同方面形成了比较完整的体系。

（二）党的报刊事业蓬勃发展

中国共产党诞生之后吸收了国际无产阶级和本国民主主义新闻事业的革命精神和工作经验，创办了革命党自己的舆论阵地。中国共产党中央第一个政治机关报——《向导》是1922年创办的由共产国际指导和以陈独秀为首的中国共产党中央领导的周刊。该周刊全面揭露帝国主义侵略中国的罪行，和帝国主义在华的报刊、通讯社展开针锋相对的国际舆论斗争，揭露列强在华新闻宣传工具造谣污蔑惑众的事实，指出这种行径是一种"新闻的侵略"。《向导》周刊受到中外反动势力的围剿，但是读者广泛，遍及日本、法国、德国等。同年中国共产党在法国巴黎创办最早的海外刊物——《少年》。该刊主要是传播共产主义学说，对党员、团员进行马克思主义教育，翻译马列著作，刊登共产国际和少年共产党国际的文件，报道世界各国工人运动、青年运动的消息。1924年《少年》改版为《赤光》并在巴黎出刊，作为中国共产党旅欧组织和旅欧中国共产主义青年团的联合机关刊物。1925年6月4日中国共产党创办第一份日报《热血日报》，配合五卅运动宣传，反映中国共产党主张，报道第三国际和各国人民对五卅运动的声援，抨击帝国主义对中国革命的污蔑。与此同时，中国共产党建立出版社、投资建立书店，出版革命理论通俗读物，承担革命舆论传播任务，同时也是革命活动据点。

第二节　对外舆论工作领导能力建设的发展历程

中国共产党对外舆论领导的历史，有其自身发展的逻辑和特点。中国共产党对外舆论领导思想的形成过程，始终与所处时代的社会关系密切相关。正如马克思、恩格斯所言："一切划时代的体系的真正的内容都是由于产生这些体系的那个时期的需要而形成起来的。"[①]中国共产党对外舆论领导思想从无到有，从萌芽到形成再到发展完善，形成较为完备的体系，是历史环境的产物，需要将其同历史条件紧密联系起来，放在特定的历史环境中分析总结。因此在划分对外舆论领导思想形成阶段，总结对外舆论领导思想发展的深层规律时，可参照中国共产党的历史的重大阶段、对外关系的阶段等划分依据，尽量保持历史发展的整体逻辑，将对外舆论领导思想的发展划分成4个阶段。

一　新民主主义革命时期：摸索与塑造

"没有单一的宣传公式存在，因为所有的宣传都必须根据所接触的环境而定。"[②]中国共产党在共产国际的支持和帮助下成立，当时资本主义处于全球的主导地位，无产阶级和资产阶级的矛盾、压迫民族与被压迫民族的矛盾成为当时的主要矛盾。中国作为世界无产阶级革命的重要组成部分与其他国家共产党保持密切交往和联系，在为各国解放和社会发展作出贡献的同时，积极寻求国际援助。

---

① 《马克思恩格斯全集》（第3卷），人民出版社1960年版，第544页。
② 丹尼斯·麦奎尔：《麦奎尔大众传播理论》，崔保国、李琨译，清华大学出版社2006年版，第379页。

(一)积极宣传中国共产党的主张

中国共产党成立后更加重视国际舆论传播。首先,聘请留学人员为国外兼职通讯员、特派员,直接报道国外新闻。例如瞿秋白等赴俄,成为采访报道列宁领导的苏维埃俄国实际情况的首批中国记者。周恩来在法国勤工俭学和开展革命活动时,也采写旅欧通讯;其次,将包括翻译中国共产党主张和介绍中国共产党情况、中国工人运动动态等内容的宣传资料寄给国外报刊以及在海外发行的刊物;最后,由上海"马克思主义研究会"发起人之一的陈望道翻译的第一个完整中文全译本《共产党宣言》被反复重印并在全国知名出版社出版,广泛传播马克思主义。

中国共产党积极把中国的革命情况向共产国际以及苏共和其他兄弟党通报。中国共产党一直在为寻求自身合法性上进行不懈的努力,因此必须向世界说明自身及其所代表的中国的发展方向。中国共产党二大后,共产国际代表马林来到中国,传达共产国际指示,建立自己的宣传机构。中国共产党驻共产国际的代表根据需要将部分中共中央文件译成外文,选取部分文章刊登在共产国际刊物上。

第一次国共合作破裂后,中国进入内战时期,中国共产党被迫进行战略转移,开辟根据地,走上了"农村包围城市,武装夺取政权"的革命道路。国民党对中国共产党进行军事围剿和新闻封锁,西方媒体对中国共产党的了解大多来自国民党的宣传,中国共产党在外国人眼中的形象是国民党刻画的"赤匪""暴行"等。毛泽东同埃德加·斯诺谈话中说道:"十年来国民党一直对红区保持全面的新闻封锁,在全国到处散布'恐怖宣传'。"[1] 为突破国民党的新闻封锁以及改变国外对中国共产党的认知,中国共产党在1929年召开党的六届二中全会,首次提出国际宣传。会议通过《宣传工作决议案》明确提出,"积极注意国际

---

[1] 埃德加·斯诺:《红星照耀中国》,董乐山译,新华出版社1984年版,第286页。

上的宣传、普遍宣传发动世界大战,特别是与一切反动的宣传斗争"①。1930年10月,中共中央宣传部在上海建立了中国工人通讯社,这是中国共产党历史上第一个对外宣传机构,是具有国际性的新闻通讯社。曾向共产国际和苏、日、美、英、法、德、澳、瑞士等近百个国家与地区的革命或进步报刊发出新闻稿,再由对方转译成本国文字加以发表。1938年11月6日,党的六届六中全会通过的决议进一步提出,当前紧急任务之一是:"集中一切力量,反对日本法西斯军阀侵略者,加紧国外宣传,力争国外援助,实现对日制裁。"② 中国共产党对国内外的舆论传播活动虽然处于艰难的环境中,但是形成了强大的舆论攻势。

(二)逐步确立舆论宣传体系

面对国民党庞大的新闻传播事业及独裁统治,中国共产党努力开创自己的新闻事业,积极组织各种力量进行对外传播。在国内,1931年11月,中华苏维埃共和国临时中央政府在瑞金宣告成立,先后成立了中央出版局、中央印刷局、中央印刷厂、中央总发行部等出版发行机构。苏区的各级党政机关、群众团体和军事院校等均创办了报刊,形成了中共中央根据地自己的出版发行网络。1931年11月7日,红色中华通讯社首次对外广播,以CSR(Chinese Soviet Radio)为呼号,使用中英文对外播发中华苏维埃政府成立的消息和重要文告、宣言及有关文件。红色中华通讯社成为苏区仅有的对外传播平台,这标志着"中国共产党作为执政党创办新闻事业的开始"。在国外,中国共产党在1927年和1928年,在旧金山和芝加哥建立了美共中央中国局,出版了《先锋报》。在法国共产党的帮助下,在巴黎出版《救国时报》进行革命宣传,与国民党的《世界日报》《金山日报》形成舆论对峙。中国共产党海外刊物的主要对象是海外华侨、华工和懂中文的外国人,刊发内容主要是介绍中国共产党的政策、国内革命斗争消息,呼吁华

---

① 郑保卫:《中国共产党新闻思想史》,福建人民出版社2004年版,第96页。
② 金城:《延安交际处回忆录》,中国青年出版社1986年版,第196页。

侨群众和世界各国民众以实际行动支援中国人民的正义事业。1946年12月31日，中国共产党在香港创办第一份向海外发行的英文期刊《中国文摘》(*China Digest*)，这是解放战争期间中国共产党向全世界宣传中国革命斗争的唯一刊物。《中国文摘》面向海外发行，在国际上与国民党展开舆论斗争。当时，根据中共中央的指示精神，《中国文摘》充分利用香港的特殊环境，及时向全世界报道抗战胜利后国共两党之间的斗争；报道解放战争的消息；刊登延安的时事评论。因此，《中国文摘》成为当时沟通中国与世界的一个重要纽带，对于帮助世界人民了解中国共产党所进行的正义事业和中国的革命形势发挥了重要作用，使得中国共产党在中华人民共和国成立之前，就已经为世界各国人民所了解，并获得了广泛的同情和支持。

（三）利用西方记者开启对外舆论传播

深重的民族灾难，产生了前所未有的对外舆论工作的需求。中国共产党将外国记者团的访问和观察视为国际间统一战线开展，在对外舆论传播中，认识到加强自身舆论工具的重要性，同时还要善于做好外国记者的工作，借助其在国外主流媒体上发声，有效地对外传播共产党的主张和中国战场的真实情况。

在第二次革命战争时期，为了突破国民党反动派的封锁，中国共产党开始结交一些同情中国革命的来华外国朋友、进步记者，通过他们的特殊渠道，对外传播中共的主张及党领导下的革命斗争的真实情况。如中国工农红军长征到陕北建立抗日统一战线之前，中国共产党的地下组织在上海结交了德国《法兰克福报》和英国《曼彻斯特卫报》驻中国的记者史沫特莱、日本《朝日新闻》驻上海特派员尾崎秀实等，通过他们的报道向外国介绍中国革命根据地及"白区"的革命斗争情况。中国共产党积极接待国外记者到红区的采访，最早对外传播长征的美国记者埃德加·斯诺于1936年在宋庆龄的安排下，在地下党的帮助之下，通过层层封锁，进入陕北开展了为期4个月的采访，出版了《红星照耀中国》，全面展现了红军长征的真实全过程，介绍了毛泽东与中国共产党对时局的看法和基本立场、政策等，在国外广为传播，震惊世界。《密勒氏评论报》主编鲍威尔称："斯诺是一个外国记者，而不是中国记者，然而他却是将红军长征的英雄传奇和中国解放区的建立写出来报告给外部世界的第一人。"

在抗日战争时期，中国共产党积极联络驻华各国记者，通过他们突破国民党当局的封锁，对外传播根据地人民抗战的真实情况。1939年为了加强对外联络与对外宣传工作，中共中央南方局下设立了对外宣传小组，后改为外事组，由周恩来直接领导，通过各种方式联络外国记者，介绍中国共产党的抗日政策及抗战情况，争取国际社会道义上、人力物力上的支援。1944年党中央欢迎中外记者团赴延安采访，为他们提供了采访和生活工作的便利。毛泽东、朱德、周恩来等亲自会晤中外记者团，接受采访，对中外形势作了分析和评述，阐述了中国共产党团结抗战的政策主张；介绍了敌后根据地的抗战业绩及经济生产、民主政权和文化建设情况以及国共合作和抗战胜利后中国未来前途等。1944年8月15日的《解放日报》对此发表社论："中国的抗战已经七年了，但是舆论界尤其国际社会对中国抗战的真实情况知之甚少，而且多有误解。在盟国政府与人民方面的印象是抗战主力是国民党，将来反攻日寇也是主要靠他们。而实际上近五十多万八路军和新四军和八千万被解放了的人民在华北、华中、华南三大敌后战场奋勇作战。事实上敌后战场成了中国抗战的最重要战场。对这种情况，一向为盟国朋友所不明了。"[①] 中外记者团和美军观察组来到延安将自己的所见所闻、根据地鲜为人知的真实情况，传播给世界人民，取得了良好的效果。

（四）开展国际舆论斗争

20世纪20年代，英国、美国、日本等国相继控制中国的政治、经

---

① 《毛泽东新闻工作文选》，新华出版社1983年，第318页。

济命脉，操纵军阀内战，压榨中国人民，并利用其宣传工具造谣污蔑，颠倒是非、掩盖真相。国民党长期在国内外对中国共产党进行歪曲宣传，否定中国共产党的合法存在。中国共产党利用《向导》《热血日报》用大量事实和马克思主义观点进行反帝反封建的国际舆论斗争。1925年五卅运动时，《向导》及时刊发中国共产党《为反抗帝国主义野蛮残暴的大屠杀告全国民众书》，指出这是帝国主义的政策造成的惨案。《热血日报》专辟舆论之裁判栏目，发表《请看外国报纸破坏我们的言论》《外报造谣之技穷》等，批驳帝国主义国家的错误言论。

在抗日战争时期，国民党对共产党的新闻封锁更加严酷，拒绝承认中共在抗战中发挥的巨大作用和贡献。毛泽东为代表的中国共产党人积极寻求共产国际和苏联的帮助和支持。在中共的积极协调和呼吁下，共产国际发表声明，认为中国抗战是世界反法西斯力量中不可或缺的重要组成部分，并号召国际无产阶级和共产国际各支部以及一切热爱和平民主人士首先执行如下任务：用一切方法，加紧国际援华运动，在国际的报章上以及在一切宣传运动中，应当比以往更强有力地反映出一方面日寇侵略者在中国的残暴兽行，另一方面是中华民族为自由而斗争的英勇表现。[①]共产国际后又发表社论《用一切方法援助中国人民反对日本侵略者的斗争》《全力援助中国人民反对日本侵略者的斗争》，这些文章有效引导了国际舆论的走向，激发了中国人民的抗战热情，同时赢得了国际上被压迫民族的援助。"我们期望于外国的是什么呢？我们至少期望各友好国家不要帮助日本帝国主义，至少采取中立的立场。我们希望它们积极援助中国抵抗侵略和征服。"[②]

（五）塑造中国共产党的国际形象

形象，是某一团体成员所共同持有的一种精神上的观念，它象征

[①] 《中共中央文件选集》（第11册），中共中央党校出版社1989年版，第889—890页。

[②] 《毛泽东文集》（第1卷），人民出版社1993年版，第391页。

对待某一对象（某个人、某个阶级、某个种族类型、某种政治哲学或某一民族）的基本态度和取向。中国共产党向来注重展现和塑造对外形象，在战争时期以毛泽东同志为主要代表的中国共产党领导集体从中国立场出发，以海外华侨、外国记者等作为宣传对象不遗余力地塑造和维护中共的国际形象。毛泽东认为："一个领袖应该是绝大多数人的代言人。这就是原则，他应该代表人民的愿望。他必须是为了人民的利益。"[①]他与美国知名记者白修德交谈时，回答了记者的各种问题，揭露了国民党假和谈、真内战的真实意图。此后，该记者出版了《中国的惊雷》和《探索历史》，影响了国际社会对中国共产党的看法。毛泽东通过自己朴实、真诚的风格与外国来华人员广泛接触，并将中国共产党的政策、方针、主张等传向世界各地，此时中国共产党树立了良好的国际形象以及维护了中国共产党的声誉。

二 社会主义革命和建设时期：确立与调整

新中国成立后中国共产党作为执政党登上历史舞台，面临着繁重的国内建设任务和考验，以及国外对新中国的猜测和疑惑。宣传中国政府的外交政策和为巩固人民政权采取的政治、经济等政策措施及成就，从而重塑中国共产党的国际形象和中国国家形象，有助于各国人民了解新中国，赢得世界的理解和支持。鉴于当时的形势和任务，国际传播的对象主要是苏联及东欧的人民民主国家、亚非拉各国人民，对西方国家的传播由于各方面条件所限，影响较小，尚未进入西方主流社会。实践证明，这一时期的对外传播对象的定位比较契合实际，也取得了良好的传播效果。对外舆论工作局面阶段特征主要体现在三个方面：一是由被动转为主动。革命战争年代，中国共产党需要冲破重重封锁，邀请外国记者到根据地采访，辗转多次才能将信息传播出去；中国共产党的报刊在当时也随时面临被封杀的风险。新中国成立

---

① 《毛泽东思想年编（1921—1975）》，中央文献出版社2011年版，第899页。

后，中国共产党代表主权独立国家开展对外传播，完全掌握了舆论的主动权。二是对外舆论传播在各领域全面展开。在中国共产党执政后，中国在政治、经济、文化领域取得斐然的成就，在国际社会的舆论宣传上涉及了各个领域的内容。毛泽东提出要把"一个政治上受压迫、经济上受剥削的中国，变为一个政治上自由和经济上繁荣的中国，而且要把一个被旧文化统治因而愚昧落后的中国，变为一个被新文化统治因而文明先进的中国"①。政治上，表明了中国在国际事务上的立场和态度。经济上，全面介绍中国的建设与发展成就和经济合作的主张。文化上，积极开展与世界各国的文化交流。三是对外传播成就与错误并存。新中国成立后对外传播工作从传播领域、传播机构、传播媒介都日益完善，引起了国外对中国的高度关注。但是，对外宣传舆论工作在"左"倾错误思想的影响和破坏下，受到了挫折和一定程度上的损害。

（一）构建多层次多维度的传播体系

在中国共产党中央统一领导下，新中国对外传播继承中国共产党早期的对外宣传与国际无产阶级宣传的优良传统，注重学习苏联经验，丰富对外传播手段，构建起通讯社、广播、报刊、图书、国际书店、电视、电影等多层次、立体式的对外传播渠道。以官方权威的传媒机构为主，成立新闻总署，建立新华社、人民日报社和中央人民广播电台为主的全国新闻传播网。同时以国内新闻机构为依托，初步组建了对外传播的专业队伍，在新华社建立对外新闻部和对外专职记者，在国外建立分社，负责国际报道，国际广播外语语种增多，书刊外语版本增加。同时也鼓励支持民间、人民团体媒体，使其为对外传播的补充。

对外传播内容上，采取内外有别的原则。积极介绍中国的变化、反映中国人民积极向上的思想精神风貌，特别是对先进人物的报道，

---

① 《毛泽东选集》（第2卷），人民出版社1991年版，第663页。

介绍新中国对新疆、内蒙古、西藏等民族政策和民族地区的变化以及中国对国际斗争的立场与看法，收到了良好的传播效果。考虑到对外传播是以外国读者为对象，对外传播的选题和角度力求适合外国读者的不同背景、接受水平及听读习惯，邀请专家学者及外国朋友撰稿，聘请外国专家改稿。稿件中用事实说话，减少宣传意味，增加必要的背景材料，语言生动、通俗易懂，少用不必要的刺激性语句。在抗美援朝战争期间，中国在"外宣战役"中打了胜仗，但中国共产党领导人强调："我们的发言和新闻稿中所用刺激性的词语如'匪类'、'帝国主义'、'恶魔'、'法西斯'等甚多，以致国外报刊和广播方面不易采用。各国友人均对此有反映。望指示记者和发言起草人注重简短扼要地揭发事实，申述理由，暴露和攻击敌人弱点，避免或少用不必要的刺激性语句。"①

对外传播人才培养方面，培育新生力量。为了不断充实对外传播队伍，新中国成立后从当时国内新闻的编辑记者中选调部分人员进行短期培训。1955年创建中国人民大学新闻系，设有国际新闻专业。1958年创建北京广播专科学校，后扩建为北京广播学院，设新闻系和外语系培养对外新闻传播人才。

（二）开展国际交往，助力国际舆论传播

1949年根据中国的历史和现实以及当时的国际环境，毛泽东先后提出了"另起炉灶"、"打扫干净屋子再请客"和"一边倒"三条方针，指明了新中国成立后的外交工作方向，即对国民党政府同各国建立的旧的外交关系一律不予承认，对旧中国同外国签订的一切条约和协定要重新审查处理，不承认国民党的一切卖国条约，有步骤地彻底摧毁帝国主义在中国的势力和特权，在互相尊重领土主权和平等互利的基础上同世界各国建立新的外交关系，宣布新中国将倒向社会主义一边。

---

① 罗银胜：《乔冠华全传》，东方出版社2006年版，第126页。

新中国成立后，中国共产党积极与苏联、各民主国家及一些资本主义国家建立外交关系，并与许多外国政府和人民进行友好国际往来，参加保卫世界和平运动，宣传新中国外交政策立场，反对帝国主义侵略战争和殖民主义政策，为新中国政治和经济建设创造有利的国际环境。在 1950 年爆发的抗美援朝战争中，为了配合与美国的军事斗争，对外传播承载了舆论斗争的重要使命。中国共产党通过通讯社、广播电台、报刊及影像等传播手段，特别开办了朝鲜语频道、英语广播，展现了中国人民志愿军抗美援朝的英勇斗争，阐明了中国抗美援朝的严正立场和主张，揭露美国的侵略本质和欺骗性宣传，在军事斗争之外的舆论斗争方面取得了重大胜利。

1954 年 4 月召开的关于朝鲜和印度问题的日内瓦会议，是新中国成立后首次参加的重大国际会议。中国首次派出大型记者团采访报道，准确地向全世界传播新中国的立场及主张，扩大新中国在国际社会的影响。在日内瓦会议上，有近千名来自世界各国的记者，中国代表团十分重视与外国记者的联络，扩大对外宣传，充分利用外国记者为我们服务来影响国际舆论。周恩来对接待外国记者提出了 5 项原则指示：来者不拒，区别对待；谨慎而不拘谨，保密而不神秘，主动而不盲动；记者提问，不要滥用"无可奉告"；对于挑衅据理反驳，但不要疾言厉色；接待中，有意识地了解情况，有选择有重点地结交朋友。[①]周恩来提出为外国记者举行宴会，请外国记者吃中国菜，喝中国酒，抽中国烟，在无拘无束、轻松活泼的气氛中宣传自己，广交朋友。为让西方人全面了解中国，周恩来在会议期间安排播放了越剧影片《梁山伯与祝英台》，这部中国版的《罗密欧与朱丽叶》引起了外国记者广泛共鸣，获得了巨大的成功。新中国的声音通过这次国际会议得到最大范围的传播，受到了众多与会者的赞誉，成为新中国在世界舞台对外传播的一次精彩亮相。

---

① 李亚平：《周恩来在日内瓦会议上的外交艺术 4》，人民网，http://zhouenlai.people.cn/n1/2020/1208/c409117-31959361-4.html。

1960年前后，世界时局动荡，中国坚持独立自主、反对霸权主义的外交政策，积极争取"中间地带"国家。中国对外传播根据国际形势的变化进行调整，主要介绍中国的对外立场和重大对外活动，及时报道中国提出的和平共处五项原则。在越南战争期间，报道了中国人民支持亚非拉人民反对殖民主义的正义斗争。在20世纪60年代中苏大论战中，配合开展国际反修正主义、反霸权主义的斗争，及时转发和翻译反修文章，出版小册子，在国际上广泛传播。

三 改革开放和社会主义现代化建设新时期：定位与提升

改革开放以来的三十多年是新中国成立后对外传播事业发展的黄金时期。第一，重视外宣机构的建设。党的十一届三中全会后，建立对外宣传的领导机构，指导外宣系统解放思想，消除极"左"影响，明确对外宣传的任务和原则，增进各国人民对中国的了解。第二，加强对外媒体发展。为了进一步提升传播能力，扩充海外媒体的发展，创办新的对外传播媒介《中国日报》《人民日报·海外版》《瞭望·海外版》，创新传播方式方法，扩大中国国际传播影响力。第三，加快信息化建设。20世纪90年代互联网成为继报刊、广播、电视之后的"第四媒体"，开始积极拓展传统媒体在互联网上的发展空间，提升对外传播实力。这一时期，中国对外舆论领导思想演进大致经历了"让世界了解中国""纳入国家总体外交""合作与斗争并行"三个阶段。

（一）让世界了解中国

党的十一届三中全会后，中国共产党将解放思想确立为对外传播的正确指导思想。"我们搞对外宣传主要是为了增进各国人民对我国的了解与友谊，为了创造有利于我国实现'四个现代化'的国际环境，也包括尽可能有利于促进国际反霸斗争。""对外宣传要有这么一个标准：真实（既不夸大也不缩小）、丰富多彩（经济、政治、文化、人民生活、科技、文艺的以及中央和地方的）、生动活泼地介绍我国情况，主要是宣传报道新中国。"①1980年8月党中央有关加强对外宣传工作的通知指出：对外宣传应当真实地、丰富多彩地、生动活泼地、尽可能及时地宣传中国，介绍政治、经济、文化、社会生活等方面的情况，宣传对外政策，增进各国人民对中国的了解和友谊，提高海外同胞的爱国思想，团结一切可以团结的力量，以利于社会主义现代化建设，台湾回归和国际霸权、维护世界和平的斗争。1982年9月，邓小平在党的十二大上对外传递了中国发展经济、全面开放的明确信息："加紧社会主义现代化建设，争取实现包括台湾在内的祖国统一，反对霸权主义、维护世界和平，是我国人民在八十年代的三大任务。这三大任务中，核心是经济建设，它是解决国际国内问题的基础。"②在只要有利于"和平与发展"的指导思想下，中国对外舆论导向旨在营造中国与其他国家建立开放合作、互利共赢双边关系的舆论氛围。1991年国务院新闻办公室成立，其任务是"对外介绍中国，让世界了解中国"。

（二）明确国家总体外交组成部分的定位

20世纪90年代后，党中央强调"对外宣传工作是党的一项具有重要现实意义和战略意义的工作，是我国总体外交的组成部分，对扩大我国国家影响、推动我国社会主义现代化建设具有不可替代的作用。它的根本任务是，为我国社会主义现代化建设和祖国统一大业服务，为我国路线、方针、政策服务，为世界和平、各国人民友谊和人类进步服务。"③对外宣传工作被提到了前所未有的战略高度，"我们希望有

---

① 中国外文局：《中国外文局50年大事记》（上），新星出版社1999年版，第332页。
② 《邓小平文选》（第3卷），人民出版社1993年版，第3页。
③ 甘险峰：《中国对外新闻传播史》，福建人民出版社2004年版，第218页。

一个建设社会主义的良好国际环境,而国际反动势力却千方百计对我进行制裁封锁、颠覆渗透,不加强对外宣传,就无法扩大开放,也难于争取一个良好的国际环境。国际形势和斗争迫使我们要提高对对外宣传重要性和迫切性的认识。"①

(三)外宣合作与斗争并行

当苏联解体后,两极格局瓦解,美国成为唯一超级大国,美国将中国看作"假想敌",对中国频频发难。西方媒体大造反华舆论,比如,社会主义中国也要随着苏联和东欧的剧变之后而"垮台"等,给中国的声誉和形象造成极大损害。鉴于世界形势变化和国际舆论斗争的严峻形势,对外舆论工作一方面需要与以美国为首的西方阵营"斗争";另一方面要与其发展经贸往来"合作",使我国在国际舆论格局中占据比较有利的位置。基于"斗争"的需要,在1990年全国外宣工作会议上,谈及西藏问题,使用了"宣传战役"的词汇。"西藏问题是西方当前反华的一个主题,今后仍会与我长期纠缠,要有计划地加强关于西藏问题的宣传,进一步系统阐明我在西藏问题上的原则立场,介绍近年来西藏在全国的支援下各方面取得的进步和发展,揭露过去西藏农奴制的黑暗、野蛮,批驳达赖和西方在西藏问题上的各种谬论,明年是西藏和平解放40周年,要借此集中打一个宣传战役。"②基于"合作"的需要,"经济外宣"成了核心内容。中国共产党十四大报告将"建立社会主义市场经济"作为战略目标,通过中国经济发展的对外传播与世界其他国家建立经济合作。"世界对中国最感兴趣的是经济,中国经济的快速发展,不仅改变着中国,也影响着世界。经济是我们的优势,也是我们对外宣传最主要的优势。我们要充分发挥这一优势,抓住时机,因势利导,有针对性地搞好对外经济宣传。除了加强对我国各方面发展进步情况的宣传外,要抓住国外关心的几个带根本性的

---

① 朱穆之:《风云激荡七十年》(上册),五洲传播出版社2007年版,第266页。
② 朱穆之:《风云激荡七十年》(上册),五洲传播出版社2007年版,第269页。

问题作深入系统的宣传,以解疑释惑,增加国外对我国的了解,增加他们对中国的信心。"①

跨入新世纪,世界各国的综合国力竞争日益激烈,美国的独霸地位受到挑战,国家的软实力竞争更加激烈。中国共产党认识到提高国际传播能力的重要性,要增强扩大对外传播能力的紧迫性和责任感,构建覆盖广泛、平台多样、技术过硬的现代传播体系,打破西方媒体垄断格局,切实增强对外舆论工作的实效,树立中国良好的国际形象。

一是倡导"和谐世界"的理念。21世纪初的"9·11"恐怖袭击事件后,美国先后发动了阿富汗战争与伊拉克战争,世界各个角落充斥着矛盾与纷争。在"恐怖主义""反恐战争""文明冲突"的背景下,中国倡导"和谐世界"的国际新秩序。2003年7月21日,江泽民在会见英国首相布莱尔时,用中国传统哲学思想提出了中国未来主张:"中国哲学强调'君子和而不同',推崇'海纳百川,有容乃大'。如果都是千篇一律,那世界就没有生气了。各国文明的多样性,是人类社会的基本特征,也是人类文明进步的动力。我们应该尊重各国的历史文化、社会制度和发展模式,承认世界多样性的现实。"②2005年4月,胡锦涛第一次在国际场合对外宣示了"和谐世界"的主张:"文化上,我们亚非国家要成为相互借鉴、取长补短的合作伙伴。要发扬亚非会议求同存异的优良传统,倡导开放包容精神,尊重文明、宗教、价值观的多样性,尊重各国选择社会制度和发展模式的自主权,推动不同文明友好相处、平等对话、发展繁荣,共同构建一个和谐世界。"中国共产党在世界舞台上倡导"共同分享发展机遇,共同应对各种挑战",赢得国际社会广泛认同,对国际关系发展产生深远影响。

二是向世界说明中国。对外舆论工作的根本任务是向世界说明中国,树立中国的良好形象,维护国家利益。同时,中国日益频繁地被

---

① 曾建徽:《融冰·架桥·突围》(上册),五洲传播出版社2006年版,第288页。

② 《江泽民文选》(第3卷),人民出版社2006年版,第522—524页。

国际媒体关注,"一些西方媒体利用信息优势对中国负面情况进行放大,致使对中国报道严重失实。在他们的放大镜下,中国好像充满了天灾人祸,这是在信息不对称情况下,新闻传播中本身难以完全克服的难题。对中国的负面报道中频繁使用'专制的''没有人权的'等词汇,不是宣称'中国即将崩溃',就是宣称'中国威胁',使中国形象失真、严重受损,不利于国际社会真正了解中国"[①]。为了让国际社会更好地了解中国,国务院新闻办公室、中央各部委、省级人民政府建立了三级新闻发言人制度。2004年中国共产党十六届四中全会上提出了"完善新闻发布机制",2008年北京奥运会期间放宽了外国记者在华采访的限制,2008年5月1日正式实施了《中华人民共和国政府信息公开条例》,新闻发布、信息公开这些国际社会通行惯例用制度的形式固定下来,适应了全球化时代新闻传播的要求,成为国外媒体获取中国权威信息的重要渠道,有利于及时传递中国党委和政府的工作信息,展示良好的形象,营造有利的国际、国内舆论环境。

三是打造"大外宣"格局。伴随中国经济实力的显著增强,对外舆论领导发挥的作用越来越重要,成为党和国家具有战略性、全局性的考量,综合国力的重要组成部分,提高国际竞争力的重要方面。2005年,中央外宣办制定了《2006—2010年全国对外宣传工作规划》,强调要以"一社(新华社)、两台(中央电视台和中国国际广播电视台)、两报(《中国日报》和《人民日报》海外版)"为主体,形成若干具有国际竞争力和影响力的媒体或媒体集团,建构全方位、多层次、宽领域的"大外宣"格局。"着力在抓好对外报道和广播影视节目海外落地,书刊和电子出版物海外营销、我主流网站在境外扩大受众上下功夫,着力在发展一批有国际竞争力、实施'走出去,发展战略的文化企业集团上下功夫,着力在打造一批对外文化交流的知名品牌上下功夫。"为了构建"大外宣"的格局,"一社、两台、两报"和中国外

[①] 赵启正:《向世界说明中国》,新世界出版社2005年版,第127—128页。

文局纷纷拓展海外业务，打破西方媒体对国际舆论的垄断和主导权，积极参与全球传播治理秩序的重建。

四是公共外交增强舆论领导力。随着中国日益融入国际社会，中国与世界的交往越来越频繁、越来越密切，成为国际舆论的瞩目焦点，对外舆论传播的主体需要不断扩大，传播手段和形式需要不断丰富。重建国际舆论场规则和秩序的核心在于，适应国际关系民主化趋势。在传播多元化与表达多样性的基础上，修补人类沟通之桥的断裂，建造一座通向未来的信息之桥。公共外交成为除传统外交之外的，发挥多元主体参与对外传播工作的重要方式。公共外交可以更为宽松、生动和灵活地采取多种形式在多种场合发出声音，因为公众的声音容易取得信任感。

由于中西文明的冲突和文化的差异，西方公众对中国存在不同程度的误解和不信任，甚至敌视和反对的态度。因此，以外国公众和媒体为传播客体的公共外交活动成为外宣工作在理念和实践上的新尝试。在北京奥运会和上海世博会的探索下，中国公共外交蓬勃发展，通过不同内容、不同领域、不同主体参与对外传播活动成为中国公共外交的重要组成元素。"公共外交是国家整体外交的重要组成部分；公共外交是一项全民的事业，行为主体包括政府、民间组织、社会团体、公司企业、精英人士和普通公众；公共外交必须坚持政府主导，同时充分发挥社会各方面力量的作用；公共外交的任务是向外国公众表达本国国情，说明国家政策，解释外国对本国的不解之处，同时了解对方的观点；公共外交的目的是向世界说明真实的中国。"[①]2012年党的十八大报告明确提出，"扎实推进公共和人文外交"，"开展同各国政党和政治组织的友好往来，加强人大、政协、地方、民间团体的对外交流，夯实国家关系发展社会基础"。

---

① 廉维亮：《让世界听到真实的"中国好声音"》，《人民政协报》2013年2月27日。

四 中国特色社会主义新时代：构建具有鲜明中国特色的对外舆论工作格局

党的十八大以来，以习近平同志为核心的党中央立足新时代中国现实情况，面对国际舆论的"威胁论""崩溃论""妖魔化""抹黑丑化"等论调，西方宣扬的警惕"修昔底德陷阱"，防范中国"锐实力""软实力"等巨大挑战，各种意识形态、思想观点交流、交融、交锋，在新的舆论格局中建立了自己的"阵地"形势下，中国共产党提出"推动国际体系和全球治理改革，增加我国和广大发展中国家的代表性和话语权"，"不断增强我们在国际上说话办事的实力"①。大力推动国际传播守正创新，完善对外宣传体制机制，培养打造具有全球影响力的媒体集群，推动中华文化传播出去，有效开展国际舆论斗争，构建起主体多元、手段丰富、立体式的对外舆论工作格局，着力提高国际传播影响力、中华文化感召力、中国形象亲和力、中国话语说服力、国际舆论引导力。

（一）厘清对外传播体系的内容组成

在中国共产党领导下党、政、军、民的面貌发生了巨大的变化，世界各国对中国的发展变化充满好奇和关注。构建中国特色的对外话语体系，将中国发展进步的话语权和解释权掌握在自己手中，向国际社会立体、客观、生动、真实地展现中国的实践和理论，使他们了解、理解和认同，从而塑造负责任大国的形象，创造有利于中国和平发展的国际舆论环境。那么，对外传播什么，舆论引导哪些，这些成为对外传播内容体系构建的关键内容。习近平总书记指出，"要不断提升中华文化影响力""主动宣介新时代中国特色社会主义思想，主动讲好中国共产党治国理政的故事、中国人民奋斗圆梦的故事、中国坚持和平发展合作共赢的故事，让世界更好了解中国"。"把优秀传统文化中具

---

① 《习近平谈治国理念》（第 2 卷），外文出版社 2017 年版，第 444、449 页。

有当代价值、世界意义的文化精髓提炼出来、展示出来"。①这就明确了中国特色对外传播内容体系包括中国共产党治国理政的宝贵经验、中国梦的深刻内涵、中国道路的世界历史意义、中华文化的价值观、中国方案与实践等方面。

(二)提升各级党委的国际传播能力

国际传播能力关系到国家软实力建设。国际舆论的话语权长时间被美国、英国、法国等为代表的西方国家垄断,这些国家媒体的成长历史、组织规模、受众数量等都占据优势地位。当前,我国虽然已经建立起一套国际舆论传播机制,但是,对外话语体系还不够强,我们的发展优势和综合国力还没有转化为话语优势,在国际上还处于"有理说不出,说了传不开,传开叫不响"的境地。②党的十八大以来,习近平总书记高度重视国际传播能力建设,多次强调并作出要求。2013年8月19日,习近平总书记在全国宣传思想工作会议上的讲话中指出,要着力推进国际传播能力建设,创新对外宣传方式,加强话语体系建设,着力打造融通中外的新概念新范畴新表述,讲好中国故事,传播好中国声音,增强在国际上的话语权。2015年加强国际传播能力建设被写入中国政府工作报告。2017年党的十九大报告强调推进国际传播能力建设,讲好中国故事,展现真实、立体、全面的中国,提高国家文化软实力。2018年8月,习近平总书记在全国宣传思想工作会议上的讲话中指出,展形象,就是要推进国际传播能力建设,讲好中国故事,传播好中国声音。2021年5月31日,习近平总书记在主持十九届中央政治局第三十次集体学习时强调,把加强国际传播能力建设纳入党委(党组)意识形态工作责任制,各级领导干部要主动做国

---

① 张洋、鞠鹏:《举旗帜聚民心育新人兴文化展形象 更好完成新形势下宣传思想工作使命任务》,《人民日报》2018年8月23日。

② 王树成:《争取国际话语权是我们这一代媒体人的使命》,《人民日报》2016年12月29日。

际传播工作，主要负责同志既要亲自抓，也要亲自做。要加强对领导干部的国际传播知识培训，发挥各级党组织作用，形成自觉维护党和国家尊严形象的良好氛围。各级党校（行政学院）要把国际传播能力培养作为重要内容。要加强高校学科建设和后备人才培养，提升国际传播理论研究水平。习近平总书记在党的二十大报告中指出，加强国际传播能力建设，全面提升国际传播效能，形成同我国综合国力和国际地位相匹配的国际话语权。

（三）加强网络生态治理

以互联网为代表的网络信息技术日益成为全球信息传播全局性、战略性、革命性的数字化转型。数据资源成为新生产要素，信息技术成为新创新高地，信息网络成为新基础设施，数字经济成为新经济引擎，信息化成为新的治理手段，网络安全成为新安全挑战，深刻影响着全球经济格局、利益格局和安全格局。习近平总书记准确把握信息时代的"时"与"势"，提出中国要建设网络强国，中国共产党"过不了互联网这一关，就过不了长期执政这一关"的重要思想，从政治的高度、国内外大局出发重视网络安全和信息化工作。党的十九届四中全会明确提出，建立健全网络综合治理体系，全面提高网络治理能力，营造清朗的网络空间，加强网络生态治理。创造性提出构建网络空间命运共同体的理念主张，为全球互联网发展治理提出了中国方案、贡献了中国智慧。

（四）大力发展国际传播平台

信息网络时代的到来，使得人人都有麦克风，大大降低了传播门槛，改变了传统国际传播中少数强势媒体垄断话语权的局面，为各国开展对外传播提供了相对平等的竞争平台。① 拓展新兴媒体舆论阵地，

---

① 蔡名照：《加强国际传播能力 讲好中国故事 传递中国声音》，《理论导报》2015年第12期。

加强传统媒体与新兴媒体的融合发展，抢占未来国际传播制高点成为全球趋势，在全媒体传播格局下，对外舆论传播与引导面临巨大挑战。西方发达国家掌握着最先进、最尖端的国际信息传播技术，拥有国际影响力的媒体集团，掌握着世界舆论格局。面对"西强我弱"的局面，习近平总书记强调："着力打造一批形态多样、手段先进、具有竞争力的新型主流媒体，建成几家拥有强大实力和传播力、公信力、影响力的新型媒体集团，形成立体多样、融合发展的现代传播体系。"① 中央媒体积极探索媒介融合发展，拓展对外传播的渠道，通过"造船出海""借船出海""组船出海"等多种形式，把握国际媒介技术发展态势，创新话语体系，整合多元平台，打造国际影响力的媒体平台，形成集群裂变式的传播效果。习近平总书记在中国外文局成立七十周年时强调，"中国外文局对外全面宣介中国发展变化，积极促进中外友好交流，为讲好中国故事、传播好中国声音发挥了重要作用。新形势下，中国同世界的联系日益紧密。希望中国外文局以建局七十周年为新的起点，把握时代大势，发扬优良传统，坚持守正创新，加快融合发展，不断提升国际传播能力和水平，努力建设世界一流、具有强大综合实力的国际传播机构，更好向世界介绍新时代的中国，更好展现真实、立体、全面的中国，为中国走向世界、世界读懂中国作出新的更大的贡献。"②

第三节　对外舆论工作的组织管理体制发展

中国共产党历来高度重视对外传播工作，对外舆论宣传的组织管

---

① 《习近平关于全面建成小康社会论述摘编》，中央文献出版社2016年版，第118页。

② 习近平：《论党的宣传思想工作》，中央文献出版社2020年版，第253页。

理体制从无到有，从有到优，随着政府机构变动调整，不断理顺内宣外宣体制，力图实现有效的对外传播战略。

一 新民主主义革命时期：在摸索中走向成熟

中国共产党成立后，对发展对外关系的重要性有了新的认识。1921年党的一大后，在共产国际直接指导帮助下制定《中国共产党第一个纲领》，中共中央决定仿照苏共中央宣传鼓动部成立中共中央宣传局。1924年5月，根据《党内组织及宣传教育问题议决案》，在中共中央宣传局架构内，正式成立中共中央宣传部，同时设立中央组织部与中央工农部。1925年党的四大通过的《对于宣传工作之议决案》规定，"为使宣传工作做得完美而有系统起见，中央应有一强固的宣传部负责进行各事，并指导各地方宣传部与之发生密切且有系统的关系"，"共产国际关于宣传工作议决案，本党有尽可能地使之实施的必要"。1928年10月，中共中央要求：建立与健全中央宣传部的组织；各省委要立即建立宣传部；各县市区委应设立宣传科；党支部要有宣传干事，负责宣传工作。1941年5月25日，《中央关于统一各根据地内对外宣传的指示》规定"一切对外宣传的领导应统一于宣传部"。

抗日战争时期，中国共产党先后在武汉和重庆领导成立了中共中央长江局和南方局，下设专门的对外宣传组，后更名为外事组。1944年7月22日和8月7日，美军观察组一共18人，分两批先后到达延安，开始对中国共产党领导的敌后抗日根据地进行考察。这是中美合作抗日的一个重要的标志性事件。[①]1944年8月，中共中央在延安成立了中央军委外事组，下设四个科，包括研究科、联络科、翻译科和行政科，积极推动同美国的发展关系，将对外舆论工作的重点放在扩大中国共产党的影响，争取国际合作上。

---

① 杨冬权：《关于1944年美军观察组考察延安的几个问题》，《党的文献》2015年第5期。

解放战争时期,中国共产党重点加强军事斗争,同时也注重加强舆论斗争,运用各种传播手段反对内战,揭露国民党发动内战的阴谋,宣传中国共产党的政治主张和军事斗争,团结发动人民争取和平民主。1946年5月28日,新华社改组成为中央机关通讯社,隶属中宣部,重大问题受中央书记处直接指挥。新华社总社编辑部进行了改组和扩充,包括解放区新闻部、国民党区新闻部、国际部、语言广播部(延安新华广播电台)、英文广播部、英文翻译科等,还增设资料室和电务室。解放战争时期,1947年周恩来主持成立了中国共产党中央外事组,任命叶剑英为主任,统一负责党和解放区的外事工作。周恩来对山西、香港和哈尔滨的中国共产党外事人员提出要:"对于外事组,应将重心放在翻译几本毛主席的重要著作,编译几本有关美国的工具书,编译几本有关解放区政策的小册子,就是为这些事花一二年功夫都要得。关于国际问题的研讨,你们除一般外,应着重美国及美洲;香港应着重西欧及南洋、印度;哈尔滨应着重东欧及日、韩。"① 为适应新形势,扩大国际宣传,新华社开始向国外派出记者。1948年新华社在国外建立第一个驻外分社,布拉格分社成立。之后在英国伦敦建立分社,在平壤聘请特派员。分社的主要任务:一是国际宣传方面,每天晚上抄收新华社每日报发的英文稿,分送东西欧、美洲以至非洲和印度;二是对内报道方面,将世界各地的外文报刊,摘编后发往国内,重点包括各国报刊对中国的反映,尤其是评论,供国内及时了解世界舆论动向。除发文字新闻外,还向国外提供新闻图片。② 1949年下半年起,新华总社、总分社、分社和广播电台相继从农村嵌入新解放的城市,取代了国民党反动派的新闻机构,使解放区对全国和世界的新闻传播得到迅速发展。

---

① 程远行:《风云特使:老外交家王炳南》,中国文联出版社2001年版,第106页。
② 陈辛仁:《现代中外交流史略》,中国书籍出版社1997年版,第489页。

二 社会主义革命和建设时期：从无到有的建构

（一）统一国际新闻与对外文化机构

新中国成立初期，为适应国内外新形势，积极借鉴欧美国家的经验，便于中央加强对人民新闻事业的领导与管理，在建立对外传播机构与体制时考虑到舆论传播的媒介，机构设置涵盖了新闻舆论宣传的不同领域。1949年10月19日，中央人民政府政务院设立了新闻总署，作为统一领导与管理全国新闻事业的行政机构。由胡乔木担任署长，下设办公厅、新华通讯社、广播事业局、新闻摄影局以及国际新闻局等机构。其中国际新闻局统一管理对外新闻传播工作。国际新闻局有明确的指导原则：（1）宣传中国人民在中央人民政府及中国共产党领导下彻底进行革命斗争，恢复战争破坏，开展生产建设与文化建设，争取世界持久和平与人民民主的活动。（2）强调中国与苏联及新民主主义国家，在苏联领导下的亲密团结，强调民主和平力量的不断增长；证实马克思列宁主义的普遍适用性和毛泽东思想在中国的伟大成就。（3）开展对亚洲殖民地国家的宣传，并逐步开始在世界范围反映亚洲殖民地人民的斗争，以使亚洲殖民地人民的斗争情况通过我们达于欧美各国人民，同时也使被帝国主义禁锢着的各个亚洲殖民地民族通过我们相互了解，交换经验，鼓舞斗志。[①] 1952年新闻总署被撤销，由中央宣传部门主管全国新闻事业与宣传工作。国际新闻局正式改组为外文出版社。

中华人民共和国成立之后，于1949年11月1日，根据《中华人民共和国中央人民政府组织法》规定，设立中央人民政府文化部，下设1厅6局，管理全国文化事业工作，其中设立对外文化联络事务局主要负责对外传播。1955年改名为对外文化联络局（简称文联局）。

---

① 中国外文局：《史料选编》（一），新星出版社1999年版，第4页。

1958年3月对外文化联络局改组为国家对外文化联络委员会（简称对外文委），直属于国务院。

社会主义革命和建设时期，国际环境动荡复杂，为了打破西方资本主义阵营对中国的鼓励和封锁，大力宣传我国的和平外交政策，开展国际舆论斗争，这一时期的对外宣传工作主要配合中国外交活动，营造让世界了解中国共产党领导下的社会主义新中国新气象和新风貌的国际环境。对外舆论工作形成了在国务院外事办公室领导下，对外文委作为执行机构负责协调外宣单位和媒体开展对外宣传和舆论工作的决策与执行的系统科层体系。

（二）统一外文出版机构

新中国成立后，对外传播事业处于开创阶段，外文书刊出版在对外舆论工作中占有相当重要的地位。1952年，新中国的对外宣传机构进行了调整，改组成立外文出版社，成为编译出版我国对外宣传外文书刊的统一事业机构。1956年外文出版社在行政上由文化部出版事业管理局领导，业务方针上由中联部领导。外文出版社一方面选择国内已出版适用对外宣传的文章、书籍译成外国文字刊行；另一方面，组织和编写适合外国读者兴趣的文章、图书和画册；此外，出版外文书刊《人民中国》《中国文学》《人民中国报道》等销售推行到国外。其中1950年1月1日创办的《人民中国》是新中国第一本对外传播的英文刊物，后增出了俄文版、日文版、印尼文版和法文版，介绍中国的基本知识，对中国现状进行系统性、生动性的报道，反映了获得解放的中国人民的思想和生活，成为当时外国许多读者认识中国新社会深刻变化的生动读物，在当时的对外宣传舆论中起到了重要作用。此外，图文并茂的综合性对外月刊《中国画报》，以生动的图片配简洁通俗的文字向世界介绍新中国，非常受国外读者欢迎，是新中国对外刊物中出版语种最多、发行量最大的刊物。宋庆龄根据周恩来的要求，创办了综合性对外刊物——《中国建设》，该刊物的读者对象是资本主义和殖民地国家的进步人士和自由主义者、同情或可能同情中国的人,以及那些真诚要求世界和平,但政治上并不先进的自由职业者和科学艺术工作者。该刊物重点报道中国社会、经济、文教、救济和福利方面的发展,以使国外最广泛的阶层了解中国建设进展,以及人民为此所进行的努力。该刊物真实、生动地反映了新中国的变化,增强了各国人民对中国的了解和友谊。1958年毛泽东评价《中国建设》:"用事实说话,对外宣传就应该这样做。"

(三)整合对外广播业务

新中国成立后,中央广播事业管理处改组为广播事业局。1949年12月5日,由延安新华广播电台发展来的北京新华广播电台改称中央人民广播电台。在1953年到1957年第一个五年计划中,决定了广播事业的发展方针"先中央台、后地方台,先对外广播、后对内广播"的建设方针。1950年4月10日开办对华侨的方言广播,主要面向东南亚开办粤语、客家话、潮州话、厦门话节目。1954年7月16日中央人民广播电台开办对台湾的广播。这些广播节目的开办为新中国广播事业发展奠定了基础。

1950年国际广播编辑部(中国国际广播电台前身)的成立,为全面开展对外舆论工作打下坚实的根基。该部下设华侨科、日朝语广播科、英语科、东语科(缅甸语、泰语、印尼语、越南语)等,负责对国外稿件的编辑、翻译和播音业务。对外广播及时介绍了新中国成立后各方面的情况,有力地配合了新中国在国际上的舆论斗争,特别是在抗美援朝时,及时报道了中国政府的声明、前线战报和世界各地反对美国侵略朝鲜的战争行径,取得了良好的对外宣传效果。

(四)构建专门对外通讯社平台

新中国成立后,新华社作为国家通讯社是中国最权威的新闻传播机构,主要是负责国内业务,不涉及对外宣传的任务。1952年新闻总署撤销后,原国际新闻局的新闻处(负责英文对外广播)改为新华社的对外广播编辑部;原新闻摄影局的新闻摄影处划归新华社摄影部。这样,新华社担负了向国内国外发布新闻和新闻照片的双重任务。①1952年底,新华社建立了布拉格、莫斯科、平壤、新德里、柏林5个国外分社。1953年明确新华社"消息总汇"的总任务,1956年新华社增加了11个国外分社,对外报道影响随之扩大。

三 改革开放和社会主义现代化建设新时期:进入发展快车道

1978年12月,党的十一届三中全会召开,将"改革开放"确立为新的国策,是中国共产党历史上具有深远意义的转折。在拨乱反正、打破极"左"思想禁锢,解放思想、实行改革开放的新时期背景下,新的对外舆论传播体制逐渐走向正确快速发展之路。

一是对外传播领导机构重整旗鼓。1978年,中共中央宣传部对外宣传局正式成立,组织领导中央主要新闻出版单位的有关对外宣传机构的外宣工作、地方对外宣传、对台宣传、对华人华侨以及旅游方面的外宣。1980年4月,中共中央成立中央对外宣传小组,负责组织领导和管理协调整个对外宣传工作。对外宣传小组由中宣部、中联部、外交部、文化部、国务院侨办、港澳办、人民日报、新华社、中央广播事业局、外文局等14家单位的负责人组成,后又增加国务院研究室、经贸部的负责人。中宣部的对外宣传局承担中央对外宣传小组办公室的工作。中央对外宣传小组的职责,主要是起议事与决策作用,"根据国内外形势,提出外宣方针、政策和重大问题的宣传意见,组织、推动、协调、检查各方面的外宣工作。中央对外宣传小组主要抓大事。

---

① 新华社新闻研究所编《新华社回忆录》,新华出版社1986年版,第368—369页。

当时对外宣传小组大体每周开一次会，传达和讨论中央指示，请涉外部门的领导介绍情况，议形势，讨论全党、全国在对外宣传中的重大问题，及时指导对外宣传工作"①。

1980年8月中共中央下发《关于建立对外宣传小组加强对外宣传工作的通知》，成为中国对外宣传的第一个纲领性文件。1982年4月，中央对外宣传小组召开了全国地方对外对台宣传工作会议，会后几乎所有的省、自治区、直辖市党委都建立了对外宣传小组及其办事机构。

二是机构改革中的裁撤与调整。在全国"机构精简"和向地方"放权让利"的背景下，1987年机构改革对20世纪80年代初为推进改革开放整体部署归口设置的"小组"为名的议事与协调机构进行撤销，中央对外小组被裁撤。中央外宣小组的裁撤与中央机构的重叠与无序有关。作为正部级的中央外宣小组之上的领导机构还有中央外事工作领导小组和中央思想宣传工作领导小组。这样的设置会造成叠床架屋、多头管理臃肿的官僚体系。同时，中央及地方各级对外宣传小组并非具有单独人事编制与财政预算的实体机构，没有配备专职的人员编制，只是由不同职能部门的负责人共同组成的议事和协调机构。"对外宣传小组完全独立建立机构问题，条件还不成熟。但是对外宣传工作又的确是一个重要的方面，这方面的工作要开展。所以中央规定，对外宣传工作由对外宣传小组统一领导。但对外宣传工作，特别是国内的许多对外宣传工作离不开宣传部，还是要通过国内的宣传系统来进行，对旅游者宣传也好，对经贸人员的宣传也好，对其他来华的对象宣传也好，群众的宣传也好，都离不开宣传部，所以还是跟宣传部搭在一块。"②1988年1月，中央对外宣传小组撤销，对外宣传工作由中宣部管理。此后，各外宣单位虽继续运行，但彼此之间缺乏总体统筹与协调。

三是明确外宣机构战略定位。1990年中央对外宣传小组重新建立，

---

① 申宏磊：《专访新时期外宣事业的开拓者朱穆之》，《对外传播》2008年第11期。

② 朱穆之：《风云激荡七十年》，五洲传播出版2007年版，第199页。

1991年在国务院系统挂名，称为"国务院新闻办公室"。从此，中央层级的对外宣传机构，是"一个机构、两块牌子"，在党和政府的双重领导下，对内称"中央对外宣传小组"，对外称"国务院新闻办公室"。"新闻办公室将为外国、港澳记者以及一切愿意了解中国的人提供便利和服务，它不设置障碍、限制，不搞新闻检查。外国对中国的了解很少，有的人只看到一个很小的局部。由于成见、误解或误信谣言，一些外国人所认识的中国的形象并不完全符合中国的真正形象。新闻办公室将弥补过去介绍中国方面的不足，把中国的情况全面、如实地介绍给世界，让世界人民看到中国的真正形象。"[1]

1993年国务院新闻办公室成立了民间性质的五洲传播中心，1994年4月正式运营。这是一个作为国际性的影视文化多媒体、综合性对外传播机构，对外传播业务主要包括影视制作、对外合作、音像出版发行。先后在纽约、华盛顿、芝加哥、旧金山、洛杉矶等美国重要城市和地区先后办起了15个与中方关系密切的电视台和广播电台。"除当地新闻外，所有节目都有'五洲'提供，通过租用美国三大广播电视公司ABC、NBC、CBS的频道，使我们的声音顺当地进入了美国广大地区的主流社会和华人社会，取得了很好的效果。"[2]

四 中国特色社会主义新时代：观念革新，站位高远

21世纪全球化深入发展，中国国际交往深入频繁，新的形式要求对外传播事业必须作出体制上的创新。

（一）深化文化体制改革，增强中华文明传播力影响力

中华优秀传统文化是中华民族的精神命脉，是涵养社会主义核

---

[1] 朱穆之：《风云激荡七十年》，五洲传播出版社2007年版，第285页。
[2] 曾建徽：《融冰·架桥·突围》（上册），五洲传播出版社2006年版，第90页。

心价值观的重要源泉，也是我们在世界文化激荡中站稳脚跟的坚实根基。①党的十八大以来，以习近平同志为核心的党中央把文化建设放在全局工作的突出位置，把传承弘扬中华优秀传统文化视为历史性、战略性工程，推动中华优秀传统文化创造性转化和创新性发展，引导全党全社会坚定文化自信，不断加强国际传播能力建设。2014年2月28日，习近平总书记主持召开中央全面深化改革领导小组第二次会议，审议通过《深化文化体制改革实施方案》，以此推动社会主义文化大发展大繁荣。2016年11月1日，中央全面深化改革领导小组第二十九次会议审议通过《关于进一步加强和改进中华文化走出去工作的指导意见》，强调加强和改进中华文化走出去工作，要坚定中国特色社会主义道路自信、理论自信、制度自信、文化自信。我国与世界各国的政府间文化合作关系进一步发展，对外文化贸易和投资增长迅速。2022年7月，商务部等27个部门印发了《关于推进对外文化贸易高质量发展的意见》，这是继2014年国务院印发《关于加快发展对外文化贸易的意见》后对外文化贸易领域的又一份重要指导性文件，统筹对外文化交流、文化传播和文化贸易，加快推动中华文化走出去。

（二）理顺内宣外宣体制，健全新闻发布制度

党的十八大以来，我国综合国力不断跻身于世界前列，国际地位不断提升，日益走近世界舞台中央，中国需要更好地了解世界，世界也需要更好地了解中国。党的宣传工作紧紧围绕服务国内国际两个大局，为进一步理顺内宣外宣体制，2014年3月20日，中共中央对外宣传办公室（国务院新闻办）并入中共中央宣传部，中共中央宣传部加挂国务院新闻办公室牌子。根据"三定"方案，中央宣传部（国务院新闻办）从原中央对外宣传办公室划入6项职责，包括：负责指导协调对外宣传工作，组织开展新闻发布工作，联系外国政府新闻管理机

---

① 中共中央宣传部：《中国共产党宣传工作简史》（下册），人民出版社2022年版，第616页。

构、主要新闻媒体和智库等,并增加对国家互联网信息办公室互联网宣传和信息内容管理的工作实施方针、政策指导的职责。

新闻发布制度建设不断完善和规范,围绕党的十八大以来的历次中央全会、全国两会、中央经济工作会议、"一带一路"国际合作高峰论坛等重大主题,通过组织新闻发布主动发出中国声音,提出中国方案。2015年1月起,国务院新闻办公室每周举行国务院政策例行吹风会,着重介绍中共中央、国务院研究决定的重大决策部署和经济社会政策,更加方便国外媒体快速、准确地了解中国政策。与此同时,新闻发言人的能力素质、传播力和影响力不断提升。根据2023年2月国务院新闻办发布的中央国家机关和地方2023年新闻发言人名录显示,目前中央和国家机关有关部委、各省(区、市)党委和政府新闻发言人共272位,其中中央部门158位、地方114位。

(三)完善互联网管理机构,营造清朗网络空间

1994年,中国全功能接入互联网。互联网作为新兴媒体,及时性、互动性的显著优势,成为承载信息的广阔空间,被大众迅速接受广泛使用,中国网络媒体发展迅猛,成为对外传播的主力军。1997年时任中央外宣办主任曾建徽强调:"国际互联网(Internet),这是新兴的电子传媒,发展很快,现在世界已有六七千万人在使用,大多在美国和西欧,这是打破西方传媒垄断的一个有效手段,要充分利用。"[①]可见,信息传播正经历着一场深刻的革命,现代信息技术催生了对外传播手段的改进,中国共产党必须适应这一趋势,积极掌握和运用新的信息技术加强和拓展对外传播的新渠道和新途径。

面对互联网技术和应用飞速发展的新形势,党的十八大以来,我国不断发展互联网、治理互联网,坚持依法管网,形成党委领导、政府管理、企业履责、社会监督、网民自律等多主体参与,经济、法律、

---

① 曾建徽:《融冰·架桥·突围》(上册),五洲传播出版社2006年版,第157页。

技术等多种手段相结合的综合治网格局。2014年2月27日，成立中央网络安全和信息化领导小组，习近平总书记任组长，主持召开中央网络安全和信息化领导小组第一次会议并发表重要讲话，强调要从国际国内大势出发，总体布局，统筹各方，创新发展，努力把我国建设成为网络强国。2014年3月20日，组建国家互联网信息办公室，作为中央网络安全和信息化领导小组常设办事机构。2014年11月19日由国家互联网信息办公室和浙江省人民政府共同主办了首届世界互联网大会，为推进全球互联网治理贡献中国智慧。2016年，中共中央办公厅、国务院办公厅印发《关于促进移动互联网健康有序发展的意见》，2017年先后发布了《互联网新闻信息服务管理规定》《关于实施网络内容建设工程的意见》等对互联网内容建设进行全面系统部署和规范，培育积极健康向上向善的网络文化。

　　网络空间是亿万民众共同的精神家园，不是"法外之地"。习近平总书记强调，掌握网络意识形态主导权，就是守护国家的主权和政权。2016年11月7日通过的《中华人民共和国网络安全法》将网络安全工作纳入法治化轨道。同年12月27日，国家互联网信息办公室发布《国家网络空间安全战略》确立了网络安全的战略目标、原则和任务，是我国首次发布关于网络空间安全的战略。2018年3月，中共中央印发的《深化党和国家机构改革方案》将中央网络安全和信息化领导小组改为中央网络安全和信息化委员会，加强了党中央对网信工作的统一领导、顶层设计、统筹协调和整体推进。

第六章

中国共产党舆论工作领导人才队伍建设

回顾中国共产党的发展历史，历代领导集体高度重视舆论工作的人才队伍建设。人才是富国之本、兴邦大计。习近平总书记指出，党的新闻舆论工作是"治国理政、定国安邦的大事"。新闻舆论工作队伍建设和人才培养是中国共产党舆论领导思想的重要组成部分，是党的新闻舆论事业接续发展的重要保障。在中国共产党的舆论工作百年发展历程中，根据国内外不同发展形势和党的工作需要，党对新闻舆论队伍建设从组织保障、人才培养等方面进行部署，打造了一支忠诚可靠、专业敬业的人才队伍，为党的革命、建设和改革提供了有力的保障。

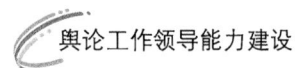
舆论工作领导能力建设

第一节　思想建设：夯实舆论领导主阵地

新闻舆论工作任何时候都不能忽视人才队伍建设，特别是不能放松对人才队伍的政治思想建设，确保新闻舆论工作队伍的领导权和决定权以及专业骨干牢牢掌握在真正的马克思主义者手中，确保党的路线方针政策在新闻实践中不走样。[①] 思想建设是党的基础性建设，是贯穿于党的新闻舆论工作的关键要素。

一、确保党对舆论工作的全面领导

宣传思想工作者必须有坚定的党性原则。党性原则是党的宣传思想工作的根本原则。毛泽东同志强调"务使我们的宣传增强党性"。邓小平同志指出："党报党刊一定要无条件地宣传党的主张。"习近平总书记强调："所有宣传思想部门和单位，所有宣传思想战线上的党员、干部都要旗帜鲜明坚持党性原则。"对于宣传思想战线来讲，宣传什么、反对什么，倡导什么、抵制什么，都体现宣传思想工作者的党性原则。

毛泽东曾对党组织放弃、放松新闻舆论工作领导的问题和认识进行及时的批评和纠正。"各级领导机关（包括中央局、区党委两级）对于报纸、通讯社等极端重要的宣传机关放弃领导责任，或者虽未放弃领导，但是抓得不紧，听任许多错误观点广泛流行，宣传工作极不严肃。此种状况，必须坚决改正。改正方法之一，是中央局（分局）及区党委（省委）对于自己的报纸，必须于每天出版之前，由一个完全

---

① 周宇豪：《新时代马克思主义新闻观中国化创新发展》，人民出版社2018年版，第137页。

懂得党的正确路线和正确政策的同志,将大样看一遍,改正错误观点,然后出版。各地领导同志,必须以严肃的科学的态度对待宣传工作。""加强新华社的工作也是必要的,报纸是很灵的、很有力的,所以必须抓。过去中央、中央局对报纸都没有抓紧,现在新华社的大样是少奇同志看,或者恩来、弼时同志看。"①1942年,毛泽东在《增强报刊宣传的党性》中强调:"整个通讯社及报社的新闻政策及社论方针,分局必须经常注意,加以掌握,使我们的宣传完全符合党的政策。"②

二 强化新闻舆论队伍的组织规范

建立健全舆论领导机构,是开展行之有效的舆论工作的前提和组织保障,也是实现党对舆论工作领导的关键。建党之初,中国共产党就十分重视舆论工作的组织建设。一方面将舆论工作与组织工作摆在同样重要的位置,另一方面强调健全各级党组织的宣传舆论机构。

中国共产党从红军时期就对新闻舆论队伍进行整顿规范。1929年12月,毛泽东在红军第四局第九次党的代表大会上指出,红军宣传工作任务,就是扩大政治影响,争取广大群众。这个宣传任务实现了,才可以达到组织群众、武装群众、建立政权、消灭反动势力、促进革命高潮等红军的总任务。毛泽东分析了红军宣传的现状,面对宣传队组织不健全、宣传员覆盖面小、宣传员成分差、训练没有计划等问题,对红军宣传队作了详细的规范建设。他认为,红军的宣传队是红军宣传工作的重要工具,宣传队若不弄好,红军的宣传任务就荒废了一个大的部分,因此关于宣传队的整理训练问题,是目前党要加紧努力的工作之一。……要求以支队为单位,各军及纵队直属队均成一单位,每单位组织一个中队,每个中队的宣传员分为若干分队,每个分队有分队长一人,宣传员三人。还制定了领导指挥架构,明确了各支队宣

---

① 《毛泽东文集》(第5卷),人民出版社1996年版,第101、143页。
② 《毛泽东新闻工作文选》,新华出版社1983年版,第98页。

传队、直属队宣传队、全纵队各宣传队、全军宣传队的领导职权。保证宣传队的经费够用，由政治部发给。宣传队成员选拔和训练有计划、有步骤进行，以提高宣传队伍的素质，保证宣传质量。①

党的新闻舆论工作需要党委集体领导，"党委制是保证集体领导、防止个人包办的党的重要制度。近查有些（当然不是一切）领导机关，个人包办和个人解决重要问题的习气甚为浓厚。重要问题的解决，不是由党委会议做决定，而是由个人做决定，党委委员等于虚设。……今后从中央局至地委，从前委至旅委以及军区（军分会或领导小组）、政府党组、民众团体党组、通讯社和报社党组，都必须建立健全党委会议制度，一切重要问题（当然不是无关重要的小问题或者已经会议讨论解决只待执行的问题）均须交委员会讨论，由到会委员充分发表意见，做出明确决定，然后分别执行"②。

1981年中宣部新闻局颁布了中国第一个新闻职业道德规范《记者守则（试行草案）》。1991年中国记协公布了《中国新闻工作者职业道德准则》，之后经历了1997年和2009年的修订，从七个方面对新闻工作者进行了规范，包括"全心全意为人民服务""坚持正确舆论导向""坚持新闻真实性原则""发扬优良作风""坚持改革创新""遵纪守法""促进国际新闻同行的交流与合作"等。

2005年3月，颁布《关于新闻采编人员从业管理的规定》，对新闻工作者的行为进行了具体规范，"要坚持以马克思列宁主义、毛泽东思想、邓小平理论和'三个代表'重要思想为指导，拥护中国共产党的领导，拥护社会主义制度，树立政治意识、大局意识和责任意识，贯彻团结稳定鼓劲、正面宣传为主的方针，把握正确舆论导向，支持改革开放和现代化建设，为人民服务，为社会主义服务，为全党全国工作大局服务，要遵守宪法和法律，遵守党的新闻宣传纪律，维护党和国家利益，维护人民群众的根本利益，要坚持真实、全面、客观、公

---

① 《毛泽东文集》（第1卷），人民出版社1993年版，第96—102页。
② 《毛泽东选集》（第4卷），人民出版社1991年版，第1340—1341页。

正的原则，确保新闻事实准确。要认真核实消息来源，杜绝虚假不实报道；要发扬实事求是、敬业奉献的精神，深入实际，深入生活，深入群众，调查研究，求真务实，努力改进工作作风和文风，不断创新报道内容形式和手段，使新闻报道贴近实际、贴近生活、贴近群众，增强新闻报道的针对性、实效性和吸引力、感染力；要杜绝各种有偿新闻，要严格执行新闻报道与经营活动分开的规定；规范新闻采编人员记者证管理和使用，以及从事新闻报道活动时遇有关情形，应实行回避，并不得对稿件的采集、编发、刊播进行干预或施加影响等。"

三 要求各级领导重视舆论工作

党的新闻舆论工作是党的一项重要工作，新闻宣传事业是党的生命的一部分，关系着党和国家的前途和命运。高度重视新闻宣传工作，充分发挥新闻宣传的作用，团结全党，动员群众，为实现伟大目标而奋斗，是我们党的优良传统和政治优势。加强和改善党对新闻舆论工作的领导，是新闻舆论工作顺利健康发展的根本保证。各级党委要自觉承担起政治责任和领导责任。领导干部要增强同媒体打交道的能力，善于运用媒体宣讲政策主张、了解社情民意、发现矛盾问题、引导社会情绪、动员人民群众、推动实际工作。①

"报纸是要有领导的，但是领导要适合客观情况。马克思主义是按客观情况办事的，客观情况就包括客观效果。群众爱看，证明领导得好；群众不爱看，领导就不那么高明吧？有正确的领导，有不正确的领导。正确的领导按客观情况办事，符合实际，群众欢迎；不正确的领导，不按客观情况办事，脱离实际，脱离群众。使编报的人感到不自由，编出来的报纸群众不爱看，这个领导一定是教条主义的领导。我们要反对教条主义……独立自主地按马克思主义的精神实质办事，

---

① 杜尚泽、鞠鹏、李涛、马占成：《坚持正确方向创新方法手段　提高新闻舆论传播力引导力》，《人民日报》2016年2月20日。

才取得中国革命的胜利。"①1943年3月16日,毛泽东在中央政治局会议上的讲话中提出,"中央同志要善于利用报纸,要有一半的时间用在报纸上"②。1954年7月中共中央发布的《关于改进报纸工作的决议》中,要求把提高新闻工作者的政治水平作为各级党委的一项重要工作,要求"各级党委应从各方面给报纸编辑部的工作以积极的支持,在组织上加强党委机关报,并责成编辑部努力加强和提高报纸编辑、记者的党性锻炼和政治水平"③。1944年3月22日,毛泽东在谈到关于陕甘宁边区的文化教育问题时说:"我们地委的同志,应该把报纸拿在自己手里,作为组织一切工作的一个武器,反映政治、军事、经济并且又指导政治、军事、经济的一个武器,组织群众和教育群众的一个武器。要以很大的精力来注意这个工作,使它一年比一年进步。""首长负责,亲自动手,墙报才能办得好。""各机关首长负责,把报纸当做自己很好的工作方式。"④1958年1月,毛泽东提出:"中央各部、省、专区、县三级,都要比培养'秀才'。没有知识分子不行,无产阶级一定要有自己的'秀才'。这些人要较多地懂得马克思主义,又有一定的文化水平、科学知识、词章修养。"⑤

在此基础上,邓小平将新闻宣传工作提高到"实现领导最广泛的方法"的高度加以阐述。他说:"实现领导最广泛的方法是用笔杆子。用笔写出来传播就广,而且经过写,思想就提炼了,比较周密。"⑥新闻工作对于贯彻实现党的领导意图、对于社会主义事业这么重要,各级领导应该充分认识,并自觉地运用新闻传播媒介,实现党的领导。"不懂得用笔杆子,这个领导本身就是很有缺陷的。"邓小平提出了领导干

---

① 《毛泽东文集》(第7卷),人民出版社1999年版,第262页。
② 《毛泽东文集》(第3卷),人民出版社1996年版,第11页。
③ 中国社会科学院新闻研究所:《中国共产党新闻工作文件汇编》(中),新华出版社1980年版,第319—329页。
④ 《毛泽东文集》(第3卷),人民出版社1996年版,第111、113页。
⑤ 《毛泽东文集》(第7卷),人民出版社1999年版,第360页。
⑥ 《邓小平文选》(第1卷),人民出版社1994年版,第145页。

部自身也要提高动笔能力。

江泽民指出:"宣传思想工作关系到建设有中国特色社会主义事业的全局。对这项工作,各级党委务必十分重视,务必加强领导。……应当明确,一个地区、一个部门的宣传思想工作和精神文明建设,责任主要在这个地区和部门的党组织。各级党委,首先是主要负责同志一定要深入实际,调查研究,总结经验,精心指导,督促检查,加强和改进宣传思想战线的工作。有些需要多方面配合的工作,党委要统一研究,统一部署,协调行动。"① 胡锦涛也多次强调:"党管宣传、党管意识形态,是我们党在长期实践中形成的重要原则和制度,是坚持党的领导的一个重要方面,必须始终牢牢坚持,任何时候都不能动摇。各级党委要始终高度重视宣传思想工作,坚持'两手抓、两手都要硬'的方针,切实加强和改善领导。"② 习近平总书记提出:"宣传思想工作就是要巩固马克思主义在意识形态领域的指导地位,巩固全党全国人民团结奋斗的共同思想基础。"③ 这些重要论述充分表明,加强和改进思想政治工作是各级党委的重要责任和主要任务。

第二节　核心要素:明确舆论工作者应具备的素质能力

人才资源是第一资源。做好新闻宣传工作,关键靠班子、靠队伍、

---

① 中共中央文献研究室编《十四大以来重要文献选编》(上),人民出版社1996年版,第659—660页。
② 刘建生:《坚持用"三个代表"重要思想统领宣传思想工作为全面建设小康社会提供科学理论指导的强大舆论力量》,《人民日报》2003年12月8日。
③ 《胸怀大局把握大势着眼大事　努力把宣传思想工作做得更好》,《光明日报》2013年8月21日。

靠人才。新闻舆论工作职责和使命是党的重托、人民的期待，无比重要，无上光荣。忠实履行新闻舆论工作职责使命，是党和人民对新闻舆论工作的根本要求，是做好新闻舆论工作的基本途径。

习近平总书记用"48个字"对新的时代条件下党的新闻舆论工作职责和使命作出了鲜明的概括——"高举旗帜、引领导向，围绕中心、服务大局，团结人民、鼓舞士气，成风化人、凝心聚力，澄清谬误、明辨是非，联接中外、沟通世界"①。"高举旗帜、引领导向"，就要坚持马克思主义指导地位，高举中国特色社会主义伟大旗帜，以正确的舆论引导人，做到所有工作都有利于坚持中国共产党领导和我国社会主义制度，有利于推动改革发展，有利于增进全国各族人民团结，有利于维护社会和谐稳定。"围绕中心、服务大局"，就要认真贯彻党中央的决策部署，紧紧围绕经济建设这个中心，自觉服从服务于党和国家的工作大局，坚决在大局下思考、在大局下行动，做到不缺位、不错位。"团结人民、鼓舞士气"，是指以坚持团结、稳定鼓劲、正面宣传为主，弘扬主旋律、传播正能量，激发全党全社会团结奋进、攻坚克难的强大力量，调动各方面积极性、主动性、创造性。"成风化人、凝心聚力"，是要积极培育和践行社会主义核心价值观，扬社会之善、褒正气之举、鞭丑恶之行，教育人、感化人、影响人，推动形成良好的党风、政风、民风、家风，汇聚起向上向善、改革发展的强大力量。"澄清谬误、明辨是非"，就是要旗帜鲜明、传播真理，析事明理、激浊扬清，敢于直面问题，敢于触及矛盾，敢于交锋亮剑，用真理的力量说服人，用生动的事实教育人，更好地统一思想、扩大共识。"联接中外、沟通世界"，就是要坚持国家站位、全球视野，讲好中国故事，传播好中国声音，阐释好中国特色，增强国际话语权，让全世界都能听到并听清中国声音。"48个字"职责使命，立意高远、思想深刻、内涵丰富、论述精辟，这些重要思想、观点、论断从立足长远发展和全局战略高

---

① 杜尚泽、鞠鹏、李涛、马占成：《坚持正确方向创新方法手段　提高新闻舆论传播力引导力》，《人民日报》2016年2月20日。

度，为新形势下党的新闻舆论工作者指明了方向并提出了明确的要求。

一、坚持正确的政治立场

正确的政治方向是中国共产党舆论工作的指引和明灯。讲政治、讲党性、讲规矩是舆论工作者最重要的素质和最核心的要求。毛泽东在延安《解放日报》的发刊词中强调："中国共产党的使命，就是本报的使命。"由此提出"政治家办报"的思想，要求新闻舆论工作者必须树立高度的政治责任感，必须具有很强的政治辨别力和良好的政治素质。[①]1948年11月新华社中原总分社要求记者"必须有马列主义理论和毛泽东思想，懂得党的路线和政策，赋予坚持真理的原则，以及健全的思想工作作风。这样，他才能真正成为党和人民的耳目喉舌，代表党和人民对实际斗争担负监督和指导职责，而不致玩忽职守，迷惑方向，作出有害党和人民利益的事"[②]。坚定正确的政治方向，建立在对马克思主义信仰的基础上，建立在对社会发展规律清醒认识的基础上，建立在以人民为中心的工作导向上。[③]

中国共产党要求舆论工作者一是具有政治觉悟和坚强的党性，在政治上、思想上、行动上与党中央保持高度一致，坚决贯彻党的意志和主张，自觉维护党中央权威。自觉坚持立党为公、执政为民，舆论工作坚持党性和人民性的统一，把对党和人民负责统一起来，坚决维护党和人民的利益。习近平总书记要求新闻工作者增强对当前世情国情党情的了解，引导广大群众看清社会发展的主流，坚定人民群众对中国特色社会主义的"四个自信"。二是具有敏锐清醒的政治头脑。无

---

① 刘冀瑗：《中国共产党"以人为本"执政理念初探》，《中央社会主义学院学报》2012年第6期。
② 《中国共产党新闻工作文件汇编》（下卷），新华出版社1980年版，第97—102页。
③ 丁柏铨：《新闻舆论工作的特点及队伍建设的目标》，《新闻与写作》2020年第7期。

论是新民主主义革命时期、社会革命和建设时期、改革开放和社会主义现代化建设新时期还是中国特色社会主义新时代，国内外舆论环境复杂多变，舆论工作者需要具有敏锐的政治洞察力和政治鉴别力，善于从政治上观察、正确把握大局，科学判断把握舆论导向，在大是大非面前保持清醒，勇于发声亮剑，同各种错误思潮作斗争。三是具有较高的政策水平。党的十八大提出："不断提高党的领导水平和执政水平、提高拒腐防变和抵御风险能力，是党巩固执政地位、实现执政使命必须解决好的重大课题。"政策水平则是衡量党领导水平和执政水平的关键因素和核心指标。这就要求舆论工作始终坚持党的路线方针政策，正确领会和贯彻中央精神，按照党委统一领导和部署开展工作，准确全面反映体现中心工作和主要任务，使舆论工作更好地为人民服务、为社会主义服务、为党和国家工作大局服务。

二　具备深厚的理论功底

中国共产党历来主张新闻舆论与理论不可分割。"两论起家，理论当家"是做好舆论工作的重要法宝。毛泽东强调："在知识分子当中提倡学习马克思主义是很有必要的，要提倡大家学他十年八年，马克思主义学得多了，就会把旧思想推了出去。但是学习马克思主义也要形成风气，没有风气是不会学得好的。"[1] 新中国成立不久，刘少奇意识到宣传舆论工作中的不足，指出："我们有些党员的理论水平很低，自己不懂什么是马列主义，要想人家宣传马列主义，这是一件难事。因此，为了做好宣传工作，为了提高理论水平，每个共产党员首先要学习。"[2] 1955年3月31日，毛泽东在《在中国共产党全国代表会议上的讲话》中指出："我们现在有许多做理论工作的干部，但还没有组成理论队伍，尤其是还没有强大的理论队伍。而没有这支队伍，对我们全

---

[1]《毛泽东文集》（第7卷），人民出版社1999年版，第261页。
[2]《新闻工作文献选编》，新华出版社1990年版，第104—116页。

党的事业，对我国的社会主义工业化、社会主义改造、现代化国防、原子能的研究，是不行的。"①1959年6月，毛泽东提出了"政治家办报"的思想，指出："精心写作社论是一项极重要任务，你们自己、宣传部长、秘书长、报社总编辑，要共同研究。"②党的十七大报告指出，培养造就一批马克思主义理论家特别是中青年理论家，培养造就宣传思想文化领域各方面的领军人物和学术带头人。党的十七届六中全会进一步指出："加快培养造就德才兼备、锐意创新、结构合理、规模宏大的文化人才队伍。"2015年习近平总书记在中共中央政治局专题民主生活会上指出，提高舆论工作队伍的马克思主义理论素养和水平至关重要。马克思主义科学理论为舆论导向工作指明了根本方向，是舆论导向工作的"主心骨""定盘星"。新闻舆论工作者应加强马克思主义基本理论的学习，提高自身的理论素养。他强调："政治上的坚定源于理论上的清醒。要自觉加强理论学习，掌握马克思主义立场、观点、方法，同时要用各种科学知识把自己更好武装起来，增强政治敏锐性和政治鉴别力。"③

理论素质的高低制约着舆论工作的水平。马克思主义意识形态在中国占统治地位，但是现实中社会意识形态不是单一存在的，马克思主义也不是唯一的意识形态。"在不同的占有形式上，在社会生存条件上，耸立着由各种不同的、表现独特的情感、幻想、思想方式和人生观构成的整个上层建筑。"④面对不同阶层、不同利益群体形成的思想观念复杂多样，各种意见诉求交织交错，思想理论领域的主导意识形态存在不同程度差距，甚至存在背离的多样的意识观念和价值取向。这就对舆论工作提出了新的挑战和要求。一是扎实掌握党的基本理论。掌握马克思列宁主义、毛泽东思想、邓小平理论、"三个代表"重要思

---

① 《毛泽东文集》(第6卷)，人民出版社1999年版，第395—396页。
② 《毛泽东文集》(第7卷)，人民出版社1999年版，第202页。
③ 《中共中央政治局召开专题民主生活会》，中国政府网，https://www.gov.cn/xinwen/2015-12/29/content.5029397.htm。
④ 《马克思恩格斯选集》(第1卷)，人民出版社1995年版，第611页。

想、科学发展观和习近平新时代中国特色社会主义思想，善于运用马克思主义的唯物辩证法和认识论、马克思主义新闻舆论观和中国特色社会主义理论体系武装头脑，不断深化对党的路线、方针、政策的理解和认识，对新问题和新情况作出科学理性的判断。深刻领会贯穿其中的马克思主义立场、观点、方法，深刻认识和准确把握共产党执政规律、社会主义建设规律、人类社会发展规律，从根本上提高思想政治觉悟，提高理论政策水平。二是掌握党的宣传思想文化的方针政策。正确理解党在意识形态工作领域的政策，善于用马克思主义的立场、观点和方法观察问题，透过现象看本质，在复杂多变的舆论中抓住本质和重点，在杂乱无序的信息中明辨是非、判断真伪，澄清错误认知、驳击反动言论，消除误解隔阂，把握舆论主动，实现前瞻研判，提前布局，落实党的文化思想要求。

三　锻造过硬的业务能力

新闻舆论工作者的业务能力直接关系到党的新闻事业任务和使命能否实现。新闻舆论工作者优良的业务素质，可以使其政治坚定的优良素质得到合理而巧妙的体现，使传播对象乐于接受新闻舆论工作者传播的内容，实现舆论引导效果的最大化和最优化。毛泽东强调要培养"又红又专"的新闻工作者，他认为："政治和业务是对立统一的，政治是主要的，是第一位的，一定要反对不问政治的倾向；但是，专搞政治，不懂技术，不懂业务，也不行。我们的同志，无论搞工业的，搞农业的，搞商业的，搞文教的，都要学一点技术和业务……使自己成为内行，又红又专。"[①]

习近平总书记在2013年8月召开的新闻舆论工作座谈会上对新闻工作者业务能力提出了时度效具体要求。他强调："关键是要提高质量和水平，把握好时度效，增强吸引力和感染力，让群众爱听爱看、产

---

① 《毛泽东文集》（第7卷），人民出版社1999年版，第309页。

生共鸣，充分发挥正面宣传鼓舞人、激励人的作用。"时度效是检验新闻舆论工作水平的标尺，突发事件新闻发布、舆情回应要从时度效着力、体现时度效要求，及时准确、公开透明地对外发布信息，形成有利于突发事件应急处置与救援的舆论导向和氛围。同时要高度重视突发事件舆情管理工作，通过健全舆情预警、强化科学研判、完善信息发布，加强舆情管理协调联动，有效回应社会关切。在全国宣传思想工作会议上，习近平总书记强调，不断增强脚力、眼力、脑力、笔力，努力打造一支政治过硬、本领高强、求实创新、能打胜仗的宣传思想工作队伍。

新时代舆论环境、媒体格局、传播方式都在发生深刻变化，呈现受众需求多、参与意识强、思想观念多元的特点，信息传播呈现人人传播、多向传播、海量传播的特征，党的新闻舆论工作必须适应这种变化，尊重新闻传播规律，创新方法手段，切实提高传播力、引导力、影响力、公信力。新闻宣传是否善于创新，是否能够做到常做常新，是其发展壮大、保持强大生命力的关键。面对新形势，新情况，习近平总书记突出强调提高工作能力和水平的问题，指出新闻工作者"要转作风、改文风、俯下身、沉下心，察实情、说实话、动真情，努力推出有思想、有温度、有品质的作品"[①]。有思想，要求新闻舆论工作者时刻高举中国特色社会主义旗帜、以人民为中心，服务社会主义发展大局。新闻舆论不仅要重点阐释党中央重大决策和工作部署，充分体现党的意志，维护党中央权威，时刻爱党、护党；还要积极记录和报道我国人民的伟大实践和伟大创造，真实反映人民的精神风貌。有温度，要求新闻工作者坚持传播社会正能量，凝心聚力，鼓舞士气，成风化人。有品质，要求新闻舆论工作者既能激浊扬清、明辨是非，又能联接中外、沟通世界。习近平总书记强调："党的新闻舆论工作必须创新理念、内容、体裁、形式、方法、手段、业态、体制、机制，增强针

---

① 杜尚泽、鞠鹏、李涛、马占成：《坚持正确方向创新方法手段　提高新闻舆论传播力引导力》，《人民日报》2016年2月20日。

对性和实效性。"他要求新闻工作者要提高业务能力,勤学习、多锻炼,努力成为全媒体、专家型人才。

(一)专业素养

新闻传播专业素养要求新闻舆论工作者尊重新闻传播的规律,秉持新闻价值的五要素,即时效性、重要性、显著性、接近性和趣味性。新时期,各条战线都需要一批具有一定专业素养的新闻工作者来进行负责任的报道,这是社会的需要,也是媒体的需要。新闻工作的特点,既需要"杂家",又需要"专家"。应当说,"杂家"不易,"专家"更难。专家型新闻工作者,就是对某一领域有着独到研究和见解的新闻记者和编辑。新闻工作者应当联系工作需要确立自己的关注领域,认认真真地学习,花精力去钻研,在自己所报道的领域成为行家,把复杂深奥的专业知识用具体生动的形象表现出来,厚积薄发,创作出优秀的新闻作品。"新闻工作,无论编辑、采访,都需要有业务能力,特别是要有很好的文字修养。现在,报纸上刊登的许多报道,主题好,内容好,语言也很精彩,使人在受教育的同时,也得到美的享受。……要大力提倡新闻工作者苦练基本功。"[①]

(二)知识结构

新闻媒体的基本功能之一是向公众提供外部环境的变动信息,内容必然涉及社会的方方面面,这就要求记者成为一名"杂家",即不仅要较好掌握新闻领域的知识,还要形成多元化的知识结构。

胡乔木在《记者的工作方法》中提出了新闻舆论工作者具体学科知识的建议,要使工作前进,不断进步,现在是样样都需要学习的。学习什么呢?应该精通马克思列宁主义,懂得政治经济学,懂得哲学,

---

① 《江泽民同志视察人民日报社时的讲话》,《人民日报》1996年10月21日。

懂得中国史地。①1950年5月发布的《关于改进报纸工作的决定》指出："为了加强报纸在国家建设事业中的作用，报纸的编辑、采访、评论人员必须通晓社会科学的基本知识，通晓国家和地方建议事业的政策、情况和问题，养成调查研究实事求是的作风，并力求与人民群众、机关和干部保持亲密的联系。"这里提出的社会科学基本知识要求新闻工作者知识结构全面均衡，而且作为"必须"条件。为了培养新闻工作者各方面的专业知识，《关于改进报纸工作的决定》要求报社按照社会生活的不同方面实行适当分组，便于各组采编人员获得相关专门知识。

改革开放以来，江泽民对新闻舆论工作者的知识结构作出了明确具体的要求，他提出的"五个根底"之一是"知识根底"，"知识就是力量。首先要努力掌握与自己的业务工作直接有关的知识，同时，还要博览群书，哲学、政治、经济、法律、历史、文学等方面的书籍都应读一些，科技知识也应尽可能多学一些。希望在我们的新闻队伍中多出一些既懂政治、学识又渊博的编辑、记者、评论员"②。习近平总书记在2016年2月在新闻舆论工作座谈会上明确提出"好的新闻报道，要靠好的作风文风来完成，靠好的脚力、眼力、脑力、笔力得来"，2018年8月，他在全国宣传思想工作会议上再次强调新闻工作者"四力"的重要性。其中，"脚力"要求新闻工作者大兴调查研究之风，深入群众、深入现场；"眼力"要求新闻工作者具有分析能力、辨别能力、判断能力，从纷繁复杂的表象中洞察本质，从众说纷纭的争议中明辨是非，从快速变化的实际中把握规律；"脑力"要求新闻工作者具有思想水平、政治水平、理论水平，不断培养政治家的站位、哲学家的思辨、科学家的缜密；"笔力"要求新闻工作者要把人民群众爱不爱听、爱不爱看作为根本标准，善于运用群众喜闻乐见的语言说家常话，讲贴心话，真正做到入耳入脑入心。

---

① 中国社会科学院新闻研究所：《中国共产党新闻工作文件汇编》（下），新华出版社1980年版，第248—263页。

② 《江泽民同志视察人民日报社时的讲话》，《人民日报》1996年10月21日。

四 保持优良的工作作风

作风是指特定主体在思想、工作、生活和处事等方面所表现和流露出来的相对稳定的态度秉持和行为方式。① 党的作风如果不纯不正，党的形象就会遭到破坏，党的威望就会遭受损失，党的创造力、凝聚力、战斗力就会逐渐丧失。习近平总书记说："党的作风是党的形象，是观察党群干群关系、人心向背的晴雨表。党的作风正，人民的心气顺，党和人民就能同甘共苦。"② 在任福建宁德地委书记时，他在《把握新闻工作的基点》中对新闻舆论工作者工作作风提出要求，强调"要严于律己，遵守职业道德……新闻工作者担负着宣传群众、教育群众的神圣职责，教育者应先受教育，应严格自律，正派、公正、廉洁，更有高尚、更严格政治操守和职业道德。新闻工作是一种崇高的职业。每个新闻工作者都应该自重、自爱、自强。希望新闻工作者加强职业道德修养，形成一种良好的作风"。

（一）爱岗敬业

敬业爱岗，这是任何行业从业人员都应遵守的职业伦理规范。爱岗敬业是新闻舆论工作人员对待职业的一种态度和内在道德要求。党的新闻舆论工作需要从业人员热爱党的新闻事业，献身党的新闻事业，对党忠诚，对党和人民负责。正如毛泽东所说："这些干部和领袖懂得马克思列宁主义，有政治远见，有工作能力，富于牺牲精神，能独立解决问题，在困难中不动摇，忠心耿耿地为民族、为阶级、为党而工作。"③

---

① 丁柏铨：《新闻舆论工作的特点及队伍建设的目标》，《新闻与写作》2020年第7期。
② 习近平：《在庆祝中国共产党成立95周年大会上的讲话》，人民出版社2016年版，第23页。
③ 《毛泽东选集》（第1卷），人民出版社1991年版，第277页。

（二）实事求是

实事求是是从实际出发，掌握充分的事实根据，从其中提炼出真实结论。实事求是要求讲真话，报实情。新闻舆论工作者只有提供全面、真实的信息，才能帮助人们在纷繁的信息和意见中形成正确的认知，赢得社会公信力。胡乔木在《记者的工作方法》一文中指出："要用两个'实事求是'的尺子来评判事物的对错，从群众中来是第一个实事求是，到群众中去，是第二个实事求是，如此不断发展，真到外面去测量世界，凡是不和尺子的都不承认它的存在或正确就认为它是错的。"①

党的新闻舆论工作确保实事求是，要求信息发布全面、客观、准确、平衡，既不能把大事说小，也不能把小事说大。个别不是一般，一般也不是个别，同样，局部不是全局，全局也不是局部。防止以点代面、以偏概全，把个别现象说成普遍问题，把意外孤立事件上升为制度问题，把不该褒奖的渲染拔高，把应该贬抑的炒热放大。经验表明，观察舆论不从事实出发，分析舆论不从全局出发，澄清问题不用事实说话，引导舆论不将事实的本质逻辑与公众的切身利益和正确的价值导向结合起来，就难以增强可信度、说服力，也难以掌握舆论引导的主动权。

（三）艰苦奋斗

新闻舆论工作是体力和脑力综合的复杂劳动。为了获得一手鲜活资料，为了掌握事情的来龙去脉，必须发扬黄牛精神，沉下心来，扑下身子，眼往下看，脚往下跑，深耕生活，深入基层，才能更有底气、更有生活，更有温度。刘少奇在《对华北记者团的谈话》中提出："独立做相当艰苦的工作"，要求新闻记者要有"接近劳动人民的本事，有

---

① 中国社会科学院新闻研究所：《中国共产党新闻工作文件汇编》（下），新华出版社1980年版，第271—284页。

为人民服务的态度,要不怕独立地做相当艰苦的工作,不怕多项,不怕想得几夜睡不着,不怕多跑腿。"①江泽民概括了新闻舆论工作者应该具备的六种作风之一就是艰苦奋斗的作风,不怕苦、不怕累,有时还要不怕危险、不怕牺牲。②习近平总书记强调:"艰苦奋斗、勤俭节约,不仅是我们一路走来、发展壮大的重要保证,也是我们继往开来、再创辉煌的重要保证。"③习近平总书记提出的"四力"中的"脚力"就要求新闻舆论工作者必须深入基层实践和重大斗争一线,到最边远、最困难、最危险的地方去,培养不怕困难、顽强拼搏的精神和艰苦奋斗、吃苦耐劳的品质,采写制作出更多有思想、有温度、有品质的新闻作品,在实践中成长为党和人民信赖的新闻工作者。④

(四)清正廉洁

新闻舆论工作者是党的新闻事业的代表,是推动社会发展进步、维护社会公平正义的力量,肩负着党的方针、政策、路线宣传教育责任,作为党和政府的"喉舌",具有毋庸置疑的权威性和影响力,恪守职业道德和行业准则关系到党和人民的信任,必须公正廉洁,"自觉抵制拜金主义、享乐主义、个人主义思想的侵蚀,恪守职业道德,坚决反对搞有偿新闻"⑤。2016年2月,习近平总书记在党的新闻舆论工作座谈会上强调,新闻舆论工作者要增强政治家办报意识,在围绕中心、服务大局中找准坐标定位,牢记社会责任,不断解决好"为了谁、依靠谁、我是谁"这个根本问题。要严格要求自己,加强道德修养,保持一身正气。

---

① 中国社会科学院新闻研究所:《中国共产党新闻工作文件汇编》(下),新华出版社1980年版,第97—102页。

② 《江泽民同志视察人民日报社时的讲话》,《人民日报》1996年10月21日。

③ 《习近平关于"不忘初心、牢记使命"论述摘编》,党建读物出版社、中央文献出版社2019年版,第245页。

④ 张百新:《牢牢把握做好党的新闻舆论工作的关键》,《学习时报》2019年10月16日。

⑤ 《江泽民同志视察人民日报社时的讲话》,《人民日报》1996年10月21日。

第三节 队伍培养：提高综合素质的方法与路径

毛泽东在长期指导新闻舆论工作进行社会主义革命和建设中，非常重视新闻舆论工作队伍建设。他强调："要不断加强各级党委的组织、宣传队伍建设和党校师资队伍建设，明确各自在党员干部教育、管理、培训等方面的职责。特别还强调，组织部门要重点抓好党员领导干部的教育和管理；宣传部门要重点抓好社会舆论和广大党员的宣传教育；党校要重点抓好各级领导骨干的培训和理论教育。这三个部门要互相配合，互相支持，各司其职，各负其责，共同担负起教育、管理、培训党员干部的任务，从而使我们的党员干部队伍成为一支最有战斗力的队伍。"[①]1948年刘少奇在对华北记者团的讲话中，将马克思主义记者具备的素质概括为"马列主义的修养；政策路线的知识；正确的基本态度；独立地做相当艰苦的工作"[②]。

改革开放后，党要求建设一支适应经济建设和改革开放要求的宣传思想工作队伍。邓小平指出，全面准确地宣传党的基本路线，积极促进社会主义现代化建设和改革开放事业发展，维护团结稳定的政治局面，都需要一支政治强、业务精、作风正的宣传思想工作队伍，特别是需要一批年轻的理论工作者。因此，要采取切实有力的措施，加强宣传、理论、文艺、新闻、出版队伍的建设，他提出按照"革命化、年轻化、知识化、专业化"的方针和德才兼备的标准，加强宣传队伍

---

① 赵云献：《毛泽东建党学说论》，人民出版社2003年版，第1022页。
② 中国社会科学院新闻研究所：《中国共产党新闻工作文件汇编》（上卷），新华出版社1980年版，第263页。

建设。①

1996年江泽民在视察解放军报社时为新闻人才队伍确立了培养目标，"要培养出一支政治强、业务精、纪律严、作风正的新闻队伍"，②在视察人民日报社时，对新闻舆论工作者的要求概括为"五个根底"和"六个优良作风"，即理论路线根底、政策法律纪律根底、群众观点根底、知识根底、新闻业务根底和敬业作风、实事求是作风、艰苦奋斗作风、清正廉洁作风、严谨细致作风、勇于创新作风。③胡锦涛指出："做好新闻宣传工作，关键在班子、在人才……不断提高思想政治水平、增强业务本领，努力建设一支政治强、业务精、作风正、纪律严的新闻宣传队伍。"④这里的要求沿用了江泽民1996年的说法。2007年1月，胡锦涛在部署网络文化建设和管理工作时指出，要加快网络文化队伍建设，充实重点领域和关键岗位的力量，形成与网络文化建设和管理相适应的管理队伍、网评员队伍、技术研发队伍，造就一批拔尖人才和领军人物，培养一批政治素质高、业务能力强的干部。胡锦涛提出把网络文化建设队伍分为管理、舆论引导、技术研发三支队伍，细化了网络思想政治工作队伍建设标准。

党的十八大以来，国内外形势不断变化，媒体技术不断发展，给新闻舆论事业发展提出了重大时代课题。新的时代条件，对新闻舆论人才提出了新的要求。2016年2月，习近平总书记在党的新闻舆论工作座谈会上强调："媒体竞争关键是人才竞争，媒体优势核心是人才优势。""要加快培养造就一支政治坚定、业务精湛、作风优良、党和人民放心的新闻舆论工作队伍。""要引导广大新闻舆论工作者做党的政策主张的传播者、时代风云的记录者、社会进步的推动者、公平正义

---

① 《十三大以来重要文献选编》（下卷），人民出版社1993年版，第2183页。

② 王文杰、罗玉文、吴森辉：《新闻工作者要梳理高度的政治责任感》，《人民日报》1996年1月3日。

③ 胡锦涛：《在人民日报社考察工作时的讲话》，《人民日报》2008年6月21日。

④ 《胡锦涛文选》（第2卷），人民出版社2016年版，第562页。

的守望者。"2020年中共中央办公厅、国务院办公厅印发了《关于加快推进媒体深度融合发展的意见》,这是继2014年中央印发《关于推动传统媒体和新兴媒体融合发展的指导意见》后第二次印发相关指导意见,正式提出"培养全媒体人才"。

一 树立以人民为中心的价值导向

党的新闻舆论工作者是最广大人民根本利益的忠实代表者,与中国共产党和人民的根本利益是一致的。新闻舆论工作坚持人民为中心的工作导向。贴近人民,满足人民群众对新闻信息的需求。新闻舆论工作要阐释党和国家的政策主张,报道反映好人民的期盼要求,做好党和人民之间的桥梁和纽带。

新闻舆论工作的服务对象是人民群众,主体也是人民群众,舆论工作的重点是关注人民群众的疾苦,反映人民群众的愿望,了解人民群众的需求,切实将人民群众的所急、所想、所盼落到实处。1943年9月1日,重庆《新华日报》专门发表社论《记者节谈记者作风》:"'为人民喉舌'是每一个新闻记者所用以自负的。然而要真能负得起这样一个光荣称号,就得像董狐那样,紧握住自己的一管直笔,作真理的信徒,人民的忠仆。"[1]

我们要适应新形势下群众工作的新特点新要求,做好组织群众、宣传群众、教育群众、服务群众工作,虚心向群众学习,诚心接受群众监督,始终植根人民、造福人民,始终保持党同人民群众的血肉联系,始终与人民心连心、同呼吸、共命运。[2] "要树立以人民为中心的工作导向,把服务群众同教育引导群众结合起来,把满足需求同提高素养结合起来,多宣传报道人民群众的伟大奋斗和火热生活,多宣传

---

[1] 中国社会科学院新闻研究所:《中国共产党新闻工作文件汇编》(下),新华出版社1980年版,第59—61页。
[2] 习近平:《干在实处 走在前列——推进浙江新发展的思考与实践》,中共中央党校出版社2013年版,第311页。

报道人民群众中涌现出来的先进典型和感人事迹,丰富人民精神世界,增强人民精神力量,满足人民精神需求。"①习近平总书记强调,党的新闻舆论工作承担着宣传群众、动员群众、服务群众的神圣使命。新闻工作者要始终心系百姓,坚持人民本色。一方面可以满足人民群众的精神需求,另一方面也可以引导人民群众向先进典型看齐。时刻不忘与群众增进感情、拉近距离,使党的新闻舆论事业获得不竭的力量源泉,这充分彰显了新闻舆论人才队伍建设的人民情怀。

二 提高以调查研究为基础的能力水平

调查研究是做好舆论领导工作的一项基本功。毛泽东在主编《湘江评论》时就大力倡导"能反映实际问题,解决实际问题"的稿件,注重理论联系实际,秉持调查研究的精神,坚持"没有调查就没有发言权"的原则,及时、准确、全面、客观地反映现实世界。在新的历史条件下,习近平总书记大力倡导深入调查研究,他指出:"调查研究是新闻工作者的基本功,是新闻工作者成才的根本途径;只有调查研究,才能把自己锻炼成思想端正、作风扎实、业务过硬的新闻工作者。"②

(一)贴近群众

党的新闻舆论工作高度重视人民群众的心理特点和接受习惯,坚持"代表群众",践行"贴近群众"的工作理念。毛泽东指出:"共产党员如果真想做宣传,就要看对象,就要想一想自己的文章、演说、谈话、写字是给什么人看、给什么人听的,否则就等于下决心不要人看,不要人听。"③党在民主革命时期的宣传工作注意群众的心理。

---

① 《习近平谈治国理政》(第1卷),外文出版社2018年版,第154页。
② 习近平:《摆脱贫困》,福建人民出版社2014年版,第88页。
③ 《毛泽东选集》(第3卷),人民出版社1991年版,第836页。

1924年邓中夏在《中国农民状况及我们运动的方针》一文里，根据陈独秀对农民心理的分析，指出当时党的宣传不宜采用"共产革命"的口号，而只能用"限租""推翻贪官劣绅""打倒军阀""抵制洋货""实行国民革命"等口号，这一点极为重要。[①]恽代英在《农民运动》一文中指出，"联络农民感情。这是宣传农民最重要的条件"，"研究他们的心理"是宣传农民最恰当的方法之一。[②]刘少奇在《论口号的转变》中指出，口号"如不切合群众的要求和心理，叫得太久而至于厌烦，引不起注意，都不适合作为群众行动的口号"[③]。1941年，中央宣传部下发《关于党的宣传鼓动工作纲领》，标志中国共产党对舆论宣传的认识已经成熟，其中对宣传工作者提出的要求有"要了解群众的生活和心理"，贴近群众就是贴近群众的心理，党的宣传舆论工作内容和形式都要符合当时群众的需求，才能让群众听得进去、接受得了。土地革命时期，中共为了动员农民行动起来，制定了"打土豪，分田地"这一让农民入脑入心入行的口号，将党的政策和农民的利益有机结合在一起，起到了广泛宣传动员的实效。党的十六大以来，胡锦涛明确提出"三贴近"原则，要求以人为本，贴近实际、贴近生活、贴近群众，充分发挥人民主体作用，把人民是否满意作为根本标准。

新时代，新闻舆论工作的国际国内环境发生巨大变化，新闻舆论传播的形式、手段、方法、载体、体裁等也随之变化，如何使党的宣传舆论工作做到群众心坎上，成为新形势下党的舆论工作面临的挑战。习近平总书记指出："让群众满意是我们党做好一切工作的价值取向和根本标准，群众意见是一把最好的尺子。"宣传思想工作做的是人的工作，要把人民群众爱不爱听、爱不爱看作为根本标准。习近平总书记提出新闻舆论工作具备"脚力、眼力、脑力、笔力"，其中"增强笔力"关键在于贴近人民群众。脱离了人民群众，再有文采也写不出精

---

① 《邓中夏文集》，人民出版社1983年版，第58页。
② 《恽代英文集》（下卷），人民出版社1984年版，第696页。
③ 《刘少奇选集》（上卷），人民出版社1981年版，第13页。

气神。中国特色社会主义进入新时代,人民对美好生活的向往更加强烈。人民群众关心什么、需要什么,宣传思想工作就要聚焦什么、提供什么。要准确把握人民群众的所思所想,把党的主张同基层实际结合起来,把中央政策同人民切身利益结合起来,把宣传思想工作做到群众心坎上。要善于运用群众喜闻乐见的语言,说家常话,讲贴心话,真正做到入耳入脑入心。①

(二)向群众学习

中国共产党在长期的革命和建设实践中,始终强调共产党员要向群众学习。中国共产党认为,马克思主义理论不是凭空想出的,是从群众中来的,是把群众分散的无系统的意见化为集中的系统的意见,把群众盲目的实践变成自觉的有目的的行动。只有通过向群众学习使理论与实践密切结合,才能真正使马克思主义成为行动指南而不是教条,真正使马克思列宁主义的普遍真理与中国革命的具体实践相结合,真正使马克思列宁主义具体化、中国化,并有新的发展。

延安整风运动时期,为了改造和学习党员的思想认识、工作方法,使党和群众团结更紧密,任弼时写了《共产党员应当善于向群众学习》一文。他指出,"要从照顾群众的利益出发,从照顾群众的经验出发,从依靠群众的力量出发",每个党员应该"与群众融成一片",应该站在群众之中而不是群众之上,虚心向群众学习。② 毛泽东于1948年4月2日在《对晋绥日报编辑人员的谈话》中讲道:"报纸工作人员为了教育群众,首先要向群众学习。同志们都是知识分子。知识分子往往不懂事,对于实际事物往往没有经历,或者经历很少。你们对于一九三三年制订的《怎样分析农村阶级》的小册子,就看不大懂;这一点,农民比你们强,只要给他们一说就都懂得了。……原因很简单,

---

① 蔡名照:《增强脚力眼力脑力笔力 更好完成宣传思想工作使命任务》,《内蒙古宣传思想文化工作》2019年第3期。

② 王培洲:《共产党员为什么要向群众学习》,《学习时报》2020年6月17日。

那些问题你们不懂得。要使不懂得变成懂得，就要去做去看，这就是学习。报社的同志应当轮流出去参加一个时期的群众工作，参加一个时期的土地改革工作，这是很必要的。在没有出去参加群众工作的时候，也应当多听多看关于群众运动的材料，并且下工夫研究这些材料。……报社的同志也要经常向下边反映上来的材料学习，慢慢地使自己的实际知识丰富起来，使自己成为有经验的人。这样，你们的工作才能够做好，你们才能担负起教育群众的任务。"①"要向人民群众学习语言。人民的语汇是很丰富的，生动活泼的，表现实际生活的。我们很多人没有学好语言，所以我们在写文章做演说时没有几句生动活泼切实有力的话，只有死板板的几条筋，像瘪三一样，瘦得难看，不像一个健康的人。"②

（三）重视传播对象

1942年毛泽东在《反对党八股》中指出："共产党员如果真想做宣传，就要看对象，就要想一想自己的文章、演说、谈话、写字是给什么人看、给什么人听的，否则就等于下决心不要人看，不要人听。许多人常常以为自己写的讲的人家都看得很懂，听得很懂，其实完全不是那么一回事，因为他写的和讲的是党八股，人家哪里会懂呢？'对牛弹琴'这句话，含有讥笑对象的意思。如果我们除去这个意思，放进尊重对象的意思去，那就只剩下讥笑弹琴者这个意思了。为什么不看对象乱弹一顿呢？何况这是党八股，简直是老鸦声调，却偏要向人民群众哇哇地叫。射箭要看靶子，弹琴要看听众，写文章做演说倒可以不看读者不看听众吗？我们和无论什么人做朋友，如果不懂得彼此的心，不知道彼此心里面想些什么东西，能够做成知心朋友吗？做宣传工作的人，对于自己的宣传对象没有调查，没有研究，没有分析，

---

① 《毛泽东选集》（第4卷），人民出版社1991年版，第1320页。
② 《毛泽东选集》（第3卷），人民出版社1991年版，第837页。

乱讲一顿,是万万不行的。"①

三　改进以中国气派为特征的学风文风

"文风就是指文章写作的社会风气,是社会文坛上一种具有普遍性、倾向性的文章现象。文风对于新闻写作主体——作者来说,是人们的思想作风在写作中的表现。"②"文风不是小事。文风背后是思想,文风体现党风,人们从文风状况中可以判断党的作风。可以说,文风关乎党的形象,关乎党群关系,关乎事业发展"。③

(一)不良文风的表现及危害

早在延安整风运动时期,毛泽东就指出:"党八股这个形式,不但不便于表现革命精神,而且非常容易使革命精神窒息。要使革命精神获得发展,必须抛弃党八股,采取生动活泼新鲜有力的马克思列宁主义的文风。"④1992年,邓小平在南方讲话中对不良文风提出了批评:"现在有一个问题,就是形式主义多。电视一打开,尽是会议。会议多,文章太长,讲话也太长,而且内容重复,新的语言并不很多。重复的话要讲,但要精简。形式主义也是官僚主义。"⑤

江泽民指出不良文风的表现:"有一部分新闻作品不讲究辞章文采,文字干巴巴的,翻来覆去老是那么几句套话;也有的哗众取宠,乱造概念,词句离奇,使人看不懂,这种不良文风应加以纠正。"⑥胡锦涛指出:"要加强调查研究,改进学风和文风,精简会议和文件,反对形式主义、官僚主义,反对弄虚作假。"⑦习近平总书记强调不良文风的

---

① 《毛泽东选集》(第3卷),人民出版社1991年版,第836—837页。
② 丁柏铨:《论新闻中的另类不良文风》,《新闻记者》2011年第11期。
③ 刘奇葆:《改文风永远在路上》,《党建》2017年第4期。
④ 《毛泽东选集》(第3卷),人民出版社1991年版,第840页。
⑤ 《邓小平文选》(第3卷),人民出版社1993年版,第381页。
⑥ 《江泽民文选》(第1卷),人民出版社2006年版,第567页。
⑦ 《科学发展观党员干部读本》,人民出版社2008年版,第238页。

危害:"它严重影响真抓实干、影响执政成效,耗费大量时间和精力,耽误实际矛盾和问题的研究解决。不良文风蔓延开来,不仅损害讲话者、为文者自身形象,也降低党的威信,导致干部脱离群众,群众疏远干部,使党的理论和路线方针政策在群众中失去吸引力、感召力、亲和力。可以说,一切不良文风都是不符合党的性质、宗旨的,都是同党肩负的历史使命相背离的。"①

(二)改进文风学风的方法

中国共产党历代领导集体非常注重文风,倡导写文章要有中国气派,提倡新文风。早在1943年中国共产党就对新闻工作者如何改进文风作了重要论述。要求记者具有"大义凛然,威武不屈的风格"。"一方面,凡是真理要求我们说,要求我们写的,就不顾一切的说,不顾一切的写,人民心里所想说,所认为应当写的,就决不放弃,决不迟疑的给说出来,写出来。另一方面,凡不合真实和违反民意的东西,就不管有多大的强力在后面紧追着或在前面诱惑着,我们也必须有勇气,有毅力把它抛弃,决不轻着一字。"②

毛泽东于1957年3月在同新闻出版界代表讲话中指出:报上的文章,要短一些,不能太硬,"文章写得通俗、亲切,由小讲到大,由近讲到远,引人入胜,这就很好。板起面孔办报不好"③。毛泽东就如何改进《人民日报》工作,提出"从马克思到列宁,越来越通俗。今后写文章要通俗,使工农都能接受","要改进编排和文风。文章要写得短些,通顺些,标题要醒目些,使读者爱看"。④ 他提出三条改进文风的方法:学习逻辑,使文章有一种内部的联系;学习文法,使语句通顺;

---

① 《十七大以来重要文献选编》(中),中央文献出版社2011年版,第671页。
② 中国社会科学院新闻研究所:《中国共产党新闻工作文件汇编》(下),新华出版社1980年版,第59—61页。
③ 《毛泽东文集》(第7卷),人民出版社1999年版,第262—263页。
④ 《毛泽东传(1949—1976)》(上卷),中央文献出版社2011年版,第667—668页。

注意修辞，使文章写得生动一点。他强调文章的语言和风格要有中国特性，有自己文化的形式，才能形成党的独立自主宣传和文化的传统。刘少奇强调新闻舆论工作者要通过学习来提升自身能力，树立良好的学风。一是"要不断学习"，既可以自己学自己，也可以看别人写的；二是"要独立学习"，"不要像唐僧那样，专靠取经"；三是"要主动学习"，"自己做这种工作需要些什么条件，需要些什么知识，自己努力去学习，这样你们就有主动性了"①。刘少奇强调了加强学风建设的长期性、自主性和主动性。习近平总书记要求改进文风从领导干部做起，领导干部管理媒体机构，决定舆论导向。他指出："文风问题上下都有，但文风改不改，领导是关键。"古人说，上有所好，下必甚焉。实践证明，只有领导带头讲短话、讲实话、讲新话，以身作则，才能带出好文风来。所以，改进文风必须从上做起，从各级领导机关和领导干部做起。②

四 完善以科学发展为目标的工作机制

（一）完善科学评价体系

从系统论视角看，新闻传播是一个闭合系统，有了评价这一反馈环节，这个系统才是完整的。评价体系是衡量新闻传播效果的标尺，是检验新闻传播目的的试纸，是校正新闻传播行为的参照。③

习近平总书记在党的新闻舆论工作座谈会上指出，要尊重新闻传播规律，创新方法手段，切实提高党的新闻舆论传播力、引导力、影响力、公信力。这一重要论述指明了新闻舆论工作的着力点，也突出了"四力"在媒体评价体系中的重要地位。这"四力"能够全面准确

---

① 中国社会科学院新闻研究所：《中国共产党新闻工作文件汇编》（下），新华出版社1980年版，第248—263页。
② 赵长茂：《倡导优良文风是党风建设的重要任务——系统学习习近平总书记关于改进文风的重要论述》，《今日浙江》2015年第9期。
③ 《构建中国特色媒体评价体系》，《人民日报》2017年7月30日。

地体现媒体的综合实力和整体水平，以"四力"为架构可以搭建起中国特色媒体评价体系的"四梁八柱"。

（二）深化人事制度改革

完善人才激励和保障机制，增强新闻队伍的事业心、归属感、忠诚度，为新闻舆论工作的持续、全面发展提供强有力的组织保证和人才支持。

随着媒体格局的变化，主流媒体整体呈现人才流失趋势，在2015年12月视察解放军报社时，习近平总书记提出了"人才共享融通"的重要理念，指出："推动各种媒介资源、生产要素有效整合，推动信息内容、技术应用、平台终端、人才队伍共享融通。"习近平总书记在2016年2月召开的党的新闻舆论工作座谈会上强调，"要深化新闻单位干部人事制度改革，对新闻舆论工作者在政治上充分信任、工作上大胆使用、生活上真诚关心、待遇上及时保障"。尤其是在网信领域人才体制机制创新方面，习近平总书记要求抓紧调研，制定吸引人才、培养人才、留住人才的办法。"网络空间的竞争，归根结底是人才的竞争。建设网络强国，没有一支优秀的人才队伍，没有人才创造力迸发、活力涌流，是难以成功的。念好了人才经，才能事半功倍。对我国来说，改革开放初期，资本比较稀缺，所以我们出台了很多鼓励引进资本的政策……现在，资本已经不那么稀缺了，但人才特别是高端人才依然稀缺。我们的脑子要转过弯来，既要重视资本，更要重视人才，引进人才力度要进一步加大，人才体制机制改革步子要进一步迈开。"①

（三）加强教育培训工作

新闻舆论工作者的知识水平、技能本领、道德作风、创新能力等综合素质关系到媒体的社会责任和价值倾向。早在1941年7月4日发

---

① 习近平：《论党的宣传思想工作》，中央文献出版社2020年版，第208—209页。

布的《关于抗日根据地报纸杂志的指示》指出:"无论在编辑、通讯、出版发行方面,都须有足够的专门修养的干部,党的组织必须努力搜集这类干部,并有计划的培养这类干部。在高级学校中可设立新闻班来训练这类干部。"①当时党中央意识到对这类干部的培养和培训的重要性,提出设立新闻班的设想,是第一次在党的文件中明确提出设立专门的新闻学科系或者学校培养新闻宣传人才。同年6月20日,中宣部下发了《关于党的新闻宣传鼓动工作提纲》中,明确"在高级学校内设立专门培养宣传鼓动者,报纸编辑,以及新闻记者的科系,是非常必要的"②。胡锦涛于2008年考察人民日报社时强调,要加强对中青年骨干的培养锻炼,采取多种措施培养造就更多人民群众喜爱的名记者、名编辑、名评论员、名主持人。

党的十八届五中全会提出了创新、协调、绿色、开放、共享的新发展理念,部署实施网络强国战略。习近平总书记指出:"过不了互联网这一关,就过不了长期执政这一关。"管好用好互联网,是新形势下掌控新闻舆论阵地的关键,重点要解决好谁来管、怎么管的问题。互联网是技术密集型、年轻人的事业,需要不拘一格降人才。"要解放思想,慧眼识才,爱才惜才。培养网信人才,要下大功夫、下大本钱,请优秀的老师,编优秀的教材,招优秀的学生,建一流的网络空间安全学院。"③

---

① 中国社会科学院新闻研究所:《中国共产党新闻工作文件汇编》(上),新华出版社1980年版,第114—117页。

② 中国社会科学院新闻研究所:《中国共产党新闻工作文件汇编》(上),新华出版社1980年版,第103—113页。

③ 习近平:《论党的宣传思想工作》,中央文献出版社2020年版,第209页。

结论与展望

一百多年来，中国共产党带领中国人民"攻克了一个又一个看似不可攻克的难关，创造了一个又一个彪炳史册的人间奇迹"①。党的舆论工作"关系人心向背，关系事业兴衰，关系党的执政地位"。在中国共产党的革命、建设和改革长期实践中，党的舆论思想工作积累了十分宝贵的经验。"明者因时而变，知者随事而制。"通过系统梳理和研究百年来中国共产党舆论思想工作的伟大实践，可以认识到党的舆论思想不断调整与转变，逐渐走向深化，形成了具有中国特色和中国风格的舆论领导思想体系。

党的一大强调新闻舆论工作的重要性，提出了共产党的报刊对党绝对服从的要求，建设舆论阵地，在中国传播马克思主义，阐释党的主张，成功宣传、鼓动和组织群众，推动了革命在全国的蓬勃兴起。大会通过了《中国共产党纲领》《关于当前实际工作的决议》两个文件，明确开展工人运动的组织工作和宣传工作，确立了党对报刊等出版物的绝对管理权，规定"杂志、日刊、百科全书和小册子须由中央执行委员会或临时中央执行委员会经办""无论中央或地方的出版物均由党员直接经办和编辑。任何中央或地方的出版物均不得刊登违背党的方针、政策和决定的文章"。

党的二大通过的《中国共产党对于目前实际问题之计划》明确当前的宣传任务是工人的宣传和组织，积极开展工人运动。

党的三大强调对于工人农民之宣传与组织是党的特殊责任，引导

---

① 习近平：《决胜全面建成小康社会 夺取新时代中国特色社会主义伟大胜利——在中国共产党第十九次全国代表大会上的报告》，人民出版社2017年版，第15页。

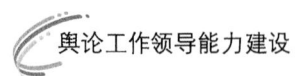

工人农民参加国民革命更是中心工作。

党的四大对以前的宣传工作经验教训进行总结，作出适应革命形势发展需要的调整，颁布了对国共合作具有巨大指导意义的《对于宣传工作之议决案》，包括宣传工作目标、总结批评和调整方法。宣传效果在之后的五卅运动和对戴季陶主义和国家主义的批判反击宣传论战中得到了较好的展现。

党的五大通过了《组织问题议决案》，提出："中央应该强毅地实行集体的指导，从中央省委以至支部。"随后，又通过了《中国共产党第三次修正章程决案》，第一次使用了"民主集中制"的概念，明确规定："党部的指导原则为民主集中制。"增添了"对于党内一切争论问题，在未决定以前，得完全自由讨论之"。党的舆论思想工作的重大决策也被纳入集体指导范围。

党的六大通过了《政治决议案》，提出要实行"真正的民主集中制"。即使在党组织处于秘密条件的情况下，也要尽可能地保证党内的民主主义，实行集体的讨论和集体的决定；与此同时，要"反对极端民主主义的倾向，因为这是可以破坏党的纪律，不负责任的态度可以因此而增加，而且损害党的指导机关的信仰"①。

党的七大确立了毛泽东思想及其在全党的指导地位，提出"四个现代化"的社会主义目标，要求舆论工作为"四个现代化"建设服务，同时"全心全意地为人民服务，一刻也不脱离群众；一切从人民的利益出发"。

党的八大明确大规模的、群众性的阶级斗争基本结束，提出工作重心转移的思想。宣传舆论工作为经济建设服务。《关于修改党章的报告》将"从群众中来，到群众中去"的工作方法列入党章。

党的十二大提出"社会主义精神文明是社会主义的重要特征，是社会主义制度优越性的重要表现"。宣传工作围绕"五讲四美三热爱"

---

① 《建党以来重要文献选编（1921—1949）》（第 5 册），中央文献出版社 2011 年版，第 395 页。

活动展开。

党的十三大提出"重大情况让人民知道,重大问题经人民讨论",积极推动民主政治建设进程。

党的十四大确立了邓小平建设有中国特色社会主义理论及其在全党的指导地位,提出建立社会主义市场经济体制的改革目标。用邓小平建设有中国特色社会主义理论指导宣传思想工作,以经济建设为中心,更好地为改革开放和社会主义现代化建设服务,推动宣传思想工作迈出新步伐,登上新台阶,作出新贡献。[①]

党的十五大提出宣传思想战线要紧紧围绕高举邓小平理论伟大旗帜,把建设有中国特色社会主义伟大事业全面推向21世纪党的这个十五大的主题,也是全党工作的主题,扎扎实实而又生动活泼地做好各项宣传思想工作。[②]

党的十六大将"三个代表"重要思想同马克思列宁主义、毛泽东思想、邓小平理论一道确立为党必须长期坚持的指导思想,并提出将"以人为本"理念贯穿舆论工作之中。

党的十七大确立了意识形态建设工作的方向和目标,应该围绕中心、服务大局,要以科学发展观为统领,从社会主义现代化建设的全局出发,处理好意识形态工作与经济建设的关系,始终把经济建设放在各项工作的首位,促进国民经济又好又快发展,使意识形态工作更好地服务于经济社会的和谐发展。

党的十八大后,中国特色社会主义进入新时代,党进一步指出:要深入开展社会主义核心价值体系学习教育,用社会主义核心价值体系引领社会思潮、凝聚社会共识。推进马克思主义中国化时代化大众化,坚持不懈用中国特色社会主义理论体系武装全党、教育人民。

党的十九大强调牢牢掌握意识形态工作领导权,"意识形态决定

[①] 江金权:《江总书记抓党建活动记略》,人民出版社1988年版,第276页。

[②] 江金权:《从十五大到十六大——江泽民同志抓党建重要活动记略》,人民出版社2003年版,第26页。

文化前进方向和发展道路。必须推进马克思主义中国化时代化大众化，建设具有强大凝聚力和引领力的社会主义意识形态，使全体人民在理想信念、价值理念、道德观念上紧紧团结在一起"。

党的二十大指出意识形态工作是为国家立心、为民族立魂的工作。牢牢掌握党对意识形态工作领导权，全面落实意识形态工作责任制，巩固壮大奋进新时代的主流思想舆论。加强国际传播能力建设，全面提升国际传播效能，形成同我国综合国力和国际地位相匹配的国际话语权。增强中华文明传播力影响力。

党的舆论领导思想在中国共产党几代领导集体共同努力下，形成了较为完备的党的舆论思想理论体系。纵观百年来的舆论工作实践和理论总结，舆论工作实现了"六大转变"与"五个不变"。"六大转变"：舆论工作的理念从"宣传"走向"传播"；立足点由"以为我为主"向"以人为本"转变；载体从单一传统媒体向多元化全媒体转变；话语方式从官方语言向受众语言转变；方法从注重理性向情理兼容转变；对象从侧重对内向内外并重转变。"五个不变"：坚持马克思主义思想的指导地位不变；坚持党的领导不变；坚持以人民为中心不变；坚持新闻传播规律不变；坚持重视人才培养不变。

尤其在当今新闻媒介全球化趋势下，一些西方国家利用新媒体较为便利地输出政治价值观和文化价值观，鼓吹西方多样化的社会思潮，使得国家原有的意识形态安全面临挑战；国内"两个舆论场"的矛盾、冲突时有发生，冲击主流意识形态，舆论工作面临挑战。面对新的历史条件和舆论环境，习近平总书记强调："加强和改善党对新闻舆论工作的领导，是新闻舆论工作顺利健康发展的根本保证。"中国共产党舆论领导思想始终具有旺盛的生命力和广泛的影响力。在发现、阐释、回答舆论工作面临的重大问题时，如何重新审视媒体与社会、新闻与政治、舆论与意识形态的关系，我们需要把中共舆论领导思想的基本理论、重要观点理解清楚、把握正确，才能在多样化的思想交锋中灵活运用，保持和强化中共舆论领导思想的解释力。